DER ZWEITE WELTKRIEG

GUIDO KNOPP

DER ZWEITE WELTKRIEG

HISTORISCHE BILDER UND DIE GESCHICHTEN DAHINTER

In Zusammenarbeit
mit Claudia und Mario Sporn

EDEL
BOOKS

INHALT

Vorwort 8

1939

Der Grenzbruch 16

Bomben auf Warschau 22

Der Krieg der Leni Riefenstahl 26

1940

Angriff im Westen 32

Hitler in Paris 38

Im Freudenhaus 42

Der Premier mit der Knarre 46

»Wait for me, Daddy« 50

Der »Blitz« 54

1941

Der weinende Franzose 60

Erschießung in Pančevo 64

Der Boxer 68

Der Untergang der Bismarck 72

Das Unternehmen Barbarossa 76

Pogrome in Lemberg 82

Brot und Salz 86

Angriff auf den Kreml 90

Das Leid der Gefangenen 94

Himmler 98

Der gelbe Stern 104

Das Massaker von Babyn Jar 110

Der Partisanenkrieg 114

Mythos Rommel 118

Die Wende vor Moskau 124

Der Angriff auf Pearl Harbor 128

1942

Der Beginn des Massenmords 136

»Leid« 140

Die Belagerung 144

»Der letzte Jude von Winniza« 148

Die »Weiße Rose« 154

Der »Fall Blau« 158

Zarah Leander singt 162

Die Wende des Wüstenkriegs 166

1943

Das Ende in Stalingrad 172
Der Junge von Warschau 178
Hitler privat 184
Die Wende 190
Der Bombenkrieg 194
Die Mussolini-Befreiung 200
Die Hinrichtung 204

1944

Das Grauen des Bombenkriegs 210
Tatort Auschwitz 214
Der längste Tag 220
Das Baby von Saipan 226
Stauffenberg und Hitler 230
Der Marsch durch Moskau 236
Nach dem Attentat 240
Die Freizeit der Massenmörder 246
Die Ächtung 250
Die Befreiung 256
Das Massaker von Nemmersdorf 260
Der göttliche Wind 264

1945

Marlene an der Front 270
Die große Flucht 274
Das Leid der Kinder 280
Die Konferenz von Jalta 284
Der Untergang von Dresden 290
Sterne über Iwo Jima 296
Orden für ein Kind 302
Hitler am Ende 308
Der Kindersoldat 312
Das Standgericht 316
Das Kind von Buchenwald 320
Die Frau von Siegburg 324
Der Selbstmord 328
Der Händedruck 332
In Hitlers Badewanne 338
Die rote Fahne auf dem Reichstag 342
Die Kapitulation 348

Der Raketenmann 354
Das Ende des »Dritten Reichs« 358
Der zweite Mann 362
Hiroshima 368
Der Siegerkuss 374

1947

Die Heimkehr 380

Literaturnachweis 386
Bildnachweis 390
Impressum 392

VORWORT

Es war ein mörderischer Krieg, ein Töten wie kein anderes zuvor. 50 Millionen Menschen fielen diesem zweiten großen Weltenbrand zum Opfer – auf den Schlachtfeldern zwischen Kaukasus und Normandie, im U-Boot-Krieg, im Bombenhagel, der auf Hunderte von Städten niederging, im Pazifik, den Dschungeln Südostasiens und im Holocaust. Alles, was das zwanzigste Jahrhundert ausmacht, spiegelt sich in diesem Völkerringen: der Machtkampf totalitärer Ideologien, der Sieg der Demokratie über die Diktatur, der Triumph der Technik in der Kriegsführung und ihr Missbrauch bei der systematischen Vernichtung von Menschen – schließlich mit Hiroshima am Ende der Beweis, dass die Menschheit nun imstande ist, sich selbst auszulöschen.

Es war ein Krieg, der zeigt, was Menschen Menschen antun können. Und wenn Menschen überlebten, hatten sie zeitlebens Grenzerfahrungen in ihren Seelen, die nicht auszulöschen waren.

Die Geschichte dieses Kriegs gerinnt zu Bildern. In der Fülle dieser Bilder gibt es solche, die wir alle schon einmal gesehen haben. Viele davon gingen um die Welt: Ikonen einer Zeit, die immer wieder auch Symbolbilder gefordert hat. Doch es gibt auch eher unbekannte Fotos, die uns heute einen Augenblicks-Eindruck von dem vermitteln, was den Menschen wirklich widerfuhr, was sie bewegt hat: Leid und Trauer, Angst und Freude, Mitleid, Hass und Arroganz. Es sind Momentaufnahmen, die das Schicksal von Millionen widerspiegeln.

Und so erzählen wir hier die Geschichte dieses Kriegs in 75 Bildern: vom Überfall auf Polen bis zum Sündenfall von Hiroshima.

Anfang und Ende des Kriegs markieren Bilder, die sofort Geschichte machten: Ergebnisse geschickter Inszenierungen. Für den Anfang steht das Bild vom Niederreißen einer Grenzschranke zwischen Deutschland und Polen – eine vermeintlich spontane Aktion. Am Morgen des 1. September 1939 hatte um 4:47 Uhr das Kriegsschiff »Schleswig-Holstein« das Feuer auf die Danziger Westerplatte eröffnet. Wenig später rollten deutsche Panzer über die Grenze, bombardierten deutsche Flieger Flugplätze und Städte in ganz Polen. Hitler tat um 10 Uhr früh im sogenannten »Reichstag« kund, man habe sich ja nur gegen polnische Angriffe gewehrt: »Seit 5 Uhr 45 wird jetzt zurückgeschossen.«

Die falsche Uhrzeit war nicht die einzige Desinformation. Es wurde in der Tat geschossen, doch es waren Deutsche, die damit begonnen hatten. Das Symbolbild, welches bald darauf auf den Titelseiten vieler deutscher Blätter prangte, es entstand nicht an der Grenze zwischen Hitlers Reich und Polen, sondern an der Demarkationslinie zwischen Polen und der Freien Stadt Danzig. Deutsche Truppen standen schon Dutzende von Kilometern weit auf polnischem Gebiet, als am frühen Nachmittag auf der Straße Danzig-Gdingen Propaganda-Fotografen einen Grenzbruch inszenierten: »Mit einem ›Hauruck‹ zerbrachen wir den Schlagbaum«, erinnerte sich ein Augenzeuge, »das war nicht schwer, denn er war bis auf einen kleinen Rest schon durchgesägt.«

Der »Grenzbruch« als propagandagerechte Inszenierung. So war schon zu Beginn das erste Opfer dieses Kriegs die Wahrheit.

Auch die fotografische Ikone für das Ende dieses Kriegs, zumindest in Europa, war natürlich nachgestellt. Aufgenommen wurde sie am 2. Mai des Jahres 1945. Berlin hatte kapituliert, Hitler sich in seinem Bunker schon zwei Tage zuvor erschossen. Doch das durfte nicht der Höhepunkt des Sieges sein! Dafür braucht ein Sieger Bilder – und ein mythenträchtiges Symbol.

Das lieferte der tags zuvor gerade angereiste Fotograf Jewgenij Chaldej. Der Profi wusste, dass Legenden einer sorgfältigen Vorbereitung bedürfen. Am Abend vor seiner Abreise aus Moskau hatte er aus dem Speisesaal der Agentur TASS ein paar rote Tischtücher mitgehen lassen. Sein Freund, der jüdische Schneider Israel Tjeschitzer, nähte sie in einer Nacht-und Nebelaktion zusammen und versah sein Werk mit Hammer und Sichel. Am Vormittag des 2. Mai schnappte Chaldej sich zwei Rotarmisten: den Russen Michail Jegorow und den Georgier Militon Kantarija (denn ein Georgier musste mit dabei sein, weil Stalin ein Georgier war). Jene beiden waren auch am Originalsturm auf den Reichstag zwei Tage zuvor beteiligt gewesen. Aber da war halt kein Fotograf dabei. Nun stand Chaldej mit den zweien samt der Roten Fahne auf dem Dach des Reichstags, drückte auf den Auslöser – und da war es schon, das Bild.

Doch warum musste es der Reichstag sein? Der Bau von 1894 stand im Jahre 1945 längst schon leer. Seit dem Reichstagsbrand von 1933 war er Hitlers erste richtige Ruine. Einen regulären Reichstag hatte es im sogenannten »Dritten Reich« bekanntlich nie gegeben. Streng genommen, hissten die Sowjetsoldaten ihre Rote Fahne auf dem längst geschändeten Symbol der deutschen Demokratie.

Das störte vorerst niemanden: Man brauchte ein Symbolbild für den Sieg, und bekam es: Die Rote Fahne auf dem Reichstag, genäht von einem jüdischen Schneider.

Doch zwischen diesen beiden inszenierten Fotos für den Anfang und das Ende finden wir noch Dutzende eindringlicher Bilder, die Momente bannen, deren Anblick bis heute erschüttert.

Da ist das Bild eines polnischen Mädchens, das mit schmerzverzerrtem Gesicht vor der Leiche einer jungen Frau kniet. Die Hände zum Gebet gefaltet, weint es in ohnmächtiger Trauer. Der amerikanische Fotograf Julien Bryan hält den Moment fest, in dem die zehnjährige Kazimiera Mika aus Warschau begreifen muss, dass ihre ältere Schwester Andzia tot ist – umgekommen bei einem Bombenangriff der deutschen Luftwaffe auf die polnische Hauptstadt am 13. September 1939.

Oder ein Bild aus den Tagen des »Westfeldzugs« im Mai 1940: Ein desillusionierter französischer Soldat muss den bitteren Gang in die deutsche Gefangenschaft antreten. Seine versteinerte Miene spiegelt den Schmerz und die Demütigung der Niederlage. In die andere Richtung, dem Sieg entgegen, marschiert ein Trupp deutscher Landser. Einer dreht sich um, blickt den Fotografen an, seine Gesichtszüge zeigen eine merkwürdige Mischung aus Triumph und Mitgefühl.

Und dann das Mädchen aus Lemberg: Geschlagen, geschändet und nur noch notdürftig bekleidet, kniet es auf dem Straßenpflaster und streckt dem Fotografen flehentlich die Hände entgegen. Eine ältere Frau, wohl ihre Mutter, versucht, sie vor Schlägern und Gaffern zu schützen. Dahinter eine Menschenmenge, die begierig lauert, wie sich auf den Straßen Lembergs der »Volkszorn« austobt.

In den Tagen vor dem deutschen Einmarsch Ende Juni 1941 hatte die sowjetische Geheimpolizei in den Gefängnissen der Stadt noch Hunderte von Häftlingen ermordet. Nun suchte die rasch aufgestellte ukrainische Miliz nach »Sündenböcken« – und fand sie in den Lemberger Juden. Ein furchtbares Pogrom begann – vor den Augen der deutschen

Besatzungsmacht, die das billigend geschehen ließ. Wir wissen nicht, was aus dem Mädchen von Lemberg wurde. Es ist kaum anzunehmen, dass es Krieg und Holocaust überlebt hat.

Je mehr Zeit seitdem vergangen ist, umso mehr hat sich gezeigt, dass der Krieg mit seinen offenen Schrecken nur die Hülle war, hinter der sich das eigentliche Geschehen vollzog: der Völkermord – mechanisch, systematisch, gründlich.

Aus dem Jahre 1942 sehen wir ein Bild mit einer Gruppe Männer, Juden. Aufgenommen im Lager Chelmno, einem Vernichtungsort. Mit nacktem Oberkörper erwarten sie dicht gedrängt ihr ihr Schicksal. Sie scheinen zu ahnen, was ihnen bevorsteht.

Im Pazifik-Krieg 1943 entstand das verstörende Bild von der Hinrichtung eines Soldaten. Es sind die letzten Sekunden im Leben des Gefangenen Leonard Siffleet. Gefesselt und mit verbundenen Augen, kniet der Australier vor seinem Henker. Der japanische Offizier hebt sein Schwert, um die Strafe zu vollstrecken: Tod durch Enthauptung. Wenige Augenblicke später liegt Siffleets Kopf im Sand. Der Henker selbst hatte den Auftrag erteilt, den brutalen Akt zu fotografieren.

Von einem ebenso verstörenden Bild aus dem Frühjahr 1944 können wir nicht mit Sicherheit sagen, wo genau es aufgenommen wurde – vielleicht in Mannheim, vielleicht in Düsseldorf. Doch es zeigt wie kaum ein anderes das Grauen des Bombenkriegs. Ein junger Luftwaffenhelfer leitet eine Familie durch die Trümmer. Die völlig verstörte Frau schaut den Fotografen an, mit wirrem Blick. Der Mann neben ihr hält ein kleines Mädchen im Arm, das sich ängstlich an ihn klammert. Man kann nur ahnen, was sie hinter sich haben: Wurden sie in einem Keller verschüttet und konnten erst im letzten Augenblick vor dem Erstickungstod gerettet werden? Hat sie der Feuersturm um den Verstand gebracht? Sie haben überlebt – doch um welchen Preis?

Am Ende kehrt der Krieg dorthin zurück, wo er entfesselt worden war – nach Deutschland. Hitlers Reich versank in einem Meer von Blut und Tränen. Viele Städte waren nur noch schwelende Ruinenfelder, und landauf, landab bot sich den Siegern ein gespenstisches Bild des Todes. Und das Volk? Es existierte noch: Es hauste in den Trümmern, suchte nach Verwandten, hungerte und trauerte. Es war verfemt – wie die Karthager, als die Römer die verbrannte Stadt mit einem Fluch belegten. Seit die Welt erfahren hatte, was in deutschem Namen nicht nur in den

Lagern des Regimes geschehen war, kehrte sich der Zorn der Völker gegen das gesamte »Volk der Täter«. Dabei war dieses Volk mit seinen Frauen, Kindern, alten Menschen selbst zum Opfer des in seinem Namen ausgelösten Kriegs geworden.

Das Ende dieses Krieges war zugleich der Schlussstrich unter eine Zeit der Weltkriege, die künftige Historiker als einen großen Orlog sehen werden – 1914 bis 1945, der Dreißigjährige Krieg des Zwanzigsten Jahrhunderts. Und es war auch das Jahr Null für eine neue Ära: den Kalten Krieg der Supermächte, Sieger des Weltbürgerkriegs, die sich von nun an hochgerüstet gegenüberstanden. Die geteilten Deutschen, auf dem Boden ihres Landes an der Nahtstelle der Blöcke Geiseln ihrer jeweiligen Vormacht, wären wohl die ersten Opfer eines neuen atomaren Weltenbrands geworden. Dass wir dies am Ende überwunden haben, durch den Fall der Mauer, durch die deutsche Einheit und die Einigung Europas, ist ein Glück und eine Gnade der Geschichte.

1939

DER GRENZBRUCH

Hans Sönnke

Kolibki (Polen)

1. September 1939

DER GRENZBRUCH

Es ist ein Foto, das zum Symbol für die Entfesselung eines mörderischen Weltenbrands wurde: Soldaten in deutscher Uniform, die mit sichtlichem Vergnügen und triumphierender Überheblichkeit eine Grenzschranke mit dem rotweißen polnischen Adler zerschmettern. 1. September 1939: Mit einer gemeinschaftlichen Hauruckaktion beginnt in der Nähe von Danzig Hitlers Krieg – und die Unterwerfung einer Nation, die nach dem Willen des »Führers« auf dem Kehrichthaufen der Geschichte landen sollte.

Nur wenige Kilometer entfernt hatte in den frühen Morgenstunden dieses Tages das deutsche Kriegsschiff »Schleswig-Holstein« das Feuer auf die Westerplatte eröffnet – eine Landzunge mit polnischen Munitionsdepots gegenüber dem Hafen von Danzig. Wenig später schlug überall an der deutsch-polnischen Grenze die deutsche Artillerie los, überquerten die ersten Einheiten der Wehrmacht ohne Kriegserklärung die Grenzlinie.

Gegen zehn Uhr vormittags dann trat Hitler in feldgrauer Uniform – jenem Rock, der ihm »der heiligste und teuerste« sei – vor das Reichstagsplenum in Berlin. Er sprach von den Qualen des »Versailler Diktats«, stilisierte sich zum friedliebenden Staatsmann, der allein wegen der Unvernunft seiner Feinde nun zum letzten Mittel greifen müsse. Dann berichtete er von Zwischenfällen, die sich in der Nacht an der Grenze zu Polen ereignet hätten, um schließlich auszurufen: »Polen hat den Kampf gegen die Freie Stadt Danzig entfesselt! Polen hat heute Nacht zum ersten Mal auf unserem eigenen Territorium auch durch reguläre Soldaten geschossen. Seit 5:45 Uhr wird jetzt zurückgeschossen!«

Es waren gleich zwei Lügen, die der »Führer« damit in die Welt setzte. Die eine unterlief ihm – unbewusst – im sprichwörtlichen Eifer des Gefechts. Der deutsche Angriff hatte schon früher begonnen. Es war genau 4:47 Uhr, als Kapitän zur See Gustav Kleikamp an Bord der »Schleswig-Holstein« den Befehl »Feuererlaubnis« gegeben hatte. Die zweite Lüge war eine bewusste Täuschung der Öffentlichkeit: Es werde zurückgeschossen, so die Behauptung, die nun in vielerlei Variationen wiederholt wurde. Dabei waren es die Deutschen selbst gewesen, die das Feuer eröffnet hatten.

Bis hierhin hatte der Diktator seine außenpolitischen Ziele stets ohne Krieg erreichen können: Die Besetzung des entmilitarisierten Rheinlands, der »Anschluss« Österreichs, die »Heimholung« des Sudentenlands, die »Erledigung der Rest-Tschechei« – spektakuläre Vabanquespiele, geglückt durch ein Gemisch aus unverhohlenen Drohungen und massivem Druck, verbunden mit der Kriegsunlust seiner im »Appeasement« befangenen Gegner, die militärisch und politisch nicht in der Lage waren, einer Gewaltaktion mit Gegengewalt zu begegnen.

Die »Vergewaltigung Prags« jedoch wurde zum Wendepunkt: Neben Großbritannien gab nun auch Frankreich Polen ein uneingeschränktes Beistandsversprechen – man wollte nicht weiter tatenlos zusehen, wie sich Hitler den Kontinent unter den Nagel riss. Die britisch-französische Garantieerklärung für Warschau verzögerte den Waffengang nur noch einmal – aufhalten konnte sie ihn nicht mehr. Mit der Unterzeichnung des Hitler-Stalin-Pakts vom 23. August 1939 hatte Hitler im Osten dann endgültig freie Hand für seinen Krieg.

1938 war das Sudetenland der Hebel gewesen, den Hitler im Fall der Tschechoslowakei benutzt hatte. Jetzt war diese Rolle der **Freien Stadt Danzig** und den Deutschen im sogenannten »Korridor« zugefallen, die seit 1920 im polnischen Staat lebten. Unablässig hatte die deutsche Propaganda seit Frühjahr 1939 angebliche Gewaltakte gegen die deutsche Minderheit in Polen angeprangert, deren Schutz das Reich zu gewährleisten habe. Zudem müsse dem Selbstbestimmungsrecht der Danziger Bevölkerung Rechnung getragen und der Anschluss an das Reich vollzogen werden. Intern freilich sprach Hitler Klartext: »Danzig ist nicht das Objekt, um das es geht. Es handelt

FREIE STADT DANZIG

Nach dem Ersten Weltkrieg war Danzig zum Freistaat erklärt worden, der dem Völkerbund direkt unterstand und in dem Polen gewisse wirtschaftliche Privilegien besaß. Die Bevölkerung bestand zu über 90 Prozent aus Deutschen, von denen die meisten nach 1933 Anhänger der NSDAP waren. Westlich von Danzig erhielt Polen einen Landstrich bis zur Ostsee zugesprochen, der ihm einen eigenen Zugang zum Meer garantierte. Dieser sogenannte »Korridor« trennte Danzig, aber auch die Provinz Ostpreußen, vom Reichsgebiet, und wurde zu einem permanenten Zankapfel zwischen Deutschland und Polen.

sich für uns um die Erweiterung des Lebensraumes im Osten und Sicherstellung der Ernährung.«

Er werde »propagandistischen Anlass zur Auslösung des Krieges geben, gleichgültig, ob glaubhaft«, so der Diktator zynisch. Der Sieger werde später nicht danach gefragt, ob er die Wahrheit gesagt habe oder nicht. Der Auftrag für die hinterhältige Köpenickiade ging an Reinhard Heydrich, Chef des Sicherheitsdienstes der SS. Um zwanzig Uhr am Abend des 31. August stürmten fünf SS-Männer unter dem Kommando von SS-Sturmbannführer Alfred Naujocks den grenznahen deutschen Radiosender Gleiwitz. Die Angestellten wurden niedergeschlagen und gefesselt, wenig später unterbrachen die Männer die laufende Sendung. Einer von ihnen verlas über ein Notmikrofon in polnischer Sprache einen Aufruf zum Widerstand gegen die Deutschen. Feuerstöße aus Maschinengewehren beendeten das gespenstische Schauspiel. Zurück blieb der Leichnam eines am Vortag verhafteten polnischstämmigen Oberschlesiers, der als Beweis für den angeblichen polnischen Überfall herhalten musste.

Die meisten Deutschen schliefen noch fest, als der Krieg in den Morgenstunden des ersten Septembertags begann. Nur die Grenzbewohner im Osten hörten den Lärm der Geschütze und der Flugzeugmotoren. In Blitzkriegsmanier drangen die deutschen Panzerverbände tief auf polnisches Territorium vor, in ihrem Schatten folgte die Infanterie. Görings Luftwaffe bombardierte Verkehrsknotenpunkte und Flugplätze in ganz Polen. Die polnische Armee war den weit überlegenen deutschen Truppen ausgeliefert.

Auch aus Danzig selbst überschritten deutsche Infanterieeinheiten die Grenzen zum polnischen »Korridor«. Deutsche Soldaten im entmilitarisierten Danzig? Eigentlich gab es sie gar nicht. Offiziell firmierten sie als »Landespolizisten«: Vier Bataillone, rekrutiert aus militärisch ausgebildeten Studenten der Danziger Hochschulen sowie Wehrmachtreservisten, die man in den Monaten zuvor heimlich in die Stadt verfrachtet hatte. An ihren Uniformen fehlt das sonst übliche Hoheitsabzeichen, der »Wehrmachtadler« über der rechten Brusttasche.

Als am frühen Nachmittag dieses Schicksalstages Soldaten der »Landespolizei« aus Danzig in Richtung des polnischen Gdynia (Gdingen) marschierten, entstand das berühmte Foto. Der damals 21-jährige Werner Thimm war einer von ihnen. Seine Batterie war bereits am Morgen auf polnisches Territorium vorgerückt. Er wurde dann aber mit dem bespannten Fuhrwerk seines Infanteriegeschützes zurück zur Kaserne nach Danzig-Langfuhr geschickt, um Munition zu holen. An der Grenzübergangsstelle bei Kolibki hielt ihn eine Gruppe deutscher Landespolizisten auf: »Die riefen fröhlich: ›Komm doch mal runter, du kannst uns helfen, hier wird fotografiert.‹ Die Lage war ruhig, aber man hörte den Gefechtslärm von der Westerplatte. Ich sah PK-Leute mit Kameras. Dann wurden wir von ihnen an der Schranke arrangiert. Und mit einem ›Hau ruck!‹ zerbrachen wir den Schlagbaum – das war nicht schwer, denn er war bis auf einen kleinen Rest durchgesägt. Ich habe das eher lächerlich empfunden. Doch vielleicht dachten die anderen, dass sie etwas Bedeutungsvolles taten.«

Der »Grenzbruch« als propagandagerechte Inszenierung: Damit war auch schon am Anfang dieses Krieges die Wahrheit das erste Opfer auf dem Schlachtfeld der Propaganda.

BOMBEN AUF WARSCHAU

Julien Bryan

Warschau (Polen)

13. September 1939

BOMBEN AUF WARSCHAU

JULIEN BRYAN

Der amerikanische Fotograf und Dokumentarfilmer Julien Bryan (1899–1974) war einer der wenigen ausländischen Korrespondenten, der sich zur Zeit der Einkesselung Warschaus durch deutsche Truppen in der Stadt aufhielten. Über den polnischen Rundfunk richtete er einen flammenden Appell an US-Präsident Roosevelt, der notleidenden Zivilbevölkerung in der polnischen Hauptstadt zu helfen. Sein Kurzfilm *Siege* über die Belagerung der Stadt wurde 1940 für einen Oscar nominiert.

Ein Mädchen kniet mit schmerzverzerrtem Gesicht vor der Leiche einer jungen Frau und weint in ohnmächtiger Trauer. Sie hat das Liebste im Leben verloren: Der amerikanische Fotograf **Julien Bryan** hält den Moment fest, da die zehnjährige Kazimiera Mika aus Warschau begreifen muss, dass ihre ältere Schwester Andzia tot ist, umgekommen bei einem Bombenangriff der deutschen Luftwaffe auf die polnische Hauptstadt am 13. September 1939.

Schon vor Kriegsbeginn hatte der Generalstab der Luftwaffe unter dem Decknamen »Wasserkante« einen Angriffsplan entworfen, der die Bombardierung Warschaus gleich am ersten Angriffstag vorsah. Zunächst machte das ungünstige Wetter Göring noch einen Strich durch die Rechnung, doch das Ziel der Operation blieb bestehen: »Der Angriff hat die Zerstörung von ›Wasserkante‹ zum Ziel«, hieß es in einem Befehl des Generalstabs der Luftwaffe vom 10. September. »Es kommt darauf an, bei dem ersten Angriff weitgehende Zerstörungen in dicht besiedelten Stadtteilen zu erreichen.« Mit der Bombardierung von Warschau sollte ein neues, schreckliches Kapitel der Luftkriegsgeschichte aufgeschlagen werden.

Bereits am 8. September hatten die ersten deutschen Einheiten die Außenbezirke von Warschau erreicht, das von der polnischen Regierung zur Festung erklärt und zum letzten Zentrum des Widerstandes im zusammenbrechenden Polen gemacht worden war. Wenig später schloss sich der Belagerungsring um die Stadt. Leidtragende dieser Entwicklung war vor allem die Zivilbevölkerung, denn sie lebte nun mitten im Kampfgebiet. Die Versorgungslage war katastrophal, weil kaum noch Lebensmittel in die Stadt durchkamen.

Auch die Familie von Kazimiera Mika im Stadtteil Powązki litt Hunger. Kazimiera und ihre Schwester machten sich deshalb am Morgen des 13. September auf zu einem nahe gelegenen Acker, wo sie bei der Ernte übrig gebliebene Kartoffeln zu finden hofften. Doch plötzlich dröhnte Motorenlärm über ihren Köpfen. Wie aus dem Nichts tauchten zwei deutsche Bombenflugzeuge auf und attackierten in der Nähe befindliche Gebäude. Die Frauen warfen sich auf den Boden und hofften, dass sie die Piloten nicht entdeckt hatten. Doch dann geschah das Unbegreifliche: Die Flugzeuge kehrten um, gingen in den Tiefflug und durchpflügten das Feld mit Maschinengewehrfeuer. Zwei der sieben Frauen starben, die anderen schafften es zu fliehen.

Wenige Minuten später kam Julien Bryan an die Stelle. »Während ich die Leichen fotografierte, kam ein kleines zehnjähriges Mädchen und starrte wie gebannt auf eine der Toten«, schrieb Bryan später. »Das Kind hatte nie zuvor eine Tote gesehen und konnte nicht verstehen, warum ihre Schwester nicht mit ihr sprach. Sie sah uns verwirrt an. Ich legte meinen Arm fest um sie, um sie zu beruhigen. Sie weinte – ebenso wie ich und die polnischen Polizisten, die bei mir waren.«

Der Angriff am 13. September war der erste, der weite Teile Warschaus in Brand setzte. Doch das Schlimmste stand den Menschen in der polnischen Hauptstadt noch bevor: Am 24. und 25. September warfen Hunderte deutsche Flugzeuge 486 Tonnen Sprengbomben, davon 72 Tonnen Brandbomben ab: der erste Großangriff dieser Dimension. Binnen weniger Stunden war Warschau zerstört. Auch wenn sich in der Stadt 120 000 polnische Soldaten verschanzt hatten und sich ein Angriff nach der Haager Landkriegsordnung sogar rechtfertigen ließ, handelte es sich um einen Terrorakt, wie ihn zuvor noch keine Stadt erlebt hatte.

DER KRIEG DER LENI RIEFENSTAHL

Unbekannter Fotograf
Końskie (Polen)
12. September 1939

DER KRIEG DER LENI RIEFENSTAHL

Eine Frau, umringt von deutschen Soldaten, die mit schmerzverzerrtem Gesicht aufschreit. Ein Mann versucht, sie zu beruhigen, andere sehen dem Geschehen regungslos zu. »**Leni Riefenstahl** fällt beim Anblick der toten Juden in Ohnmacht«, hat ein Landser lapidar in ein Fotoalbum mit Kriegserinnerungen geschrieben, in das er das Foto von Hitlers Starregisseurin eingeklebt hat.

LENI RIEFENSTAHL

Die Berlinerin Leni Riefenstahl (1902–2003) machte zunächst als Tänzerin und Schauspielerin Furore, ehe sie Anfang der 1930er Jahre als Regisseurin reüssierte. Nach Hitlers »Machtergreifung« geriet sie wie Millionen Deutsche in den Bann des Diktators. Doch begabter als die meisten wurde sie – als ein weiblicher Faust – geniale Propagandistin eines verbrecherischen Regimes, die mit Filmen wie *Triumph des Willens* den schönen Schein der Diktatur auf Zelluloid bannte. Es waren ihre Bilder, die Hitler zu einem übermächtigen Heilsbringer stilisierten und mithalfen, eine ganze Generation zu verführen. Nach dem Krieg wollte sie mit all dem nichts mehr zu tun haben. Sie habe doch nur die Realität abgebildet, so Riefenstahl. Es blieb bis zuletzt ihre Lebenslüge.

Polen, Anfang September 1939. Nach Kriegsbeginn hatte sich die Filmemacherin Hitlers Truppen beim Vormarsch nach Osten an die Fersen geheftet. Am 10. September sei sie, begleitet von einem Trupp Kameraleute, in seinem Hauptquartier aufgetaucht, laut ihrer eigenen Aussage »den Spuren des Führers« folgend, erinnerte sich General Erich von Manstein später. Sie habe verwegen ausgesehen, »wie etwa eine elegante Partisanin, die ihr Kostüm von der Rue de Rivoli aus Paris bezogen haben konnte. Sie trug eine Art Tunika, Breeches und weiche hohe Stiefel. Am Lederkoppel, das ihre Hüften umgürtete, hing eine Pistole. Die Nahkampfausrüstung war durch ein nach bayerischer Art im Stiefel steckendes Messer ergänzt. Der Stab war durch diese ungewöhnliche Erscheinung, wie ich gestehen muss, ein wenig perplex.«

Manstein konnte der exaltierten Person wenig abgewinnen und schob die lästige Besucherin zu General von Reichenau nach Końskie ab. Auch dort sorgte sie für Aufsehen, wie das Fotoalbum des deutschen

Soldaten zeigt. »Leni Riefenstahl mit dem Filmstab«, hat er ein Bild beschriftet. Zu sehen ist die Regisseurin, die mit einigen Begleitern über die Straße schreitet. »Unser Führer in Konskie«, so der Titel eines anderen Fotos, auf dem Hitler im offenen Wagen vorüberfährt.

Dann jedoch folgen andere Bilder: »Vier Kameraden auf der Streife von Juden überfallen und gemeuchelt«, heißt es eine Seite weiter unter einem Foto von vier Leichen. »Die Juden müssen die Gräber für die gefallenen Kameraden ausheben«, steht unter dem nächsten. Was war geschehen? Während der Strafaktion war die Situation eskaliert: Unter den deutschen Soldaten hatte sich das Gerücht verbreitet, die vier Landser seien grausam verstümmelt worden – spontane Gewaltausbrüche gegen die unfreiwilligen Totengräber waren die Folge. Als die Juden daraufhin in Panik zu fliehen versuchten, schossen einzelne Soldaten in die Menge – 22 Menschen starben.

Was hat Leni Riefenstahl von diesem Massaker, einem der ersten Kriegsverbrechen im Zweiten Weltkrieg, gesehen? Nach dem Krieg sagte sie aus, sie habe gegen die rüde Behandlung der Zivilisten protestiert, woraufhin ein deutscher Landser sogar sein Gewehr auf sie gerichtet habe: »Schießt dieses Weib nieder!« Die Tötung der Juden selbst dagegen habe sie nicht mitbekommen, sondern erst später davon erfahren. Diese Aussage ist jedoch wenig glaubwürdig – nicht zuletzt aufgrund des verräterischen Fotos – und wohl vor allem auf eine Art Verteidigungsposition während der »Entnazifizierung« in den 1950er Jahren zurückzuführen.

Unstrittig ist freilich, dass Riefenstahl umgehend gegen die Vorgänge in Końskie protestiert hat. Es ist belegt, dass sie bei Reichenau vorsprach und entsetzt von ihren Beobachtungen berichtete. Tatsächlich wurde der Haupttäter daraufhin vor ein Kriegsgericht gestellt und zu einer Gefängnisstrafe verurteilt.

Die Regisseurin selbst hat Końskie zu einer Art Erweckungserlebnis stilisiert, das sie bewogen habe, den Dienst als selbsternannte »Kriegsberichterstatterin« zu quittieren. In der Tat hat sie danach nie wieder mit ihren Kameras eine Front besucht. Doch was sie ablehnte, waren nur die Schrecken des Krieges, nicht aber die Verbrechen des Mannes, der ihn angezettelt hatte.

1940

ANGRIFF IM WESTEN

Unbekannter Fotograf
Nordfrankreich
Mai/Juni 1940

ANGRIFF IM WESTEN

Es ist ein Bild mit hoher Symbolkraft. Irgendwo in Frankreich in den Tagen des Westfeldzugs im Frühjahr 1940: Ein vollkommen desillusionierter französischer Soldat muss den bitteren Gang in die deutsche Gefangenschaft antreten. Seine versteinerte Miene spiegelt den Schmerz und die Demütigung der Niederlage gegen die verhassten »Boches«. In die andere Richtung, dem Sieg entgegen, marschiert ein Trupp deutscher Landser. Einer dreht sich um, blickt den Fotografen an, seine Gesichtszüge zeigen eine merkwürdige Mischung aus Triumph und Mitgefühl.

Der sogenannte »Fall Gelb«, der am Morgen des 10. Mai 1940 angelaufen war, hatte die Westmächte völlig unvorbereitet getroffen. Frankreich und England hatten Hitler zwar den Krieg erklärt, nachdem die Wehrmacht am 1. September 1939 in Polen einmarschiert war – aber an der Westfront war bisher kaum ein Schuss gefallen. Wiederholt hatte Hitler beteuert, er habe »keine Interessen im Westen«. So hofften die Deutschen zu Hause noch immer, der Konflikt könne durch Verhandlungen gelöst werden.

Doch Hitler hatte sich längst festgelegt: »Das deutsche Kriegsziel hat in der endgültigen militärischen Vernichtung des Westens zu bestehen.« Die Westmächte sollten nicht »noch einmal der staatlichen Konsolidierung und Weiterentwicklung des deutschen Volkes in Europa entgegentreten« können. Für Hitler blieb Frankreich der »Erbfeind« – und Frieden unvorstellbar, ehe nicht die »Schmach von Versailles getilgt« war. Ahnungsvoll blickte er voraus: »Wir können Russland nur entgegentreten, wenn wir im Westen frei sind.«

Bereits am 27. September 1939 – der Polenfeldzug war erfolgreich beendet und die Armee wieder verfügbar – weihte Hitler die Generäle in sein Vorhaben ein: Frankreich »zerschlagen« und damit Großbritannien »in die Knie zwingen«, so die Zielvorgabe. Ein schneller Angriff sollte die alliierten Truppen vernichten. In Nordfrankreich hatte er günstige Ausgangsbasen für den Luft- und Seekrieg gegen England ausgemacht – und die neutralen Staaten Belgien und Holland rücksichtslos in seine Eroberungspläne eingeschlossen. Bereits Mitte November sollte »Fall Gelb« anlaufen.

Die deutsche Militärführung war entsetzt und meldete fachliche Bedenken an: Ein derartiger Krieg sei »überstürzt und aussichtslos«, die Truppe erschöpft, der Nachschub fehle. »Der befohlene Angriff wird von keiner hohen Kommandostelle als erfolgversprechend angesehen«, mahnte Generalstabschef Halder. Feldmarschall von Brauchitsch hielt die Idee für »Wahnsinn« und warnte den »Führer« vor der »stärksten Militärmacht Europas«. Der Generalität gelang es immerhin, durch ungelöste Sachfragen die Entscheidung zum Angriff immer wieder hinauszuzögern – zu Hilfe kam ihr dabei die Tatsache, dass die Witterungsbedingungen in diesem Winter denkbar ungünstig für eine Offensive waren. Insgesamt 29-mal wurde der Termin zum Losschlagen verschoben.

Ohnehin zeugten die deutschen Angriffsplanungen weder von Originalität noch von Kühnheit und kopierten im Prinzip nur das Muster von 1914, als die deutsche Hauptstreitmacht von Norden her über Belgien in Frankreich eingefallen war. Doch im Februar 1940 präsentierte Generalleutnant von Manstein einen Schlachtplan, der ebenso riskant wie aussichtsreich erschien: Um die Maginotlinie, das uneinnehmbare französische Bunkersystem entlang der deutschen Grenze, zu umgehen, setzte er auf einen Überraschungsangriff der deutschen Panzerstreitkräfte über die weniger stark gesicherten Ardennen. Von dort aus sollte dann der Vorstoß zur Kanalküste gewagt werden. Ziel der Aktion war die Umfassung und Einkesselung der alliierten Hauptkräfte, die im Norden Frankreichs und Belgiens standen. Gegen alle Bedenken der Heeresleitung griff Hitler die Strategie Mansteins sofort auf.

ERICH VON MANSTEIN

Er galt als einer der klügsten Köpfe der deutschen Generalität: Erich von Manstein (1887–1973). Sein Leben steht stellvertretend für die meisten jener preußisch-konservativen Generäle, die gegenüber dem Nationalsozialismus kritische Distanz wahrten – und doch als willige Werkzeuge Hitlers erbarmungslosen Krieg vollstreckten. Er sah sich als »unpolitischen Soldaten«, der tat, was er am besten konnte: Krieg führen. Ohne zu erkennen, welche verbrecherischen Ziele Hitler verfolgte.

Im dicht bewaldeten und gebirgigen Ardennengebiet, wo die Franzosen den Durchbruch am wenigsten erwarteten, rückten nun am 10. Mai die deutschen Panzer vor. Gleichzeitig griffen zwei schwächere Heeresgruppen im Süden an der Maginotlinie und im Norden über Belgien und die Niederlande an, wo die Alliierten den Hauptangriff der Deutschen vermuteten – wie schon 1914. Vor allem die nördliche Heeresgruppe B war, mit den Worten des britischen Militärhistorikers Lidell Hart, das »rote Tuch« des Toreros, das den Stier – also den Gegner – zum Vorpreschen provozieren sollte. In die ungeschützte Flanke des Gegners sollte die Heeresgruppe A mit ihren Panzerverbänden wie ein Degen hineinstoßen. Und tatsächlich: Noch bevor das Täuschungsmanöver auffiel, hatte die Wehrmacht bereits spektakuläre Erfolge erzielt. »In drei Tagen an die Maas, am vierten Tag über die Maas!« war die Vorgabe gewesen – und sie wurde eingehalten.

Am 14. Mai kapitulierten die Niederlande, am 17. fiel Brüssel und nach nur zehn Tagen erreichten die ersten deutschen Panzer die Kanalküste. Gegen den ausdrücklichen Willen Hitlers waren sie aus ihren Brückenköpfen an der Maas ausgebrochen und ohne Rücksicht auf die nachrückende Infanterie nach Norden vorgestoßen. Die aus dem Ersten Weltkrieg stammende Vorstellung des Stellungskriegs wurde auf abrupte Weise durch den modernen Bewegungskrieg abgelöst. Es galt nicht mehr, durch einige Panzer eine örtliche Überlegenheit zu erzielen, sondern Beweglichkeit als Trumpf auszuspielen. »Operation ist Bewegung!« war das Motto. In der Kriegsgeschichte war es der erste »operative« Einsatz der Panzerwaffe: Ganze Panzerdivisionen rollten weit vor und setzten auf »handstreichartige« Überraschung des Kriegsgegners: Mansteins Plan war aufgegangen. Die Panzerverbände hatten die alliierten Streitkräfte im Norden von ihren rückwärtigen Verbindungen getrennt – anerkennend sprach Englands Premierminister Winston Churchill später vom »Sichelschnitt«.

Bei Dünkirchen drängte die Wehrmacht die letzten 400 000 Briten und Franzosen zusammen. Dass die meisten der alliierten Soldaten entkamen, verdankten sie einer Weisung Hitlers, den weiteren Vormarsch seiner Panzer zu stoppen. Angeblich sollten die Panzerkräfte geschont werden für weitere Operationen in Richtung Süden. Luftwaffenchef Göring versprach, dass seine Flieger die eingeschlossenen Gegner allein vernichten könne – ein absurder Vorschlag, denn die Luftwaffe hatte in den ersten 14 Tagen des Westfeldzugs bereits 1000 Flugzeuge verloren. Sie hätte Schonung gebraucht, nicht die Panzertruppe.

Dünkirchen gilt heute als eine vorentscheidende Weichenstellung in der Geschichte des Zweiten Weltkriegs. Das Gros des britischen Expeditionskorps wurde nicht vernichtet, sondern entkam unter Zurücklassung allen Materials über den Ärmelkanal. Über 120 000 französische und 250 000 britische Soldaten – gut ausgebildete reguläre Truppen – konnten durch die »Operation Dynamo« gerettet werden. Genau diese erfahrenen britischen Offiziere und Soldaten sollten die Kader bilden, um die herum schon bald eine größere, modernere und schlagkräftige britische Armee aufgebaut werden konnte. Diese Armee würde später Rommel in Afrika besiegen und von den Stränden der Normandie bis an den Rhein vormarschieren, um schließlich an der Seite der Amerikaner den Norden und Westen Deutschlands zu besetzen.

HITLER IN PARIS

Heinrich Hoffmann

Paris (Frankreich)

28. Juni 1940

HITLER IN PARIS

Der Eroberer kam als Tourist. Am 28. Juni 1940 erfüllte sich Adolf Hitler einen »langersehnten Traum«: Er erkundete Paris. Begleitet von seinen Hofkünstlern Albert Speer und Arno Breker steuerte der Kriegsherr in den frühen Morgenstunden zunächst die Oper an, von deren architektonischer Schönheit er sich begeistert zeigte. Dann fuhr er die menschenleeren Champs-Élysées hinauf und besichtigte den Eiffelturm – hier entstand jenes berühmte Sightseeing-Foto: Der Diktator in Feldherrenpose vor dem Pariser Wahrzeichen. Als nächster Programmpunkt stand ein Besuch des Invalidendoms auf dem Plan, wo Hitler sich am Grab des Eroberers Napoleons verneigte. Schließlich noch ein letzter Blick über das Häusermeer von der Höhe der Kirche Sacré-Cœur auf dem Montmartre – dann war er auch schon wieder aus der französischen Hauptstadt verschwunden.

Sechs Tage zuvor hatte Frankreich kapituliert. Der Westfeldzug war beendet, Hitler genoss den größten Triumph seines Lebens. In kürzester Zeit hatte er halb Europa unter deutsche Herrschaft gezwungen: Polen, Dänemark, Norwegen, die Niederlande, Belgien und jetzt auch Frankreich. Die Wehrmacht schien unbesiegbar, und der »Führer« stand auf dem Gipfel seiner Macht.

Während die Alliierten vergeblich auf Unterstützung aus Amerika hofften, marschierte die Wehrmacht kampflos in Paris ein. Nach nur sechs Wochen war der Westfeldzug entschieden. »Fahnen mit Hakenkreuzen an allen öffentlichen Gebäuden in Paris – das war das sichtbare Zeichen für die Niederlage, die Erniedrigung, die Frankreich erleiden musste«, erinnerte sich die Pariserin Claude Mossé an die Bestürzung der Franzosen.

HEINRICH HOFFMANN

Er war »Hoffotograf« und früher Weggefährte Hitlers: Heinrich Hoffmann (1885–1957), Inhaber eines Münchner Fotoateliers. Seit dem Hitlerputsch 1923 dokumentierte er fotografisch die Aktivitäten der NSDAP und Hitlers, in dessen Nähe er fortan immer zu finden war. Nach 1933 nannte er sich »Reichsbildberichterstatter der NSDAP« und scheffelte dank eines Exklusivvertrags vor allem mit »privaten« Aufnahmen Hitlers Millionen. Der »Führer« kassierte für das »Recht am eigenen Bild« mit. Zuvor hatte sich nie ein Politiker so geschickt und gewinnbringend medial vermarktet.

Hitler triumphierte. Bis ins Detail inszenierte er Frankreichs Kapitulation nach dem Vorbild der deutschen Waffenstillstandserklärung vom November 1918. Bei Compiègne, im selben Eisenbahnwaggon, in dem die Deutschen ihre Kapitulation unterzeichnet hatten, diktierte er am 22. Juni 1940 der französischen Delegation unter General Huntzinger seine Bedingungen – Revanche für die nie verwundene Niederlage. Zwei Drittel Frankreichs fielen unter deutsche Besatzung, der Rest blieb unbesetzt.

Eine knappe Woche darauf flog Hitler nach Paris – nicht zu einer Militärparade, sondern zur privaten Stadtrundfahrt im Morgengrauen. Der siegreiche Feldherr scheute die Begegnung mit den Parisern. In Lille hatte eine Frau bei seinem Anblick geschrien: »Der Teufel!« Beim Diktator selbst hinterließ die Blitztour durch die französische Hauptstadt gemischte Eindrücke. Er habe darüber nachgedacht, die Stadt zu zerstören, erklärte er Speer: »Aber wenn wir in Berlin fertig sind, wird Paris nur noch ein Schatten sein. Warum sollen wir es zerstören?«

VICHY-FRANKREICH

Das »freie« Frankreich unter dem neuen Regierungschef Pétain, Nationalheld des Ersten Weltkriegs, verlegte den Sitz seiner Regierung in den Kurort Vichy. Hitler schien auf die Demütigung des besiegten Gegners verzichten zu wollen – einer der wenigen Momente, in den denen er tatsächlich staatsmännisch handelte. Ausdrücklich sprach er von der Tapferkeit der Franzosen. Das Vichy-Regime durfte seine fernen Kolonien, ein Heer von 100 000 Mann und die einsatzfähige Flotte behalten.

Eben jenes Berlin dagegen bereitete Hitler einen frenetischen Empfang. Im offenen Wagen hielt der Diktator am 19. Juli Einzug in die blumengeschmückte Reichshauptstadt. Dem Jubel der Massen musste Propagandaminister Goebbels diesmal kaum nachhelfen. Die Mehrheit der Deutschen hoffte auf Frieden, und nur wenige ahnten, dass Hitlers »glorreichstem Sieg« weitere Feldzüge und schließlich die totale Niederlage folgen sollten.

Hitler selbst sah den Krieg im Westen nur als Vorstufe zu der epochalen Auseinandersetzung mit dem »Bolschewismus« und der Sowjetunion. Der »größte Feldherr aller Zeiten«, zu dem ihn Keitel im Überschwang des Sieges gekürt hatte, wollte mehr. Und so erklärte er kurz nach dem Westfeldzug gegenüber dem Chef des Oberkommandos der Wehrmacht: »Jetzt haben wir gezeigt, wozu wir fähig sind. Glauben Sie mir, Keitel, ein Feldzug gegen Russland wäre dagegen nur ein Sandkastenspiel.«

IM FREUDENHAUS

Dietrich

Brest (Frankreich)

Sommer 1940

IM FREUDENHAUS

Ein deutscher Nachrichtensoldat hält eine Frau im Arm, die Laune ist prächtig. Auf dem Tisch stehen volle Champagnergläser – Soldatenherz, was willst du mehr? Das Leben »wie Gott in Frankreich«, für viele Besatzungssoldaten zwischen Maas und Atlantikküste wurde es ab 1940 Wirklichkeit. Die Front war weit weg und sie konnten als Touristen die Sehenswürdigkeiten des Landes bewundern, kleine Schwarzmarktgeschäfte mit Luxusartikeln wie Parfum oder Seidenstrümpfen betreiben, Theater und Kinos besuchen – und eine Einrichtung, die bald schon zum Soldatenleben gehörte wie die Uniform und die Erkennungsmarke: das Wehrmachtbordell.

Frankreich – das klang in den Ohren vieler deutscher Soldaten nach schönen Frauen, nach Amüsement und sexueller Freizügigkeit. Bei der deutschen Militärführung dagegen schrillten ob solcher Männerfantasien alle Alarmglocken: In ihren Augen war das Nachbarland ein riesiger Seuchenherd. Durch unkontrollierten massenhaften Sex von deutschen Soldaten mit Prostituierten, die man flächendeckend mit Geschlechtskrankheiten angesteckt wähnte, drohe »eine erhebliche Gefahr für die Schlagkraft der Truppe.«

So nahm es nicht wunder, dass – kaum waren die Deutschen in Paris einmarschiert – das OKH überall im besetzten französischen Gebiet die Einrichtung von Bordellen für Soldaten und Offiziere der Wehrmacht befahl. Appelle von deutschen Militärärzten, die den Besatzungssoldaten sexuelle Enthaltsamkeit verordnen wollten, verhallten ungehört. Für die Freudenhäuser griff man einerseits auf bestehende Etablissements zurück, die man für die Truppe requirierte. Zum anderen wurden zahlreiche neue »Maisons« eröffnet. In Orléans beschlagnahmte die Wehrmacht alle fünf bestehenden Bordelle der Stadt und eröffnete obendrein noch drei neue – davon zwei für Offiziere. In Paris gab es insgesamt 40 Militärbordelle.

Ziel war es einerseits, private Kontakte von Wehrmachtsoldaten mit französischen Frauen überflüssig zu machen. Hauptsächlich aber sollte auf diesem Wege die »gefährliche« freie Prostitution ausgerottet werden.

Aus den Reihen dieser »Unzucht treibenden Mädchen« und »leichtfertigen Frauenspersonen« wurde jedoch auch das Personal für die zahlreichen neuen Bordelle rekrutiert – nachdem sie sich zwangsweise behördlichen Gesundheitsuntersuchungen unterworfen hatten. Manch Sanitätsoffizier geriet dabei in die Rolle eines Zuhälters, hatte er doch laut Dienstanweisung »jugendliche, ansehnliche und möglichst hübsche Mädchen« einzustellen, um der wilden Prostitution wirksam das Wasser abzugraben. Anders als in einigen Gebieten an der Ostfront scheint es in Frankreich aber keine Zwangsprostitution gegeben zu haben – soweit das in diesem Milieu eben möglich ist.

Der Besuch des Bordells war für die deutschen Soldaten streng reglementiert. Von der Militärverwaltung wurden die Tarife festgelegt, außerdem wurde bestimmt, dass der Verkehr nur mit Kondom zu erfolgen und sich der Soldat danach einer »Sanierung« zu unterziehen habe – Bestimmungen, die jedoch gerne unterlaufen wurden. Sanktionen bei Nichtbeachtung gab es kaum, und wenn, dann nur für die französischen Frauen. Über jeden einzelnen Akt führten die Behörden genau Buch: Im November 1940 wurde beispielsweise aus Angers gemeldet, dass die sechs Bordelle der Stadt in 14 Tagen von 8984 Soldaten besucht worden seien, »von denen 2467 den Geschlechtsverkehr ausübten.«

Das Bordell in der Hafenstadt Brest übrigens konnte mit einer perfiden Besonderheit aufwarten: Es wurde in den Räumen einer Mikwe, eines rituellen Tauchbads der jüdischen Gemeinde, eingerichtet. Die Schändung des geweihten Orts durch den Bordellbetrieb war offenbar beabsichtigt.

DER PREMIER MIT DER KNARRE

William G. Horton

Hartlepool (Großbritannien)

31. Juli 1940

DER PREMIER MIT DER KNARRE

Es ist ein Bild, das seinem Volk Entschlossenheit und Stärke demonstrieren soll. Wie stets korrekt gekleidet im Nadelstreifenzwirn mit Einstecktuch und Bowlerhut steht er da, die Zigarre im Mundwinkel und die Maschinenpistole in der Hand, und blickt den Betrachter an, als wollte er im nächsten Augenblick auf ihn anlegen: Winston Churchill, Premierminister Seiner Majestät des britischen Königs und in diesem Sommer 1940 der letzte verbliebene Gegenspieler Hitlers in Europa.

WINSTON CHURCHILL

Als er im Mai 1940 das Amt des britischen Premierministers übernahm, hatte Churchill bereits eine bewegte politische Karriere hinter sich. Aus einer einflussreichen Familie stammend, kämpfte er zunächst als Soldat in verschiedenen Kolonialkriegen, machte sich dann als Kriegsberichterstatter einen Namen und ging schließlich in die Politik. Die Liste seiner Ämter, die er ab 1910 bekleidete, ist lang: Innenminister, Marineminister, Munitionsminister, Kriegsminister, Luftfahrtminister, Kolonial-minister, Schatzkanzler (Finanz- und Wirtschaftsminister). Als entschlossener Kämpfer gegen einen übermächtig scheinenden Gegner wurde er schließlich zur Legende.

Das deutsch-britische Kräfteringen – es war in den wahnwitzigen Fantasiespielen des deutschen Diktators und seinen monströsen Plänen für eine Neuaufteilung der Welt eigentlich gar nicht vorgesehen. Die Herren des Empire galten als quasi natürliche Bündnispartner Deutschlands, denen Hitler die Herrschaft auf den Weltmeeren zugestand, während er sich den europäischen Kontinent untertan machen wollte.

Allein: Die Briten gedachten die von Hitler zugewiesene Rolle nicht zu spielen – auch nicht, als der deutsche Blitzkrieg gegen Frankreich für das britische Expeditionskorps in ein militärisches Debakel mündete, das nur durch das »Wunder von Dünkirchen« zu keiner totalen Niederlage wurde. Hat Hitler die Briten bei Dünkirchen geschont, um ihnen die Rückkehr an den Verhandlungstisch leichter zu machen? Sollte das sein Plan gewesen sein, so hatte er sich bitter getäuscht.

Der in der Stunde der Niederlage zum Premierminister ernannte Churchill demonstrierte unbeugsamen Kampfesmut. Furore machte seine Rede vor dem Unterhaus, in der er den Briten zurief: »Ich habe nichts zu bieten als Blut, Tränen, Mühsal und Schweiß. Uns steht eine Prüfung von allerschwerster Art bevor ... Sie fragen: Was ist unser Ziel? Ich kann es in einem Wort nennen: Sieg – Sieg um jeden Preis, Sieg trotz allem Schrecken, Sieg, wie lang und beschwerlich der Weg dahin auch sein mag; denn ohne Sieg gibt es kein Weiterleben.«

Insgeheim setzte Churchill auf einen Kriegseintritt der offiziell noch neutralen US-Amerikaner aufseiten Londons, der umso wahrscheinlicher wurde, je länger es den Briten gelang, gegen Hitler durchzuhalten. Das Volk stand – mehr instinktiv als rational begründbar – größtenteils auf seiner Seite, selbst wenn es innerhalb der politischen Klasse Großbritanniens durchaus einflussreiche Stimmen gab, die sich für einen Kompromissfrieden mit den unbesiegbar erscheinenden Deutschen aussprachen. Viele Briten aber spürten in jenem Sommer, dass Churchill die richtige Losung ausgab: Weiterkämpfen und auf Amerika hoffen.

Um gegen eine befürchtete deutsche Invasion gewappnet zu sein, verwandelten sie ihre Insel in eine Festung – Stacheldraht säumte die Strände, Panzergräben durchzogen die Äcker und Weiden. An vorderster Front war immer wieder auch der Premier zu finden, stets darauf bedacht, die Moral seiner Landsleute hochzuhalten: mit markigen Worten, starken Gesten oder eben handfesten Fotos – wie jenem, das am 31. Juli 1940 in der Nähe von Hartlepool entstand.

Der Schnappschuss Churchills mit der MP im Anschlag ging um die Welt – sogar die deutsche Propaganda griff ihn auf und degradierte den britischen Premier in Zeitungen und auf Flugblättern zum Gangsterboss, der mit seiner kompromisslosen Haltung einen Friedensschluss verhindert habe. In Großbritannien selbst und Amerika hatte das Foto jedoch die beabsichtigte Wirkung. Sie verlieh Churchill jene Aura der Entschlossenheit, die er zu seinem Amtsantritt so formuliert hatte: »Unsere Politik ist, Krieg zu führen, zu Wasser, zu Lande und in der Luft, mit all unserer Macht und mit aller Kraft, die Gott uns verleihen kann; Krieg zu führen gegen eine ungeheure Tyrannei, die in dem finsteren, trübseligen Katalog des menschlichen Verbrechens unübertroffen bleibt.«

PREMIER HOTEL

»WAIT FOR ME, DADDY«

Claude P. Dettloff

New Westminster (Kanada)

1. Oktober 1940

»WAIT FOR ME, DADDY«

Es war ein Routineauftrag für Claude P. Dettloff, den Fotografen der Zeitung *The Province* im kanadischen New Westminster. Am 1. Oktober 1940 sollte das »British Columbia Regiment« aus seiner Garnison in der Nähe von Vancouver ausrücken und am Bahnhof der Stadt zum Kriegseinsatz verladen werden. Ein paar Zeilen im Lokalteil, dazu ein Foto, mehr war für Dettloff wohl nicht drin: Kleinvieh für den Fotografen. Dettloff, der die Stadt kannte wie seine Westentasche, wusste: Die besten Bilder würde er an der Columbia Street, Ecke 8th Street kriegen – dort, wo die Männer in einer langen Reihe die hügelige Straße herabkommen würden und ihnen ihre Angehörigen am Straßenrand noch einmal zuwinkten.

Dettloff platzierte sich also an der Ecke, ließ die ersten Soldaten passieren, blickte durch den Sucher und wartete auf den richtigen Moment für sein Foto. Da sah er plötzlich, wie sich in der wartenden Menge ein kleiner Junge von der Hand seiner Mutter losriss – vielleicht fünf Jahre alt und mit einem markanten semmelblonden Haarschopf. Seine Mutter lief ihm nach, versuchte, ihn noch aufzuhalten, doch der Junge war zu schnell: Er rannte zu seinem Vater, den er in der langen Reihe der Soldaten entdeckt hatte. Dettloff drückte auf den Auslöser – gerade in dem Moment, als sich der Vater umdrehte und seinem Sohn die Hand zum Gruß entgegenstreckte.

Unter dem Titel »Wait for me, Daddy« – »Warte auf mich, Papi« wurde Dettloffs anrührendes Foto schnell populär, weil es wie kaum ein anderes versinnbildlicht, was Krieg für Familien und vor allem für Kinder bedeutet: Die schmerzhafte Trennung von den Lieben mit ungewisser Hoffnung auf eine glückliche Heimkehr. In Kanada ist es bis heute das bekannteste Foto aus dem Zweiten Weltkrieg. Viele Zeitungen im ganzen Land druckten es nach, auch in großen US-amerikanischen Illustrierten wie *Life* oder *Newsweek* war es zu finden. Es hing bis zum Ende des Kriegs in allen Schulen von British Columbia; Kanadas Regierung nutzte es, um für Kriegsanleihen zu werben.

Das machte auch der kleine Junge auf dem Bild, der bald von Vancouver bis Montreal eine echte Berühmtheit war: Warren »Whitey« Bernard. In den Schulferien tingelte er sogar mit einer Schauspielertruppe übers Land und rief seine Mitbürger zur Unterstützung ihrer Soldaten auf. Im selben Aufzug wie auf dem Foto – blaues Jackett und graue Hosen – trat er am Ende der Vorstellung aufs Podium, hinter sich einen Großabzug des Bilds, und hielt eine kurze Rede. »Ich rief dann alle Anwesenden auf, Kriegsanleihen zu zeichnen, damit mein Daddy bald wieder zu Hause sein könnte. Alle bekamen feuchte Augen und liefen sofort los, um die Anleihen zu kaufen«, erinnerte er sich später.

Dass »Whiteys« Daddy zunächst einmal gar nicht an die Front kam, sondern in ein Ausbildungscamp auf Vancouver Island – gerade einmal drei Stunden Fahrt entfernt –, wurde von den offiziellen Stellen wohlweislich verschwiegen. Als Mitglied des britischen Commonwealth hatte Kanada zwar schon im September 1939 Deutschland den Krieg erklärt und erste Truppenkontingente nach Europa geschickt. Das Regiment aus British Columbia aber hielt man zunächst noch in der Heimat zurück. Erst Mitte 1942 wurde es nach Europa verschifft und kam dann 1944, während der Invasion in der Normandie, zu seinem ersten Kampfeinsatz.

Private Jack Bernard, »Whiteys« Vater, hatte Glück: Er überstand den Krieg unverletzt und kehrte zu seiner Familie zurück. Wieder war Claude P. Dettloff dabei, als Vater und Sohn sich glücklich in die Arme schlossen: eine Geschichte mit Happy End.

DER »BLITZ«

Herbert Mason
London (Großbritannien)
30. Dezember 1940

DER »BLITZ«

Es ist ein Foto mit großer Symbolkraft und gilt bis heute in Großbritannien als Ikone des britischen Durchhaltewillens: Inmitten von zerstörten Gebäuden und umgeben von schwarzen Rauchschwaden trotzt St Paul's Cathedral, Grablege bedeutender Persönlichkeiten der britischen Geschichte, den deutschen Bombenangriffen auf London – so unbeugsam, wie es Premierminister Winston Churchill im Frühjahr 1940 von seinen Landsleuten gefordert hatte: »Wir werden uns niemals ergeben!«

Nach Hitlers Willen sollte vor allem die Luftschlacht um England – neben den halbherzig vorangetriebenen Vorbereitungen der »Operation Seelöwe«, einer deutschen Landung auf der Insel – die Briten »friedensbereit« machen. Der deutsche Diktator wollte freie Hand für »seinen« Krieg: den Eroberungsfeldzug gegen die Sowjetunion. Ab Mitte August 1940 bombardierten die Deutschen Flugplätze und Rüstungsbetriebe in Südengland, bald jedoch auch Wohngebiete in Birmingham, Liverpool oder Sheffield.

OPERATION SEELÖWE

In Hitlers Weisung für die »Operation Seelöwe« hieß es: »Da England, trotz seiner militärisch aussichtslosen Lage, noch kein Anzeichen von Verhandlungsbereitschaft zu erkennen gibt, habe ich mich entschlossen, eine Landungsoperation gegen England vorzubereiten und, wenn nötig, durchzuführen.« Da es keine regulären Landungsboote gab, wurden 1720 »Prähme«, die als Binnenschiffe Lasten auf dem Rhein transportierten, umgebaut. 50 000 Mann einer improvisierten »Landungsflotte« wurden zusammengezogen. Trotzdem war »Seelöwe« mehr Drohgebärde als ernsthafte Operation. Anfang September wurde das ohnehin nur halbherzig geplante Unternehmen »bis auf Weiteres« abgeblasen.

Nachdem die Briten daraufhin Angriffe auf Berlin flogen, drohte Hitler unverhohlen: »Wenn sie erklären, sie werden unsere Städte in großem Ausmaß angreifen, werden wir ihre Städte ausradieren« – und befahl, am 7. September 1940 Ziele in London zu bombardieren. Durch Fehlabwürfe starben 448 Menschen, 1337 wurden schwer verletzt. Auf beiden Seiten eskalierte nun der Luftkrieg. Vor allem für die Bewohner Londons folgte eine schreckliche Prüfung: 57 Nächte hintereinander griffen die Deutschen an. Mitte September begann das, was die Briten bis heute als den »Blitz« bezeichnen. Bei Dunkelheit war die Zielgenauigkeit der Bomber gering, und so wurden Nacht für Nacht Zivilisten getötet.

Einen der schwersten Angriffe erlebte die britische Hauptstadt wenige Tage nach Weihnachten 1940. Nach mehreren Angriffswellen loderten am 29. Dezember über 1400 Brände in der Stadt. Augenzeugen sprachen vom »Second Great Fire of London«, dem zweiten großen Feuer nach 1666, als vier Fünftel der Stadt ein Raub der Flammen wurden. Angesichts von Chaos und der Zerstörung in der Londoner City mutete es wie ein Wunder an, dass St Paul's relativ glimpflich davonkam: Eine Bombe zerstörte den Hochaltar, ein paar Fensterscheiben gingen zu Bruch. »Rundherum loderten Flammen in den Himmel. Doch da stand die Kathedrale, herrlich stark, unberührt im Zentrum all dieser Zerstörung«, kommentierte BBC-Radioreporter Robin Duff für seine Hörer.

Es war eben dieses Motiv der wie durch ein Wunder geretteten Kathedrale, das *Daily Mail*-Fotoreporter Herbert Mason unbedingt auf Film bannen wollte. Stundenlang wartete er in der Nacht zum 30. Dezember auf dem Dach des Verlagshauses an der Themse auf den entscheidenden Moment, da sich der Rauch der zahlreichen Brände lichten und die Kuppel des Gotteshauses in ihrer ganzen Größe freigeben würde. In den frühen Morgenstunden war es dann so weit: »Wind kam auf«, berichtete Mason später. »Plötzlich stachen das strahlende Kreuz, die Kuppel und die Türme wie ein Symbol aus dem Inferno heraus. Dieser Anblick war unglaublich. In diesem kurzen Moment drückte ich auf den Auslöser.« Am Silvestertag 1940 veröffentlichte die *Daily Mail* das Foto mit der Bildunterschrift, es symbolisiere »die Standhaftigkeit Londons gegen den Feind, die Festigkeit des Guten gegen das Böse.«

Großbritanniens Städte litten bis zum Mai 1941 unter den Angriffen der Luftwaffe – fast 42 000 Zivilisten starben in den knapp elf Monaten der »Schlacht um England«, etwa 20 000 allein in London. Erst als Hitler seine Geschwader für den Krieg gegen die Sowjetunion nach Osten verlegte, konnten die Menschen in London und Liverpool, in Birmingham und Bristol, in Glasgow, Coventry und anderen Städten aufatmen.

COVENTRY

Vor allem der Angriff auf Coventry am 14. November 1940 wurde in Großbritannien als nationale Tragödie wahrgenommen. In dieser Nacht hatten 454 deutsche Bomber insgesamt 600 Tonnen Spreng- und Brandbomben über der Industriestadt abgeladen. Zwar waren Fabriken und Verkehrswege die eigentlichen Ziele des Angriffs, doch wurde die großflächige Zerstörung von Wohnvierteln billigend in Kauf genommen. Das Zentrum der Stadt wurde schwer zerstört, die Kathedrale aus dem 14. Jahrhundert brannte aus. 554 Menschen starben, über 800 wurden verletzt.

1941

DER WEINENDE FRANZOSE

George Mejat

Marseille (Frankreich)

19. Februar 1941

DER WEINENDE FRANZOSE

Der weinende Franzose, l'homme en pleurs, the weeping Frenchman – ganze Generationen von Zeitungslesern, Fernsehzuschauern, Schülern und historisch Interessierten haben bei diesem Foto nur eine Assoziation: Paris, 14. Juni 1940 – der kampflose Einzug der deutschen Truppen in die französische Hauptstadt nach dem »Blitzkrieg« gegen Frankreich.

Wochenschaubilder zeigten die langen Kolonnen von Wehrmachtsoldaten, die über die Boulevards der Metropole marschierten. Auf dem Eiffelturm wehte die Reichskriegsflagge. Am Arc de Triomphe nahm Generaloberst von Bock die Parade der deutschen Truppen ab. Die Straßen hallten wider von Marschtritten und Motorenlärm. »Ging zum Boulevard, um sie mir anzuschauen«, schrieb Sofka Skipwith, eine britische Aristokratin russischer Herkunft, die damals in Paris lebte, in ihr Tagebuch. »Sie lächelten und warfen Kusshände in die Menge. Einige Leute zeigten sich empfänglich und wechselten sogar ein paar Worte mit ihnen, wenn sie anhielten; die meisten aber starrten die Soldaten schweigend und feindselig an. Hier und da brach eine Frau in Tränen aus.« Oder eben ein Mann?

Sollte es so gewesen sein, dann wäre es mehr als verständlich. Was von 1914 bis 1918 in vier Jahren quälendem Stellungskrieg nicht gelungen war, hatte die Wehrmacht jetzt in nur sechs Wochen geschafft: In einem regelrechten »Blitzkrieg« war Frankreich niedergerungen worden. Nun ergriffen die Deutschen Besitz von der Hauptstadt des Nachbarlands – die ultimative Demütigung für die »Grande Nation«.

Doch wurde das Foto wirklich an diesem Tag in Paris aufgenommen? Frankreichs neuer Regierungschef, der greise Marschall Philippe Pétain, schloss eine Wo-

PHILIPPE PÉTAIN

Der 84-jährige Pétain hatte im Ersten Weltkrieg als »Sieger von Verdun« Heldenruhm erworben und zehrte noch immer von diesem Nimbus. Nun führte er ein autoritäres Regime und setzte auf Kollaboration mit Hitler. Die meisten Franzosen sahen in ihm einen Rettungsanker, der trotz der Präsenz des Feindes ein erträgliches Leben versprach.

che nach dem Einmarsch der Deutschen in Paris einen Waffenstillstand mit Hitler. Während die Deutschen den Norden des Landes und Paris besetzten, regierte Pétain vom Kurort Vichy aus den »freien« Süden des Landes. Frankreich musste die Besatzungskosten tragen, Kriegsgerät und Rohstoffe abliefern, zudem wurden mehr als eine Million Kriegsgefangene als Zwangsarbeiter ins Reich transportiert. Das Vichy-Regime durfte aber seine fernen Kolonien, ein Heer von 100 000 Mann und die einsatzfähige Flotte behalten.

Verschiedene Objekte, die für die Franzosen einen symbolischen Wert besaßen, waren während der Kämpfe ins unbesetzte Gebiet gebracht worden – unter anderem historische Regimentsflaggen der französischen Armee, die normalerweise in Paris verwahrt wurden. Anfang 1941 entschied man, diese Flaggen weiter zu evakuieren, um sie dauerhaft dem möglichen Zugriff der Deutschen zu entziehen.

In einer feierlichen Parade trugen am 19. Februar 1941 französische Soldaten die Fahnen durch Marseille – hinunter zum Hafen, wo sie auf Schiffe verladen wurden, um in die Obhut der Kolonialtruppen in den französischen Besitzungen Nordafrikas zu gelangen. Am Straßenrand des Hafenboulevards Canebière beobachtete eine vielköpfige Menge die Zeremonie, »stumm und erschüttert von patriotischer Traurigkeit und Inbrunst«, wie eine Zeitung schrieb. Darunter auch jener Mann, der seine Tränen nicht zurückhalten konnte – Tränen, die für die Trauer einer ganzen Nation standen.

Das Bild ging um die Welt. Anfang März erschien es zum ersten Mal in der US-Illustrierten *Life*. Später tauchte es in Büchern und Filmen auf – und wurde in den Nachkriegsjahren immer häufiger mit dem deutschen Einmarsch in Paris in Verbindung gebracht. Tatsächlich aber war es an jenem Februartag 1941 in Marseille entstanden, als die Symbole einer stolzen Nation die französische Heimat verlassen mussten.

ERSCHIESSUNG IN PANČEVO

Gerhard Gronefeld

Pančevo (Serbien)

22. April 1941

ERSCHIESSUNG IN PANČEVO

Es ist bis heute eines der bekanntesten Fotos, die Verbrechen der Wehrmacht im Zweiten Weltkrieg zeigen: Ein deutscher Soldat zielt mit einer Pistole auf einen Mann, der mit einem Dutzend anderer Exekutierter an einer Mauer auf dem Pflaster liegt. Aufgenommen hat es der deutsche Kriegsberichterstatter **Gerhard Gronefeld**, der als Sonderberichterstatter am Balkanfeldzug teilnahm.

GERHARD GRONEFELD

Der Berliner Gronefeld (1911–2000) interessierte sich bereits als Jugendlicher für Fotografie und machte nach einem abgebrochenen Studium eine Fotografenlehre beim Zeitungsverlag Scherl. Seine Anstellung beim Hitler-Fotografen Heinrich Hoffmann verlor er, weil er sich weigerte, in die NSDAP einzutreten. Danach hielt er sich mit Aufträgen für illustrierte Blätter über Wasser, wurde mit Kriegsbeginn Kriegsberichterstatter und fotografierte hauptsächlich für die Wehrmachtszeitschrift *Signal*. Nach dem Krieg setzte er seine Karriere fort und dokumentierte für Illustrierte wie *Stern* oder *Quick* das westdeutsche Wirtschaftswunder.

Deutsche Soldaten auf dem Balkan? In Hitlers Plänen waren sie eigentlich gar nicht vorgesehen. Doch als der ohne Konsultationen mit Berlin vom Zaun gebrochene italienische Feldzug gegen Griechenland zu einem Fiasko zu werden drohte und in Jugoslawien ein Staatsstreich Ende März 1941 die deutschfreundliche Regierung stürzte, rollten die deutschen Panzerverbände – statt wie vorgesehen nach Osten, nach Russland – zunächst nach Süden. Es dauerte nur elf Tage, bis die jugoslawische Armee kapitulierte; und auch über der Akropolis in Athen wehte schon wenig später die Hakenkreuzflagge.

Wie überall in Europa reagierte die Wehrmacht auch auf dem Balkan mit größter Brutalität auf Widerstand gegen die Besatzungsmacht. Als am 20. April 1941 in Pančevo in der Nähe Belgrads Heckenschützen einen Soldaten der SS-Division »Das Reich« töteten und einen weiteren schwer verwundeten, wurden rund einhundert Einwohner des Orts festgenommen. Ein Standgericht verurteilte 36 von ihnen zum Tode, obwohl keinem eine Tatbeteiligung nachgewiesen werden konnte.

Vollstreckt wurden die Urteile öffentlichkeitswirksam am Schauplatz des Überfalls, einem Friedhof. Die Hälfte der Todeskandidaten wurden auf dem Gottesacker erhängt; die andere Hälfte an der Friedhofsmauer von einem Exekutionskommando des Wehrmacht-Infanterieregiments »Großdeutschland« erschossen. Die Hinrichtung sollte ein Exempel statuieren und als Abschreckungsmaßnahme dienen, um jeden Widerstand in Serbien schon im Keim zu ersticken.

Einer der zahlreichen Augenzeugen der Tat war Gronefeld, der die Geschehnisse in Pančevo mit seiner Kamera dokumentierte. Zunächst habe er nicht das Gefühl von Unrecht gehabt, so Gronefeld: »Ich hatte ja selber Posten in der Nacht gestanden, als die Serben zwei von uns umlegten. Da kocht es in einem.« Dann jedoch habe sich etwas in ihm aufgebäumt, da vollkommen Unschuldige zur Vergeltung sterben mussten. »Als ich die Bilder machte, wusste ich schon, dass ich diese Filme nicht abschicken würde, nachdem ich den Menschen gegenübergestanden hatte und ihnen in die Augen geschaut hatte. Als die mich anstarrten, unter der Schlinge den Henker erwarteten, wusste ich, dass diese Bilder, wenn ich sie zurückschicken würde, niemals erscheinen, sondern verloren gehen würden. Da sagte ich mir: Es ist besser, sie zu behalten.« Erst in den 1960er Jahren machte er sie der Öffentlichkeit zugänglich.

Die deutsche Besatzung in Serbien war auch in der Folgezeit von beispielloser Brutalität gekennzeichnet. Als nach dem Angriff der Wehrmacht auf die Sowjetunion ein Aufstand ausbrach, erschossen oder erhängten die Deutschen allein im Juli und August 1941 1000 Personen. Im September 1941 befahl das Oberkommando der Wehrmacht, für jeden getöteten Deutschen 100 und für jeden Verwundeten 50 serbische Geiseln zu exekutieren. Insgesamt sind mindestens 300 000 bis 350 000 Serben der deutschen Guerillabekämpfung zum Opfer gefallen, schätzt der Militärhistoriker Klaus Schmider. Ein Drittel davon dürften unbeteiligte Zivilisten gewesen sein. Gerhard Gronefeld verfolgten die Bilder der unschuldig Getöteten in Pančevo bis an sein Lebensende.

DER BOXER

Unbekannter Fotograf
Kreta (Griechenland)
Mai 1941

DER BOXER

Konzentriert und doch angespannt sitzt er da, die Fallschirmjägermontur am muskelbepackten Körper: Deutschlands Sportidol Max Schmeling, Schwergewichtsboxer und Superstar der 1930er Jahre. Einst jubelte eine ganze Nation ihm zu – jetzt sitzt er in einer Ju-52 der Luftwaffe und fliegt zu seinem ersten Kampfeinsatz als Luftwaffensoldat.

1936 hatte er in New York den »braunen Bomber« Joe Louis k. o. geschlagen – ein historischer Triumph, den die NS-Propaganda prompt zum »deutschen Sieg« erklärte und Schmeling zum »Inbegriff des deutschen Boxers«. Die angeheizte Euphorie war so nachhaltig, dass noch Jahrzehnte später viele Deutschen glaubten, Schmeling habe damals den **Weltmeistertitel** gewonnen. Ein Irrtum. Wer nach der WM-Krone greifen durfte, sollte durch den Kampf erst ermittelt werden. Die Chance erhielt er zwei Jahre später, wieder gegen Joe Louis – und verlor.

WELTMEISTER SCHMELING

Schwergewichtsweltmeister war Schmeling (1905–2005) tatsächlich nur zwei Jahre lang: 1930 gewann er den Titel gegen den Amerikaner Jack Sharkey – durch Disqualifikation seines Gegners. Zeitungen verspotteten Schmeling als »Weltmeister im Liegen«. Ein Jahr darauf konnte er seinen Titel verteidigen, diesmal durch technischen K.o. seines Gegners Young Stribling. Umso größer war die Begeisterung in der Heimat. Schon 1932 verlor er den WM-Titel wieder an Sharkey. Dennoch schlug ihm weiterhin die ungeteilte Sympathie der Deutschen entgegen.

Schmeling selbst vermittelte später den Eindruck, die NS-Führung hätte ihn nach seiner Niederlage endgültig fallen lassen. Der Eindruck ist falsch. Seine engen Beziehungen zu den Nazi-Oberen kühlten zwar ab, erloschen aber nicht völlig. Auch dass Schmeling nach Kriegsausbruch als einziger deutscher Leistungssportler an die Front musste, wie er später glauben machen wollte, entsprach nicht den Tatsachen. Viele Olympiasieger und erfolgreiche Sportler mussten an die Front, und je länger der Krieg dauerte, umso weniger Rücksicht nahm das Regime.

Max Schmeling verdankt seinen Einsatz im Mai 1941 bei der Invasion auf Kreta keiner Intrige, sondern seiner freiwilligen Meldung zu den Fallschirmjägern. Doch der Boxchampion erwies sich bei der »Operation Merkur« als Max im Glück. Während jeder dritte deutsche Soldat bei diesem Himmelfahrtskommando fiel, kam er mit einer Knieverletzung davon.

Als sich die Schlagzeilen der internationalen Presse, die Schmelings Tod gemeldet hatten, als falsch herausstellten, wetterte die deutsche Propaganda gegen die ausländische »Lügenpresse«, und Goebbels nutzte das internationale Sportidol als Kronzeugen für angebliche britische Massaker. Allerdings fand nicht jedes Interview, das Schmeling von seinem Athener Krankenhausbett aus gab, die Zustimmung des Propagandaministers. Einem amerikanischen Reporter sagte Schmeling: »Ich hoffe, der Krieg wird bald zu Ende sein, damit ich meine vielen Freunde in den Vereinigten Staaten wieder einmal besuchen kann«. Goebbels tobte über dieses »dumme und kindische« Interview: »Wenn Boxer Politik machen. Er soll lieber kämpfen als in Athen sitzen und Sprüche klopfen.«

Im weiteren Verlauf des Kriegs griff die NS-Propaganda immer wieder auf das Boxidol zurück. *Wochenschau*-Berichte zeigten den ehemaligen Weltmeister in seiner Fallschirmjäger-Uniform, in der NS-Postille *Der Angriff* bekannte der zum Unteroffizier beförderte Schmeling, »mit Leidenschaft Soldat zu sein«. Im Rahmen der Truppenbetreuung sorgte er für die moralische Aufrüstung der deutschen Soldaten und genoss dabei Privilegien.

Schmeling, der Nazi? Ein persönliches »Nahverhältnis« zu den Größen des »Dritten Reichs« hat er nie abgestritten, Belege für eine politische Nähe zur NS-Ideologie hingegen gibt es nicht. Er hatte Gönner unter den höchsten Nazi-Größen, trat aber nie der Partei bei. Er hob die Hand zum Hitler-Gruß, wies jedoch NS-Auszeichnungen wie den Ehrendolch der SA zurück. Er verteidigte mit Ergebenheits-Adressen die nationalsozialistische Politik, bestand aber auf seinem jüdischen Manager und rettete Juden vor den Schergen des rassistischen Regimes. Am liebsten hätte er Sport und Politik getrennt. Doch der Zeitgeist erlaubte dies nicht.

DER UNTERGANG DER BISMARCK

Unbekannter Fotograf

Nordatlantik

27. Mai 1941

DER UNTERGANG DER BISMARCK

Zwei, drei Dutzend Seeleute in rauer See, in Rettungswesten gekleidet und an Floßteile geklammert. Mit letzter Kraft versuchen die stärksten, sich an den hinuntergeworfenen Seilen festzuklammern, um dem eisigen Grab auf dem Grund des Atlantiks noch einmal zu entkommen: So sieht das bittere Ende der »Bismarck« aus, jenes gewaltigen Schlachtschiffs, das erst wenige Tage zuvor als Stolz von Hitlers Kriegsmarine zu seiner ersten Feindfahrt aufgebrochen war.

Die Kriegserklärung Englands am 3. September 1939 hatte die deutsche Marineleitung wie ein Hammerschlag getroffen. Auf einen Konflikt mit der britischen Seemacht war die deutsche Marine in keiner Weise vorbereitet. Wie sollten die **wenigen deutschen Kriegsschiffe** dem maritimen Giganten ernsthaft Schaden zufügen können, wenn dies mit ungleich stärkeren Mitteln schon im Ersten Weltkrieg nicht gelungen war? Immerhin verbesserte die Besetzung Norwegens und Frankreichs im Frühjahr 1940 die Lage: Marinechef Raeder verlegte sich nun darauf, einen Kaperkrieg gegen die lebenswichtigen britischen Versorgungslinien zu führen. Allerdings wollte er dabei auf mächtige Schlachtschiffe nicht verzichten.

KRÄFTEVERHÄLTNISSE

Das deutsch-britische Kräfteverhältnis bei Überwasserschiffen zu Kriegsbeginn war aus deutscher Sicht deprimierend: Zwei Schlachtschiffen, zehn Kreuzern und 22 Zerstörern der Deutschen standen 15 Schlachtschiffe, 63 Kreuzer und 168 Zerstörer der Briten gegenüber. Konsterniert notierte Marinechef Raeder, die Marine könne damit allenfalls beweisen, dass sie mit Anstand zu sterben verstehe.

Flaggschiff des ehrgeizigen Programms war die »Bismarck«, ein stählerner Koloss, der bei seiner Indienststellung im August 1940 als eines der größten und kampfstärksten Schlachtschiffe der Welt galt. Nach mehrmonatigen Tests und Probefahrten stach sie am 18. Mai 1941 mit dem schweren Kreuzer »Prinz Eugen« in See, um im Atlantik feindliche Handelsschiffe zu jagen und ganze Konvois zu vernichten.

Doch der Ausbruch der beiden Schiffe in Richtung Norden blieb nicht unbemerkt. Feindliche Beobachter funkten den Kurs des deutschen Verbands nach London, wo man sofort die »Home Fleet« alarmierte. Am Morgen des 24. Mai begann das Gefecht zwischen »Bismarck« und »Prinz Eugen« auf der einen Seite sowie den nicht minder waffenstrotzenden Schlachtschiffen »Hood« und »Prince of Wales« auf der anderen. Schon nach wenigen Minuten erschütterte eine gewaltige Explosion die Luft: Die fünfte Salve der »Bismarck« hatte eine Munitionskammer der »Hood« getroffen, die auseinandergerissen wurde und sofort sank. Mehr als 1400 Seeleute starben einen grausigen Tod, nur drei konnten gerettet werden.

Nach diesem Vorfall kannte die britische Admiralität nur noch ein Ziel: »Sink the Bismarck!« – Versenkt die Bismarck! Alle verfügbaren Kräfte wurden mobilisiert, um das deutsche Schlachtschiff unschädlich zu machen. Dieses hatte derweil seinen Kurs in Richtung Frankreich geändert, um die im Gefecht entstandenen Beschädigungen reparieren zu lassen, und dabei seine Verfolger abschütteln können. Ein Torpedo eines antiquierten Doppeldeckers vom Flugzeugträger »Ark Royal« besiegelte schließlich das Schicksal der »Bismarck«. Knapp 1000 Meilen von der rettenden Küste entfernt konnte sie nur noch im Kreis fahren.

Wenig später begannen die herbeigeeilten britischen Schlachtschiffe und Kreuzer mit der »Exekution« des angeschlagenen Gegners, der bis zuletzt keine Anstalten machte, den sinnlosen Kampf zu beenden. In seinem letzten Funkspruch teilte Flottenadmiral Lütjens nach Berlin mit: »Wir kämpfen bis zur letzten Granate. Es lebe der Führer!« Für eine solche Gesinnung opferte der Admiral seine Besatzung – mehr als 2000 Männer. Nur 115 konnten gerettet werden.

Das tragische Ende der »Bismarck« bedeutete nicht nur den Verlust eines symbolträchtigen Schlachtschiffs, es markierte den Anfang vom Ende der Atlantikschlacht mit Überwasserschiffen. Von nun an sollten nur noch die deutschen U-Boote Erfolge erzielen – ehe auch sie von Jägern zu Gejagten wurden.

DAS UNTERNEHMEN BARBAROSSA

Unbekannter Fotograf
Bei Brest-Litowsk (Weißrussland)
22. Juni 1941

DAS UNTERNEHMEN BARBAROSSA

Am 22. Juni 1941, morgens um Viertel nach drei, schlug die Stunde X: Das »Unternehmen Barbarossa« begann – der Angriff der deutschen Wehrmacht auf die Sowjetunion. Zwischen Ostsee und Karpaten brachen drei Millionen deutsche Soldaten auf, um »Lebensraum« für ihren »Führer« zu erobern. Auch der Kommandeur der Panzergruppe 2, Generaloberst **Heinz Guderian**, stand zu dieser schicksalhaften Stunde mit den Offizieren des Stabs am Ufer des Bug nördlich von Brest-Litowsk und blickte in das aufziehende Morgenrot gen Osten. Seine Panzer sollten die gegen Polen erprobte und im Frankreichfeldzug perfektionierte Strategie des »Blitzkriegs« in der Weite des russischen Raums fortführen.

HEINZ GUDERIAN

Der aus einer traditionsreichen preußischen Militärfamilie stammende Heeresoffizier Guderian (1888–1954) galt als der »Vater der deutschen Panzerwaffe«. Schon Anfang der 20er-Jahre hatte er erkannt, dass die im Ersten Weltkrieg erstmals von den Briten eingesetzten Panzer das Waffensystem der Zukunft waren. Nach Hitlers »Machtergreifung« war er ein gefragter Mann, da der Diktator den Ausbau der Panzerwaffe gezielt förderte. Die schnellen Siege gegen Polen und Frankreich gingen zu einem Gutteil auch auf seine Panzer und das Konzept des »Gefechts der verbundenen Waffen« zurück.

Die Deutschen in der Heimat wurden am Morgen des 22. Juni, einem Sonntag, von ungewohnten Tönen aus den Betten gerissen. Zum ersten Mal erklang das wuchtige, schmetternde Thema aus Franz Liszts »Les préludes«, das in Zukunft die Sondermeldungen von der Ostfront einleiten sollte. Dann ertönte aus den Volksempfängern die Stimme des Propagandaministers Joseph Goebbels, der eine Erklärung Hitlers verlas. Die meisten Menschen schwiegen betroffen, als sie die Worte ihres »Führers« hörten: »Ich habe mich heute entschlossen, das Schicksal des Deutschen Reiches und unseres Volkes wieder in die Hände unserer Soldaten zu legen.«

Den Menschen im In- und Ausland galt es weiszumachen, dass nicht Hitler der Aggressor sei, sondern Stalin. Die Wehrmacht sei lediglich dem sowjetischen Angriff zuvorgekommen. Goebbels wusste genau, dass die moralische Mobilmachung der Bevölkerung diesmal noch schwieriger sein würde als bei den vorherigen Feldzügen. In den streng geheimen »Meldungen aus dem Reich« des SS-Sicherheitsdienstes sind die Reaktionen der Bevölkerung festgehalten: Schon bald nach dem Angriff dominierten bei vielen Menschen Überraschung, Bestürzung, sogar Schock oder Lähmung.

Auch der sowjetische Diktator Stalin wurde kalt erwischt. Er hatte alle Hinweise auf einen unmittelbar bevorstehenden Angriff ignoriert. Dabei war er von vielen Stellen gewarnt worden. Doch immer wieder wiegelte Stalin ab. Stets witterte er Provokationen, sah darin die Taktik kapitalistischer Mächte, die ihn aus purem Eigeninteresse in einen Krieg gegen Hitler verwickeln wollten. Stalin hielt es für unwahrscheinlich, dass sich Hitler auf einen Zweifrontenkrieg einlassen würde.

War es ein Präventivkrieg? Immer wieder ist darüber spekuliert worden, ob die beiden großen Diktatoren Hitler und Stalin zwangläufig dahin tendierten, sich eines Tages zu zerfleischen. Offen war da lediglich, wer zuerst über wen herfiel. Doch die Vermutung, dass die Sowjetunion kurz- oder mittelfristig einen Angriff gegen das Deutsche Reich plante, lässt sich tatsächlich durch kein seriöses Dokument stützen. Die historische Last des Überfalls auf die UdSSR kann nicht mittels Gedankenspielen über möglicherweise langfristige Kriegsabsichten Stalins verdrängt werden.

Entscheidend ist ohnedies, dass Hitler selbst überhaupt nicht mit einem sowjetischen Angriff rechnete – für seine Pläne spielte das sowieso keine Rolle. Das »Unternehmen Barbarossa« war der Krieg, auf den der deutsche Diktator immer hingearbeitet hatte, den er immer führen wollte. Polen, Norwegen, Frankreich, England – all diese Angriffsziele waren nur Ouvertüren für die eigentliche Auseinandersetzung: den Kampf um

PRÄVENTIVKRIEG?

Es spricht vieles dafür, dass der sowjetische Diktator sein Land damals in die Rolle eines »lachenden Dritten« hineinmanövrieren wollte. Er rechnete fest mit einem »Krieg der imperialistischen Mächte« – damit meinte er Deutschland, Frankreich und Großbritannien. Erst wenn sich diese potenziellen Gegner im Westen gegenseitig geschwächt hatten, wollte er die Arena betreten. Doch dieser These mangelt es an hieb- und stichfesten Beweisen. Dass dennoch so viele sowjetische Soldaten in offensiver Aufstellung an der Westgrenze standen, entsprach der sowjetischen Verteidigungsdoktrin, einen Gegner im Falle eines Angriffs möglichst auf dessen Territorium zu schlagen.

»Lebensraum im Osten«, den Kampf gegen den »bolschewistischen Todfeind«.

Sein Drang wies nach Osten, sein Ziel war ein »Großgermanisches Reich« vom Atlantik zum Ural. Doch Krieg war für Hitler auch ein Überlebenskampf der Weltanschauungen und Rassen. Schon in *Mein Kampf* hatte er die Eroberung Russlands als »deutsche Mission« ausgegeben, als einen Kreuzzug gegen »Weltjudentum« und »Bolschewismus«. So begann erst mit dem Überfall auf die UdSSR der Zweite Weltkrieg für den Usurpator Hitler richtig. Vor 250 hohen Offizieren der Wehrmacht kündigte Hitler im März 1941 einen Vernichtungskrieg an, einen Krieg, der nicht mehr an bisher gültige Kriegs- und Völkerrechtsgrundsätze gebunden sein sollte. Das war »sein« Krieg im Krieg, frei von jeder Rücksichtnahme auf die Regeln der Zivilisation.

Wohl irritierte Hitlers hasserfüllte Schärfe ein paar Offiziere, doch Proteste blieben aus. Auch Guderian schien keine moralischen Bedenken gegen den Angriff gehabt zu haben – eher waren seine Einwände fachlicher Natur, wie Wilhelm Ritter von Thoma berichtete. Er gehörte zu hochrangigen deutschen Generälen, die im späteren Verlauf des Kriegs in britische Gefangenschaft gerieten und dort abgehört wurden: »Ich weiß noch, wie Guderian zum ersten Mal von der Russland-Geschichte hörte – ich war zufällig da. Er sagte: ›Was, jetzt noch so ein großer Irrsinn? Wenn man das nur nicht macht, denn das ist ein derartiger Koloss, da kann man gar nicht durchkommen.‹«

Bei allen Vorbesprechungen und Planspielen betonte Guderian deshalb stets die Rolle des Zeitfaktors: Alles kam darauf an, dass seine Panzer schnell und ungestüm vorpreschten, um – wie in Polen und Frankreich vorexerziert – beim Gegner jene Panik auszulösen, die dessen Verteidigung wie ein Kartenhaus zusammenstürzen ließe. Spätestens zum Einbruch des Winters musste der Feldzug gewonnen sein.

Guderian scheint schließlich geglaubt zu haben, dass der Blitzkriegsplan tatsächlich funktionieren könnte. »Drei Tage, bevor es losging, war Guderian bei uns«, berichtete der in Trent Park gefangene General Friedrich Freiherr von Broich, 1941 Kommandeur eines Reiterregiments. »Er sagte, am Anfang habe er kolossal dagegengeredet, nun war es aber befohlen worden. Und da hat er sich in eine Begeisterung hineingeredet, dass er es nachher beinahe selber geglaubt hat – obwohl er vorher genau der gegenteiligen Ansicht gewesen war.«

Mit Begeisterung auf Befehl in Richtung Moskau – anfangs schien es, als sollte dieser irrwitzige Plan funktionieren. Auf einer Breite von 1600 Kilometern stießen die deutschen Truppen und ihre Verbündeten ins Landesinnere vor. Unterteilt in sieben Armeen, vier Panzergruppen und drei Luftflotten und insgesamt drei Millionen Mann stark, standen den Truppen 600 000 Fahrzeuge, 750 000 Pferde, 3580 Panzerkampfwagen, 7184 Geschütze und 1830 Flugzeuge zur Verfügung.

Der blitzartige Schlag überraschte den Gegner völlig, massiven Widerstand gab es kaum. Die sowjetischen Einheiten wurden förmlich überrollt. Den rasch vorrückenden Panzertruppen folgten die Infanteriedivisionen. Dass die Rote Armee auf diesen Krieg nicht vorbereitet war, zeigte sich am deutlichsten in den ersten Wochen. Das Tempo, das die Deutschen vorlegten, war beinahe unglaublich. Guderians Panzer konnten schon nach vier Tagen große Teile der sowjetischen Verteidiger umfassen und abschneiden.

325 000 sowjetische Soldaten gerieten nach der ersten großen Kesselschlacht dieses Feldzugs in Gefangenschaft, die Wehrmacht vernichtete oder erbeutete mehr als 3300 Panzer und 1800 Geschütze. Angesichts der Tatsache, dass von den ursprünglich 180 Divisionen und Brigaden der Roten Armee nur noch 99 zur Verfügung standen, wird verständlich, warum Generalstabschef Halder Anfang Juli in sein Tagebuch schrieb: »Es ist wohl nicht zu viel gesagt, wenn ich behaupte, dass der Feldzug gegen Russland innerhalb von 14 Tagen gewonnen wurde.« Doch so weit war es noch lange nicht.

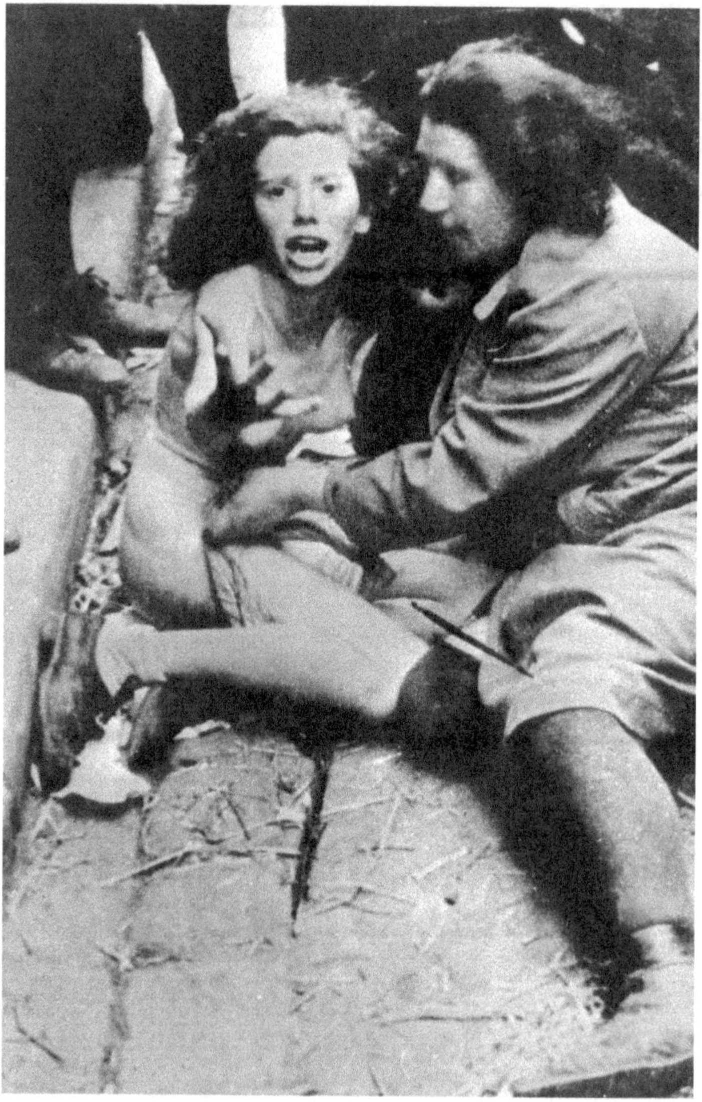

POGROME IN LEMBERG

Unbekannter Fotograf
Lemberg (Ukraine)
30. Juni 1941

POGROME IN LEMBERG

POGROME

Der aus dem Russischen stammende Begriff bedeutet seinem Wortsinn nach »Verwüstung«, »Zerstörung« oder »Krawall« und wurde zuerst für die anti-semitischen Ausschreitungen im Zarenreich ab den 1880er Jahren gebraucht. Später bezeichnete man damit auch die Gewaltaktionen gegen Juden im Mittelalter und in der frühen Neuzeit. Heute wird das Wort auch bei Übergriffen gegen andere Opfergruppen wie religiöse Minderheiten verwendet.

Ein junges Mädchen, das geschlagen, geschändet und nur noch notdürftig bekleidet auf dem Straßenpflaster kniet und dem Fotografen flehentlich die Hände entgegenstreckt. Eine ältere Frau, vielleicht ihre Mutter, die versucht, sie vor Schlägern und Gaffern zu schützen. Eine Menschenmenge, die begierig lauert, wie sich auf den Straßen von Lemberg (Ukrainisch: Lwiw) der »Volkszorn« blutig austobt.

Am Morgen des 30. Juni war die Wehrmacht in die galizische Metropole einmarschiert. In den Tagen zuvor hatten sowjetische Geheimpolizisten in den Gefängnissen der Stadt fürchterlich gewütet – Stalins Geheimdienstchef Berija hatte befohlen, beim Heranrücken der Deutschen alle »konterrevolutionären Elemente«, deren Deportation nicht mehr möglich war, zu erschießen. Hunderte von Häftlingen waren in ihren Zellen mit Genickschuss getötet, anderen war mit Vorschlaghämmern die Schädel zertrümmert worden. Zuletzt hatten die Bewacher Granaten in die immer noch überfüllten Zellen geworfen.

Nach der Ankunft der Wehrmacht begannen die Lemberger, in den Leichenbergen nach Angehörigen und Freunden zu suchen. Und sie sannen darauf, Rache zu nehmen. Die wahren Täter waren geflohen, rasch fand man Sündenböcke – angefeuert von der neuen Besatzungsmacht, die auf Maueranschlägen verkündete, wer angeblich für die Morde verantwortlich war: die »jüdische Bolschewiken«. Tatsächlich galten Juden vielen Ukrainern – selten zu Recht, meist zu Unrecht – als Träger des kommunistischen Systems. Hinzu kam ein traditionell verwurzelter Antisemitismus.

Die schnell aufgestellte ukrainische Miliz begann, Juden aus der ganzen Stadt zusammenzutreiben. Die deutschen Soldaten hinderten sie nicht. Die Polin Jarosława Wołoszańska sah als 22-Jährige, was in Lemberg, dessen Einwohnerschaft von 340 000 Menschen fast zu einem Drittel aus Juden bestand, geschah: »Sie haben die Juden geholt, um die Leichen aus dem Gefängnis zu tragen. Sie wurden auf der Straße geschlagen, ich habe es selbst gesehen. Es gab ein schreckliches Judenpogrom. Sie kamen in der Morgendämmerung, zerrten die Menschen aus den Häusern. Das Schlimmste ist, dass sie auch Kinder töteten. Alles war ganz furchtbar! In der ganzen Stadt roch es nach Tod und Verwesung … Man hörte das Weinen der Menschen, die auf die Straße gezerrt wurden. Wo ich gewohnt habe, da haben sie eine jüdische Familie mitgenommen, da hörte man das Weinen der Kinder, die Schreie einer Frau. Ich habe nichts gesehen, ich habe nur die Schreie gehört. Es war furchtbar.«

4000 Juden wurden in drei Tagen auf offener Straße erschlagen: von der einheimischen Miliz und von Teilen der Bevölkerung – kein Einzelfall. In einem Bericht des Chefs der Einsatzgruppe A, SS-Brigadeführer Dr. Franz Stahlecker, vom Oktober 1941 heißt es zusammenfassend: »Schon in den ersten Stunden nach dem Einmarsch wurden, wenn auch unter erheblichen Schwierigkeiten, einheimische antisemitische Kräfte zu Pogromen gegen die Juden veranlasst … Es musste nach außen gezeigt werden, dass die einheimische Bevölkerung selbst als natürliche Reaktion gegen jahrzehntelange Unterdrückung durch die Juden und gegen den Terror durch die Kommunisten in den vorangegangenen Zeiten die ersten Maßnahmen von sich aus getroffen hat.«

Die Pogrome waren willkommen, weil man hoffte, dass Exzesse von Einheimischen die Skrupel und Widerstände gegen den Judenmord unter Wehrmachtsoldaten verringern würden. Die brutale Reaktion der Bevölkerung lieferte zudem eine willkommene Relativierung der eigenen Verbrechen.

BROT UND SALZ

Funk (Hoffmann)
Ukraine
Juli 1941

BROT UND SALZ

Eine Gruppe lachender Landser umringt eine junge Frau im Kopftuch, die einen Strauß Blumen in der Hand hält. Traditionell mit Brot und Salz werden die deutschen Soldaten in einem Dorf begrüßt, irgendwo in der Ukraine im Juli 1941 – nicht als Eroberer, sondern als willkommene Gäste.

Bilder wie diese wurden in den ersten Wochen des Feldzugs zahlreich von der deutschen Propaganda verbreitet – Menschen, die beim Durchmarsch der Deutschen den Arm zum Hitlergruß heben, die in holprigem Deutsch formulierte Willkommensplakate hochhalten, die verschwitzten Infanteristen einen Schluck Wasser anbieten. Diese Bilder sollten den für viele überraschenden Angriff auf die Sowjetunion als »Befreiungsfeldzug« rechtfertigen.

Tatsächlich war der Jubel nicht nur für die Kameras inszeniert. »Mehr als einmal erlebte ich, dass Ehrengirlanden aufgestellt waren, wenn wir durch einen Ort marschierten«, erinnerte sich der Wehrmachtpionier Richard Zajac an den Vormarsch durch die Ukraine. »Frauen, Männer und Kinder standen am Straßenrand. Mädchen mit Blumen brachten uns Wasser und Milch zu trinken und drückten uns Eier in die Hand. Wir fühlten uns, als marschierten wir nach einem Manöverball durch Deutschland.«

Nicht wenige Menschen vor allem im Westen der **Ukraine** sahen in den Deutschen tatsächlich die Befreier vom Joch Moskaus. Es war noch keine zehn Jahre her, dass Stalin die Bauern der Ukraine hatte zwangskollektivieren wollen und deren Widerstand mit einer organisierten Hungersnot brach. Während des »Holodomor« – das ukrainische Wort bedeutet »Hungertod« – starben zwischen drei und sieben Millionen Menschen, die Hälfte von ihnen Kinder.

UKRAINE

»Die« Ukraine gab es damals so wenig wie heute, da die alten Konfliktlinien zwischen West- und Ostukraine wieder aufbrechen. Viele russischstämmige Ukrainer im Osten des Landes warfen ihren Landsleuten im Westen Kollaboration mit dem Feind vor. Tatsächlich waren die Deutschen für die Menschen im Lemberg, Tarnopol und anderswo nur die jüngsten einer ganzen Reihe von Eroberern. »Ich musste irgendwie für sie arbeiten, weil ich essen und leben musste«, erklärte Aleksej Bris, der für die Deutschen als Dolmetscher tätig war.

Bei ihrem Vormarsch stießen die deutschen Truppen zudem immer wieder auf Massengräber mit ukrainischen Nationalisten. Wie in Lemberg waren sie auch in anderen Orten als politische Häftlinge auf Stalins Befehl inhaftiert und kurz vor dem Eintreffen der Deutschen liquidiert worden. Die grausigen Leichenfunde wurden in der nationalsozialistischen Propaganda groß herausgestellt und dienten auch als Vorwand, den unter den Ukrainern latent vorhandenen Antisemitismus gegen die angeblichen Urheber der Mordtaten zu lenken: die Juden. Tausende Ukrainer beteiligten sich daraufhin am Judenmord, andere wirkten als Hilfspolizisten oder meldeten sich freiwillig zum Dienst in der deutschen Armee.

Doch die Gleichung »Der Feind meines Feindes ist mein Freund« ging für die Ukrainer nicht auf. Hitler dachte gar nicht daran, sie als gleichberechtigte Partner zu akzeptieren. Für die Ukraine war in seinen Plänen lediglich der Status einer Kolonie vorgesehen, deren Ressourcen rücksichtslos für die deutsche Kriegswirtschaft ausgebeutet werden sollten. Der von Hitler eingesetzte Reichskommissar Erich Koch erklärte: »Für die Haltung der Deutschen im Reichskommissariat ist der Standpunkt maßgebend, dass wir es mit einem Volk zu tun haben, das in jeder Beziehung minderwertig ist … Die Ukraine hat das zu liefern, was Deutschland fehlt. Diese Aufgabe muss ohne Rücksicht auf Verluste durchgeführt werden.«

Die Landbevölkerung musste weiter auf den von den Sowjets eingerichteten Kolchosen schuften, über zwei Millionen Ukrainer wurden als Zwangsarbeiter ins Reich deportiert, viele litten bitteren Hunger. Angesichts dessen schlug die Stimmung um. Jetzt folgten auch viele Ukrainer dem Aufruf Stalins, Widerstand gegen die deutschen Besatzer zu leisten. Als mit dem Rückzug der Wehrmacht ab 1943 die Kriegswalze zum zweiten Mal über das Land rollte und die Deutschen mit der Taktik der »Verbrannten Erde« ganze Landstriche verwüsteten, war von der anfänglichen Begeisterung nichts mehr zu spüren.

ANGRIFF AUF DEN KREML

Margaret Bourke-White
Moskau (Russland)
26. Juli 1941

ANGRIFF AUF DEN KREML

»Ich wollte stets die Erste sein«, bekannte die Frau, die manchmal nicht nur die Erste war, die etwas tat, sondern auch die Einzige: die erste Frau, die in den USA als Industriefotografin Karriere machte, die erste Ausländerin, die 1930 in der Sowjetunion fotografieren durfte, und der einzige ausländische Fotograf – Frau oder Mann –, der dabei war, als in Moskau im Juli 1941 die deutschen Bombenangriffe begannen: **Margaret Bourke-White.**

MARGARET BOURKE-WHITE

Gewaltige Industrietempel und die Hütten von Landarbeitern; Arbeiter, Soldaten und Diktatoren: Die im Stil der neuen Sachlichkeit gehaltenen Bildreportagen von Margaret Bourke-White (1994–1971) schrieben Fotogeschichte. Auch als Kriegsreporterin gelangen ihr Bilder von großer Eindringlichkeit, als sie etwa nach der Befreiung des KZs die »lebendigen Toten« von Buchenwald fotografierte. Nach dem Krieg berichtete sie unter anderem aus Korea und Indien, ehe sie ihre Arbeit wegen einer Parkinson-Erkrankung immer mehr einschränken musste.

Die Reise nach Moskau verdankte sie dem Näschen des Fotochefs von *Life,* Wilson Hicks, ihrem Arbeitgeber. Er hatte eine Vorahnung, dass der Nichtangriffspakt zwischen Hitlers Deutschland und Stalins Sowjetunion nicht mehr lange halten würde. Bourke-White durfte ins hermetisch abgeriegelte Reich des roten Zaren einreisen, weil man sich im Kreml an ihre Fotos aus dem 1930er Jahren erinnerte, als sie die Großprojekte des Kommunismus ins Bild gesetzt hatte – Staudämme, Kraftwerke, Fabriken. Mit fast 300 Kilogramm Equipment traf sie Mitte Mai in Moskau ein und begann zu fotografieren – die Schlangen vor dem Grabmal Lenins auf dem Roten Platz, die stalinistischen Protzbauten der Gorkistraße, die neue Metro und die Menschen: Schüler, Studenten, Arbeiter.

Dann brach der Krieg aus. In Moskau herrschte lähmendes Entsetzen. Aus öffentlichen Lautsprechern hörten die Menschen die Ansprache von Außenminister Molotow, der von einem in der Geschichte beispiellosen Treuebruch sprach. Hektische Betriebsamkeit setzte ein. Moskauer Bürger stürmten die Geschäfte und kauften die spärlich bestückten Regale leer. Schon am Nachmittag wurden auf Plätzen und in Parkanlagen Flugabwehrgeschütze aufgestellt. In der Nacht blieb Moskau zum ersten Mal dunkel. Die sowjetische Hauptstadt richtete sich auf den Krieg ein.

Vier Wochen nach Kriegsbeginn befand sich die Metropole dann in der Reichweite der deutschen Bomber. In der Nacht vom 21. auf den 22. Juli griff die Luftwaffe zum ersten Mal mit fast 200 Maschinen an. Im Fokus, neben Verkehrswegen und militärischen Einrichtungen: der Kreml, die Machtzentrale Stalins. Während die Moskauer in die Metroschächte eilten, stieg Margaret Bourke-White auf das Dach der amerikanischen Botschaft und bewunderte das schaurig-schöne Spektakel. »Die ersten Luftangriffe auf Moskau waren so großartig wie kein anderes menschengemachtes Spektakel, das ich jemals gesehen habe. Es war, als ob die deutschen Piloten und die russische Luftabwehr mit riesigen, in Leuchtfarbe getauchten Pinseln abstrakte Zeichnungen in den Himmel malten, der ihre Leinwand darstellte.« Tatsächlich gelang es ihr in der vierten Angriffsnacht, dieses abstrakte Lichtgemälde auf Film zu bannen. Diese Nacht, erklärte sie später, war die außergewöhnlichste ihres Lebens.

Gegen die Gefahr aus der Luft setzten die Sowjets neben dem starken Ausbau der Luftverteidigung vor allem auf umfangreiche Tarnaktivitäten. Die goldenen Kuppeln des Kremls erhielten einen schmutziggrünen Anstrich. Plätze und große Gebäude wurden so angemalt, dass sie aus der Luft aussahen wie kleinere Gebäude. Stadien und selbst einige Teilabschnitte der Moskwa bekamen eine Holzabdeckung, um die Orientierung aus der Luft zu erschweren. Bis Dezember 1941 musste die sowjetische Hauptstadt insgesamt 75 Angriffe der deutschen Luftwaffe erdulden.

Margaret Bourke-White war unterdessen in die USA zurückgekehrt – gerade rechtzeitig, um wieder einmal irgendwo die Erste zu sein. Nach dem Kriegseintritt der USA wurde sie als Mitglied der U. S. Air Force die erste Kriegsberichterstatterin der Geschichte.

DAS LEID DER GEFANGENEN

Unbekannter Fotograf
Ostfront
1941

DAS LEID DER GEFANGENEN

Es ist nicht bekannt, wo dieses Foto sowjetischer Kriegsgefangener entstanden ist: Noch an der Front in Russland im Sommer 1941? In einem der Durchgangslager, die sie auf ihren Todesmärschen gen Westen passierten? Oder schon in Deutschland, wohin man den übrig gebliebenen Rest der Gefangenen schließlich brachte? Es könnte überall gewesen sein, denn überall im deutschen Machtbereich waren die Lager für russische Gefangene meist nicht viel mehr als ein Stück nackte Erde, mit Stacheldraht abgezäunt und von Wachtürmen gesichert. Überall siechten die als »Untermenschen« verunglimpften Kriegsgegner unter menschenunwürdigen Umständen vor sich hin. Überall litten sie bitteren Hunger.

Im Geiste der von Hitler ausgegebenen Parole, dass es im Osten **»keine Kameraden«** gebe, war schon die Planung für die Versorgung der sowjetischen Kriegsgefangenen erfolgt. Obwohl die Deutschen mit riesigen Gefangenenzahlen in kurzer Zeit rechneten – schließlich ging die allgemeine Planung von einem siegreichen Blitzkrieg aus –, war die Vorbereitung hierauf völlig unzureichend. In menschenverachtender Gleichgültigkeit behandelte man die Unterbringung und Versorgung der sowjetischen Kriegsgefangenen als nebensächliches Problem. Eine humanitäre Katastrophe wurde teils leichtfertig, teils billigend, in Kauf genommen.

KEINE KAMERADEN

Bereits am 30. März 1941 hatte Hitler in einer Ansprache vor über zweihundert hohen Militärs seine Absichten offengelegt. »Der Krieg wird sich sehr unterscheiden vom Kampf im Westen. Ein Krieg gegen Russland kann nicht ritterlich geführt werden. Es handelt sich um einen Kampf der Weltanschauungen und rassischen Gegensätze und ist daher mit nie dagewesener erbarmungsloser Härte zu führen … Wir müssen von dem Standpunkt des soldatischen Kameradentums abrücken. Der Kommunist ist vorher kein Kamerad und nachher kein Kamerad.«

Sie ließ denn auch nicht auf sich warten. Schon die ersten Kesselschlachten gaben einen Vorgeschmack auf die Hölle, die die sowjetischen Soldaten erwartete. Bei Minsk wurden 100 000 Kriegs- und 40 000

Zivilgefangene auf »einen Raum von etwa der Größe des Berliner Wilhelmsplatzes« eingepfercht, schrieb der Ministerialrat der Organisation Todt, Xaver Dorsch, in einem Bericht vom 10. Juli 1941: »Die Kriegsgefangenen, bei denen das Verpflegungsproblem kaum zu lösen ist, sind teilweise sechs bis acht Tage ohne Nahrung und kennen in einer durch den Hunger hervorgerufenen tierischen Apathie nur noch eine Sucht: zu etwas Essbarem zu gelangen.«

Erst am neunten Tag seiner Gefangenschaft, so erinnert sich der russische Arzt Fjodor Iwanowitsch Tschumakow, bekam er etwas zu essen – eine Schöpfkelle Brühe, die die sowjetischen Gefangenen als »Balanda« bezeichneten. Zwei Kellen voll waren die tägliche Ration eines Gefangenen; Brot gab es nicht dazu, sondern nur einen schwer verdaulichen Ölkuchen aus gepressten Sonnenblumenkernen.

Diese kärglichen Rationen erwiesen sich als umso verheerender, als der Abtransport in die rückwärtigen Gebiete in den ersten Monaten zum allergrößten Teil in Fußmärschen erfolgte – die vielfach zu Todesmärschen wurden. Bis Ende 1941 fanden bereits 1,4 Millionen gefangene Rotarmisten in den Lagern oder auf den Transporten den Tod.

Einen Einsatz der Gefangenen in der unter Arbeitskräftemangel leidenden Kriegswirtschaft lehnte Hitler aus ideologischen Gründen zunächst ab. Erst als sich der Angriff der deutschen Wehrmacht Ende 1941 vor Moskau festlief, änderte er seine Pläne. Vor dem Einsatz im Reich wurden jedoch alle »politisch gefährlichen Elemente«, Kommunisten, Juden, Intelligenzler, »ausgesondert«, das heißt: ermordet. Denjenigen, die schließlich in der deutschen Wirtschaft Zwangsarbeit leisteten, ging es zwar mit der Zeit besser; Versorgung und Unterkunft in den sogenannten »Stalags« blieben jedoch unter dem Niveau der übrigen Gefangenengruppen.

Nach deutschen Quellen sind von den 5,75 Millionen sowjetischen Kriegsgefangenen in deutschem Gewahrsam etwa 3,3 Millionen an Hunger, Krankheiten und durch Exekutionen gestorben, also mehr als die Hälfte. Das Schicksal dieser Gefangenen – es gehört neben dem Holocaust zu den dunkelsten Kapiteln des Zweiten Weltkriegs.

HIMMLER
Walter Frentz
Bei Minsk (Weißrussland)
August 1941

HIMMLER

Ein verschüchterter Junge in zerlumpter Kleidung, einen viel zu großen Mantel am Leib, die Hände furchtsam gefaltet. Um ihn herum Uniformierte, den silbernen Totenkopf der SS am schwarzen Mützenband. Einer legt ihm jovial die Hand auf die Schulter und taxiert ihn mit einem prüfenden Blick: Es ist Heinrich Himmler, »Reichsführer« der SS und verbrecherischer Vollstrecker der »Endlösung«. Dass Hitlers Holocaust so mechanisch, systematisch und gründlich ablief, war vor allem sein Werk. Wie ein Finanzbeamter Hunderte von Steuererklärungen abzeichnet, so absolvierte Himmler seine Aufgabe.

Dabei war er keineswegs nur ein Schreibtischtäter: Er hielt sich, sooft er konnte, an der Front und bei seinen Truppen auf. Unermüdlich reiste Himmler zu den SS-Mordkommandos nach Osteuropa. Er kam mit dem Flugzeug, in Sonderzügen oder mit dem Auto, um seine Leute anzufeuern. Himmler-Biograf Peter Longerich hat Himmlers Reiseroute anhand seines Dienstkalenders rekonstruiert und mit den Berichten der Einsatzgruppen verglichen. Das Ergebnis ist erschreckend. Wo Himmler reiste, zog er eine Blutspur hinter sich her. Fast überall, wo der »Reichsführer SS« Station machte, gingen anschließend die Opferzahlen dramatisch in die Höhe.

Am 14. August 1941 war Himmler von der Wolfschanze kommend in der weißrussischen Hauptstadt Minsk eingetroffen; in seiner Begleitung der persönliche Kameramann Hitlers, **Walter Frentz**. Himmler ließ sich über eine Ausrottungsaktion der SS-Kavalleriedivision in den Pripjetsümpfen Bericht erstatten und konferierte mit dem Chef der Einsatzgruppe B, Gruppenführer Arthur Nebe.

WALTER FRENTZ

Frentz (1907–2004) wurde als Kameramann Leni Riefenstahls bekannt, mit der er unter anderem *Triumph des Willens* und *Olympia* drehte und deren Bildsprache er maßgeblich mitprägte. 1939 wurde er zum offiziellen »Kameramann des Führers« ernannt und begleitete Hitler während des gesamten Krieges. Daneben nahm er verschiedene Filmaufträge an, zum Beispiel von Rüstungsminister Speer, und fotografierte, seit 1943 auch in Agfacolor. Frentz war kein NSDAP-Mitglied, wurde aber 1941 in die SS aufgenommen. Nach dem Krieg konnte er seine Karriere weitgehend unbehindert fortsetzen. Wirklich distanziert von Hitler hat er sich nie.

Am folgenden Tag stand dann ein ganz besonderer Punkt auf dem Reiseprogramm: »Exekution von Partisanen und Juden«. Der Aussage seines Adjutanten Karl Wolff zufolge hatte der SS-Chef bis zu diesem Tag noch nie mit eigenen Augen eine Mordaktion gesehen. Angehörige des Einsatzkommandos 8 und des Reserve-Polizeibataillons 9 führten mindestens 80, vermutlich aber mehr als 100 Gefangene, darunter vereinzelt Frauen, zu einer frisch ausgehobenen Grube. Die Opfer mussten gruppenweise in die Grube springen und sich auf den Bauch legen. Dann feuerten jeweils acht bis zehn Männer des Exekutionskommandos von oben eine Salve auf die am Boden Liegenden. Anschließend mussten die nächsten wehrlosen Opfer auf die vor ihnen Erschossenen klettern und wurden ebenfalls getötet.

Als die Exekution die Grube immer weiter füllte, soll Himmler zusehends unruhiger geworden sein. Augenzeugen zufolge versagten seine Nerven, und er musste sich übergeben. Von dem Bach-Zelewski nutzte die Gelegenheit und wies darauf hin, wie »fertig« seine Männer nach solchen Aktionen seien. Himmler hielt daraufhin eine kurze Rede, in der er an die Täter appellierte, sie müssten »als Soldaten« allen Befehlen bedingungslos gehorchen, im Übrigen trügen nicht sie, sondern allein er und Hitler die »Verantwortung«. Das Leid der Opfer ließ den obersten SS-Mann kalt. Ihn interessierte allein das Wohl der Mörder.

Jahrzehntelang haben Historiker in aller Welt nach dem Befehl Hitlers für den Holocaust gesucht. Ein entsprechendes Dokument wurde nie gefunden. Auch die Frage, wann und an wen er ergangen sein könnte, ist unklar. Sicher ist nur, dass Himmler treibende Kraft des Mordens war, und sicher ist auch, dass es schon mit dem Wüten der Einsatzgruppen im Sommer 1941 jene neue, unfassbare Dimension angenommen hat, die den Holocaust zu einem singulären Verbrechen macht.

HEINRICH HIMMLER

Keine NS-Biografie stellt das Deutschland der humanistischen Bildung so sehr infrage wie seine: Heinrich Himmler (1900–1945) entstammte ordentlichen Verhältnissen. Sein Vater war Konrektor am Humanistischen Gymnasium Landshut, die Familie katholisch und königstreu, sittsam und gebildet. Er selbst war kein Intellektueller, sondern eher furchtsam und entscheidungsschwach. Autorität erlangte er nicht aus der Überzeugungskraft seiner Person, sondern aus einem zielstrebigen Machtantrieb. Zugleich verstieg er sich in ein absurdes Gebräu aus Rassentheorie, Naturheillehre und Okkultismus. Was von Himmler bleibt, ist die Verantwortung für den millionenfachen Massenmord.

Himmlers Utopie war eine schöne arische Welt, ein »großgermanisches Imperium«. Ihm schwebte ein Ring von »hundert Millionen germanischen Bauern« vor, die um das Reichsgebiet herum angesiedelt werden sollten. In Himmlers Plänen wurden ganze Völker wie Spielfiguren über die Landkarte geschoben. Der Krieg gegen die Sowjetunion gab seinen gigantischen Plänen dann eine ganz neue Dimension. Himmler rechnete mit 30 Millionen Menschen, um welche die Bevölkerung der Sowjetunion »dezimiert« werden müsse, um Platz für ebenso viele deutsche Wehrbauern zu machen. In seinem Auftrag erarbeiteten SS-Leute den Generalplan Ost, ein gigantisches Vertreibungs-, Umsiedlungs- und Ausrottungsprogramm.

Bereits 1938 hatte Himmler vor SS-Führungskadern ausgeführt: »Alles gute Blut auf der Welt, alles germanische Blut, was nicht auf deutscher Seite ist, kann einmal unser Verderben sein. Es ist deswegen jeder Germane mit bestem Blut, den wir nach Deutschland holen und zu einem deutsch-bewussten Kämpfer machen, ein Kämpfer für uns und auf der anderen Seite ist er einer weniger. Ich habe wirklich die Absicht, germanisches Blut in der ganzen Welt zu holen, zu rauben und zu stehlen, wo ich kann.«

Überall in den besetzten Gebieten gingen seine Greifer deshalb auf Kinderjagd. Vor allem in Waisenhäusern griffen sie zu – aber auch in Kindergärten, auf Schulhöfen oder Spielplätzen. Ihr Ziel waren vor allem blonde, blauäugige Mädchen und Jungen. Sie wurden nach den Regeln des »SS-Rasseamtes« vermessen, gewogen und nach ihrer Physiognomie eingestuft. Galten sie als »eindeutschungsfähig«, wurden sie ins Reich deportiert. Auf einer SS- und Polizeiführertagung am 16. September 1942 fasste Himmler die Zielsetzung zusammen: »Was an gutem Blut überhaupt auf der Welt vorhanden ist, an germanischem Blut, das haben wir zusammenzuholen.«

Dabei schreckte er nicht davor zurück, persönlich Kandidaten für eine »Eindeutschung« in Augenschein zu nehmen. Als er im Verlauf der Exekution am 15. August unter den noch wartenden Gefangenen einen etwa 20-jährigen, auffallend blonden jungen Mann mit blauen Augen entdeckt hatte, ließ er ihn zu sich kommen, so SS-General von dem Bach-Zelewski. »Sind Sie Jude?«, fragte der SS-Chef. »Ja.« »Sind Ihre beiden Eltern Juden?« »Ja.« »Haben Sie irgendwelche Vorfahren, die keine Juden waren?« »Nein.« »Dann kann ich Ihnen auch nicht helfen.« Der junge Mann wurde erschossen.

Mehr Glück hatte der Bauernjunge auf unserem Foto. Ihn entdeckte Himmler, als er am Nachmittag dieses 15. August eine von der SS bewirtschaftete Kolchose besichtigte, einen Landwirtschaftsbetrieb, dem offenbar auch ein Waisenhaus angeschlossen war. Dieser Junge – zwar schmutzig und zerlumpt, aber doch blond und blauäugig – schien tatsächlich Himmlers Kriterien für eine »Eindeutschung« zu entsprechen. In seinem Dienstkalender ist lapidar vermerkt: »RF SS [Reichsführer SS] zwei russ. Jungen mitgenommen (für Berlin).« Ein Foto vom folgenden Tag zeigt die beiden, frisch eingekleidet und schüchtern lächelnd, kurz vor dem Abflug nach Deutschland. Das weitere Schicksal der Kinder ist unklar.

Und Walter Frentz? Nur aus Neugierde sei er mit Himmler nach Russland gereist, erklärte er nach dem Krieg – er sei sonst ja nie »an die Front« gekommen. Eine glatte Lüge. Erst spät gab er zu, Augenzeuge des Massakers der SS geworden zu sein. Ein einziges Foto, so Frentz, habe er von der Szene gemacht, dieses allerdings später vernichtet. Tatsächlich aber hat er die Erschießung offenbar sogar gefilmt. Am 19. November 1941 hieß es in Himmlers Dienstkalender: »Abendessen im Zug. Wochenschau u. Film von Minsk.« Nach Lage der Dinge konnte es sich dabei nur um Aufnahmen der Erschießung handeln.

Frentz beharrte zeitlebens darauf, nur unpolitischer Dokumentarist gewesen zu sein. Tatsächlich jedoch stellte er sein Talent in den Dienst eines verbrecherischen Regimes.

DER GELBE STERN

Unbekannter Fotograf

Berlin

27. September 1941

DER GELBE STERN

Eine Familie irgendwo auf einer Straße Berlins – Vater, Mutter und Kind. Doch die Idylle trügt: Ein kleines Stück Stoff macht sie vor aller Augen zu Ausgegrenzten. Seit dem 19. September 1941 müssen Juden im Deutschen Reich auf ihrer Kleidung den gelben Stern tragen, auf dem in hebräisierenden Buchstaben das Wort »Jude« geschrieben steht.

Fortan konnten sie keinen Schritt mehr unternehmen ohne das bohrende Gefühl, von allen Seiten angestarrt zu werden. Wo immer sie sich aufhielten, standen sie am Pranger als »Verräter«, als »Schmarotzer« oder was die allgegenwärtige Propaganda sonst noch an Feindbildern ersann. Aus Mitbürgern wurden Hilfspolizisten. Alles, was der »Sternträger« tat, war dem Argwohn der Passanten preisgegeben. Seit Hitlers »Machtergreifung« waren die deutschen Juden immer weiter entrechtet, geächtet und verfemt worden. Nun waren sie endgültig isoliert – Fremde im eigenen Land.

Manchmal löste der gelbe Stern auch das Gegenteil der beabsichtigten Wirkung aus. In einzelnen Fällen boten couragierte Passanten den Verfolgten demonstrativ Zigaretten oder ihren Sitzplatz in der Straßenbahn an, steckten ihnen Lebensmittel oder ihren Kindern Süßigkeiten zu. Diese Tendenzen gelegentlicher Anteilnahme veranlassten das Regime zu einer Propagandaoffensive. »Wenn Herr Bramsig oder Frau Knöterich beim Anblick einer alten Frau, die einen Judenstern trägt, eine Regung von Mitleid empfinden«, warnte Chefdemagoge Goebbels im Wochenblatt *Das Reich*, »dann mögen sie gefälligst auch nicht vergessen, dass … die Juden unser Verderb sind … Wenn einer einen Judenstern trägt, so ist er damit als Volksfeind gekennzeichnet. Wer mit ihm noch privaten Umgang pflegt, gehört zu ihm und muss gleich wie ein Jude

»Juden, die das sechste Lebensjahr vollendet haben, ist es verboten, sich in der Öffentlichkeit ohne einen Judenstern zu zeigen. Der Judenstern besteht aus einem handtellergroßen, schwarz ausgezogenen Sechsstern aus gelbem Stoff mit der schwarzen Aufschrift ›Jude‹. Er ist sichtbar auf der linken Brustseite des Kleidungsstücks fest aufgenäht zu tragen.«

AUS DER »POLIZEIVERORDNUNG ÜBER DIE KENNZEICHNUNG DER JUDEN«.

gewertet und behandelt werden.« Ein Erlass vom 24. Oktober 1941 drohte jedem, der offen Sympathie mit den Gebrandmarkten bekundete, drei Monate Lagerhaft an.

Gleichgültigkeit und Gewöhnung sorgten dafür, dass die verordnete Ächtung auf Dauer ihre Absicht nicht verfehlte. Die meisten Zeitgenossen waren zu sehr mit den Auswirkungen des Krieges beschäftigt, um Anteilnahme am Schicksal der Verfolgten aufzubringen. Binnen kurzer Zeit gehörte der gelbe Stern zum gewohnten Bild auf den Straßen deutscher Ortschaften. Und bald war er immer seltener zu sehen. »Wird dieses Zeichen von jedem Juden getragen«, triumphierte Propagandaminister Goebbels in seinem Tagebuch, »so können die Juden sich sehr bald im Zentrum unserer Städte nicht mehr sehen lassen. Sie werden aus der Öffentlichkeit herausgedrängt.«

Doch dafür war das an das Mittelalter gemahnende Stigma nur noch das äußere Zeichen. Eine Flut von Verordnungen hatte die noch im Reichsgebiet verbliebenen Juden längst in ein elendes Randdasein abgedrängt: Paragrafen legalisierten die schleichende Existenzvernichtung mit immer neuen Schikanen. Schon vor Beginn des Zweiten Weltkriegs waren die meisten Juden in Deutschland um ihren Beruf, ihren Besitz und ihre Rechte gebracht worden; intime Beziehungen zu Nichtjuden und der Aufenthalt in Erholungsgebieten oder Kurorten waren unter Strafe gestellt. Nach und nach mussten sie Schmuck, Pelz, Wollsachen und Radiogeräte abliefern, den Telefonanschluss abmelden, ihre Wohnungen räumen, in Bahn oder Bus anderen Fahrgästen ihre Plätze überlassen und strenge Ausgangsverbote einhalten. Sie durften kein warmes Wasser, keinen Aufzug, nicht einmal mehr Balkone benutzen. Sie bekamen nur noch eingeschränkt Lebensmittel und keine Kleidungsstücke mehr.

Von 1940 an mussten sie Zwangsarbeit leisten und verloren im Oktober 1941 jeglichen arbeitsrechtlichen Schutz. Ohne Erlaubnis durften sie ihren Ort nicht verlassen und von 1941 an öffentliche Verkehrsmittel nur noch mit Arbeitserlaubnis auf längeren Strecken benutzen – bis ihnen im Laufe des Krieges alles verboten war, was ein menschenwürdiges Dasein ausmacht: Schulunterricht, Kino, Theater, Friseur, Haustiere, Zeitungen, Zigaretten, elektrische Geräte, Fahrräder, Schreibmaschinen, Bücher. Ein Jahrzehnt genügte, um aus angesehenen Mitmenschen Geächtete zu machen, die kaum mehr besaßen als ihre blanke Existenz.

Auch die war nun in Gefahr. Der gelbe Stern war das Signal für die systematische Vertreibung der jüdischen Bevölkerung aus Hitlers Reich. »Der Führer wünscht«, so hieß es in der Sprache der Vollstrecker, »Altreich und Protektorat [Böhmen und Mähren] vom Westen nach dem Osten von Juden geleert und befreit« zu sehen. So übermittelte Himmler es am 18. September 1941 an Hitlers Reichsstatthalter im »Warthegau«, Arthur Greiser. Befehlsgemäß verfügte der SS-Chef die Abschiebung von zunächst 60 000 Juden. Endstation dieser Transporte sollte das Getto von Łódź – im Nazideutsch Litzmannstadt – sein, das zu Greisers Herrschaftsbereich zählte. Dort herrschten schon zu diesem Zeitpunkt drangvolle Enge und große Versorgungsprobleme.

Ihr absehbares Schicksal vor Ort kümmerte die Vertreibungsbeauftragten in Berlin nicht. Sie hatten eine Weisung zu erfüllen und eine Quote: 20 000 Juden – 5000 aus Wien, 5000 aus Prag, 4200 aus Berlin, die anderen aus Köln, Frankfurt, Hamburg, Düsseldorf und Luxemburg: 20 000 einzelne Tragödien. »Aus den Krankenhäusern rief man die Bettlägerigen, aus den Altersheimen die Greise. Sieche, Lahme, Blinde, Sterbende fanden sich ein«, beschrieb Oskar Rosenfeld, der als Betroffener über den Schicksalsweg der Prager Juden in das Getto von Łódź Buch führte, die Wirkung der Weisung in seinem Tagebuch. »Die Wohnungen wurden, mit allem Hausrat gefüllt, verlassen. Die Betten waren noch warm, die Tische gedeckt, in den Kästen blieben Geschirr und Bücher, in den Vorzimmern und Zimmern Kleider, Decken … Teppiche, Bilder – und schon warteten die Hyänen auf die Habe, die Fremden und die Einheimischen, denen der Abgang der Juden bekannt gegeben worden war.«

Aus offiziellen Berichten und privaten Aufzeichnungen geht hervor, wie skrupellos Parteigenossen wie Privatleute ihren Anteil am Beutegut zu erhalten suchten. Öffentliche Versteigerungen der zurückgelassenen Habseligkeiten erfreuten sich in der Bevölkerung reger Nachfrage. Tatsache ist, dass die Deportationen nicht im Verborgenen geschahen. Wer hinsah, konnte sie sehen, auf offener Straße, am helllichten Tag.

Der Exodus vollzog sich in den meisten Großstädten des Hitler-Reiches öffentlich, geräuschlos und wohlorganisiert. Eine logistisch ausgeklügelte Prozedur, die ein komplexer Verwaltungsapparat aus einer Vielzahl von zivilen und militärischen, zentralen und lokalen Dienststellen steuerte.

Am Ende der demütigenden Prozedur war aus einer heterogenen Menge von Anwälten, Ärzten, Ingenieuren, Professoren, Schriftstellern, Schauspielern, Musikern, Geschäftsleuten, Handwerkern, Arbeitern, Obdachlosen, Tschechen, Österreichern, Deutschen, Emigranten, orthodoxen Juden oder Atheisten, denen das jüdische Bekenntnis fern lag, eine Kolonne von Gefangenen geworden, die nichts weiter als einen Rucksack oder einen Koffer besaßen – wenn überhaupt –, Verpflegung für drei Tage und die Kleidung, die sie am Leibe trugen.

»Man fühlte, dass etwas nie Gedachtes, Tiefeingreifendes im Gange war«, hielt Oskar Rosenfeld seine Ahnung im Tagebuch fest. »Eine neue Epoche in der Betreuung der Juden, der Lösung der Judenfrage hatte begonnen.«

DAS MASSAKER VON BABYN JAR

Unbekannter Fotograf
Babyn Jar (Ukraine)
29. September 1941

DAS MASSAKER VON BABYN JAR

Am 29. September 1941, zehn Tage nach der Eroberung Kiews durch die deutschen Truppen, bewegte sich eine lange Menschenschlange in Richtung der Schlucht von Babyn Jar (Russisch: Babi Jar). Mütter mit ihren Babys, ältere Männer und Frauen, Jugendliche und Kinder – über 30 000 Menschen zogen in einer endlosen Prozession aus der Stadt. Sie folgten einem Aufruf, den die Deutschen am Vortag in einer Plakataktion überall in Kiew angebracht hatten: »Alle Juden der Stadt Kiew und ihrer Umgebung haben am 29. September 1941 um acht Uhr an der Kreuzung der Melnik- und Dokteriwskistraße zu erscheinen. Mitzunehmen sind Dokumente, Geld und Wertsachen, warme Bekleidung, Wäsche usw.«

Wer dem Aufruf nicht nachkam, dem drohte die sofortige Erschießung. Was diejenigen erwartete, die dem Befehl folgten, ahnte keiner der Juden, die sich am angegebenen Ort, neben einem Friedhof, einfanden. Evakuierung? Internierung? Warum mussten sie dann ihre Kleider ablegen? Fürchterliche Ängste stiegen in den Menschen auf, als sie durch eine aus Polizisten gebildete Gasse gehen mussten und Knüppelschläge auf sie herunterprasselten.

Doch das war erst der Anfang. Als sie nach der Prügeltortur die Schlucht erreichten, mussten sie sich, aufgeteilt in kleine Gruppen, reihenweise auf den Boden legen. Dann trat das Erschießungskommando in Aktion. Eine MG-Salve, ein paar Schaufeln Erde, die die Leichen nur notdürftig bedeckte, dann wurde die nächste Gruppe in die Schlucht getrieben. Die grausame Prozedur begann erneut, wiederholte sich, Stunde für Stunde.

Erschöpft vom Massenmord mussten die deutschen Tötungskommandos im Schichtwechsel arbeiten, eine Stunde Morden, eine Stunde Pause, so ging es bis zum Einbruch der Dunkelheit. Ein Ende war nicht abzusehen. Die Nacht verbrachten die noch Lebenden zusammengepfercht in leeren Hallen, manche glaubten noch immer an ihre »Umsiedlung« – bis zum nächsten Morgen, als sie widerstandslos von den ausgeruhten Sonderheiten abgeschlachtet wurden.

Eine der wenigen Überlebenden, Schelja Polischtschuk, erinnert sich: »Ich fing an zu schreien. Mutter fasste mich bei den Händen und sagte: ›Töchterchen, schrei nicht, sonst bringen sie uns um. Wenn du schweigst, überleben wir vielleicht.‹ Dann baute sich ein Schießkommando auf. Mutter wartete aber nicht auf das Kommando, sondern warf sich mit mir in die Grube und fiel auf mich. Die Sondereinheiten begannen, uns mit Leichen zuzudecken. Danach erschossen sie eine weitere Gruppe. Mutter fühlte, dass ich unter ihr erstickte, und legte mir zwei Fäuste unter den Hals, damit ich nicht im Blut ertrinke. Dann hörte ich, wie die Soldaten kamen und nach Überlebenden suchten. Glücklicherweise stellte sich ein Soldat auf Mutter und erstach den neben ihr liegenden Verwundeten. Als sie dann weitergingen, zog Mutter mich bewusstlos heraus und trug mich weg.«

Sechsunddreißig Stunden dauerte das Massaker, dann versuchten die SS-Männer, ihre Spuren zu verwischen: Sie sprengten die Schlucht mit Dynamit. Zuvor waren die Hinterlassenschaften der Opfer geplündert worden. 33 771 ermordete Juden lagen unter dem Dreck, die Mörder hatten mit deutscher Gründlichkeit Buch geführt. 33 771 Opfer, 150 Täter – Babyn Jar wurde von nun an in der ganzen Sowjetunion zum Symbol deutscher Grausamkeit.

PAUL BLOBEL

Für das Massaker verantwortlich war Paul Blobel (1894–1951). Der gelernte Architekt war 1932 in die SS eingetreten und hatte nach Hitlers »Machtergreifung« im Sicherheitsdienst der SS Karriere gemacht. Im Juni 1941 wurde er zum Führer des Sonderkommandos 4 a der Einsatzgruppe C ernannt, die im rückwärtigen Bereich der Heeresgruppe Süd operierte. Mindestens 60 000 Menschen fielen den »Säuberungsaktionen« unter Blobels Leitung zum Opfer. Nach dem Krieg wurde er im Nürnberger Einsatzgruppen-Prozess zum Tode verurteilt und hingerichtet.

DER PARTISANEN-KRIEG

Carl Henrich

Minsk (Weißrussland)

26. Oktober 1941

DER PARTISANEN-KRIEG

»Wir sind Partisanen und haben auf deutsche Soldaten geschossen« – ein Schild mit diesen Worten in deutscher und russischer Sprache um den Hals werden zwei Männer und eine Frau durch die weißrussische Hauptstadt Minsk geführt. Am 26. Oktober 1941, einem Sonntag, lässt die deutsche Besatzungsmacht die drei öffentlich durch den Strang hinrichten.

Nach dem deutschen Überfall hatte Stalin seine Mitbürger zum Partisanenkrieg aufgerufen. Wohin auch immer die deutschen Truppen kamen, ab Herbst 1941 trafen sie auf niedergebrannte Häuser, demontierte Fabriken, geplünderte Silos, zerstörte Brücken. Ernten waren vernichtet, Tiere getötet. In den besetzten Gebieten wurden immer wieder Nachschubverbindungen unterbrochen, Bombenkrater und zerstörte Brücken waren das Werk von Partisanen.

Ihr Auftreten bestätigte die Erwartungen der deutschen Militärführung, dass die »total verhetzte bolschewistische Bevölkerung« einen »Banden- und Heckenschützenkrieg« beginnen könnte. Hitler befahl daraufhin, »auszurotten, was sich gegen uns stellt«. Man sollte jeden, der nur »schief schaue, totschießen«. Bereits am 25. Juli erließ das OKH einen Befehl, wonach »unverzügliche kollektive Gewaltmaßnahmen« durchgeführt werden müssten, wo sich passiver Widerstand auch nur abzeichne oder nach Sabotageakten die Täter nicht sofort festzustellen seien. »Nachsicht und Weichheit« seien nicht angebracht, »hartes und schonungsloses Durchgreifen« sei der »Hinterhältigkeit und Eigenart des bolschewistischen Gegners« angemessen.

Allein im rückwärtigen Gebiet der Heeresgruppe Mitte wurden bis zum 1. März 1942 63 257 Partisanen als »erledigt« gemeldet. Dem standen 638 deutsche Gefallene gegenüber. Das extreme Missverhältnis zeigt, dass es sich bei der Guerillabekämpfung nicht um eine militärische Operation, sondern um eine Terrormaßnahme handelte.

Auch in Minsk setzten die Deutschen auf Abschreckung – dabei waren die drei Delinquenten weder Partisanen, noch hatten sie auf Deutsche geschossen, sondern sie gehörten wohl einer Widerstandsgruppe an, die versprengten Rotarmisten unter anderem mit falschen Pässen und Zivilkleidung half, sich zu den eigenen Linien durchzuschlagen. Die Namen der beiden Männer, des damals 16 Jahre alten Wolodja Scherbazewitsch und des Weltkriegsveterans Kirill Iwanowitsch Trus, sind lange bekannt, doch wer ist das junge Mädchen?

Jahrzehntelang erinnerte man in Minsk an eine »unbekannte Heldin«, wohl um zu verschleiern, dass es sich bei ihr um eine Jüdin handelte: Mascha Bruskina. Laut Aussagen von Augenzeugen hatte sich die 17-Jährige jeden Morgen aus dem Ghetto geschlichen und unter falschem Namen in einem Krankenhaus gearbeitet, wo sie Medikamente und Verbandsmaterial für verwundete Rotarmisten besorgte. Vieles deutet darauf hin, dass in den Jahren nach dem Krieg, als man den Vorfall untersuchte, eine jüdische Widerstandskämpferin als nicht opportun galt – und das blieb so, selbst nach dem Zerfall der Sowjetunion. Erst seit 2009 ist ihr Name auf der offiziellen Gedenktafel am Schauplatz des Geschehens zu finden.

»Als sie sie auf den Stuhl stellten, richtete die junge Frau ihr Gesicht zum Zaun. Die Henker wollten, dass sie sich mit dem Gesicht zur Menge hinstellte, aber sie drehte sich weg und dabei blieb es. Egal, wie sie sie auch drängten und versuchten, sie umzudrehen, sie blieb mit ihrem Rücken zur Menge stehen. Erst dann stießen sie den Stuhl unter ihr um.«

PJOTR PAWLOWITSCH BORISENKO, AUGENZEUGE

Der Partisanenbekämpfung durch die Deutschen fielen nach seriösen Schätzungen etwa 500 000 Sowjetbürger zum Opfer. Wie viele hiervon »aktive« Partisanen oder unbeteiligte Zivilisten gewesen sind, ist heute kaum mehr abzuschätzen. Die weit überwiegende Mehrheit aber dürfte in letztere Kategorie einzuordnen sein. Damit war es – nach der Ermordung der sowjetischen Kriegsgefangenen – eines der größten Verbrechen der Wehrmacht.

MYTHOS ROMMEL

Eric Borchert

Nordafrika

1941

MYTHOS ROMMEL

Der »Wüstenfuchs« in typischer Pose. Mit großer Geste steht er auf einem Wagen und feuert seine Leute an. Kein unnahbarer General, sondern ein Truppenführer zum Anfassen. Kein Kommisskopp, sondern ein Motivator. Kein Etappenhengst, sondern ein Frontoffizier. So sah er sich, so wollte er gesehen werden, so wurde er damals gesehen – und die Propagandamaschinerie des Dr. Joseph Goebbels half ihm dabei.

ERWIN ROMMEL

Der aus Württemberg stammende Rommel (1891–1944) hatte sich im Ersten Weltkrieg als Gebirgsjäger an der Isonzofront erste militärische Meriten erworben. Mit der Erstürmung des Monte Matajur gelang ihm 1917 ein Husarenstück, das bereits alle Ingredienzen seiner späteren militärischen Erfolge aufwies: Überraschung und Kriegslist, Ehrgeiz und Eigeninitiative, Sturheit und (wenn nötig) Ignorieren von Befehlen höherer Dienstgrade. Er blieb Soldat in der Republik, doch erst die »Machtergreifung« Hitlers ermöglichte ihm den kometenhaften Aufstieg zum Feldmarschall.

Rommel war ein geradezu willfähriges Objekt dieser Maschinerie – kein anderer Wehrmachtgeneral sei von der Wichtigkeit des Propagandaeinsatzes derart durchdrungen, notierte der Propagandaminister erfreut. Während andere Truppenführer die »Propagandafritzen« und Kriegsberichterstatter nur widerwillig duldeten, wurden sie von Rommel hofiert.

Der Pakt mit der Propaganda hatte jedoch auch seine Kehrseite. So dichtete ihm die NS-Wochenzeitung *Das Reich* im April 1941 einen lupenreinen nationalsozialistischen Lebenslauf an. Rommel erschien darin als Arbeitersohn, der nach dem Ersten Weltkrieg die Armee verlassen habe und schließlich einer der ersten SA-Führer Württembergs geworden sei. Er protestierte schriftlich gegen diese Unwahrheiten, doch im Propagandaministerium zeigte man sich uneinsichtig: Selbst wenn die Angaben nicht zuträfen, könnten sie dem Ruf eines so ausgezeichneten Generals doch unmöglich schaden!

So bastelten sich Goebbels' Märchenerzähler einen Helden nach ihrer Fasson. Dabei verschwammen ein ums andere Mal Dichtung und Wahrheit. Rommel spreche perfekt Arabisch, hieß es beispielsweise – dabei waren es kaum fünfzig Worte, die der General beherrschte. Andere

Experten wussten die Antwort darauf, warum Rommel sich in solch schlafwandlerischer Sicherheit in der Wüste bewegte – wollten sie doch unter den mehreren Dutzend Bezeichnungen, die das Arabische für den Begriff »Sand« bereithielt, auch den altarabischen Ausdruck »Rommel« entdeckt haben.

Erarbeitet hatte sich der solchermaßen Gefeierte das Image als »Herr des Wüstenkriegs« mit seinen spektakulären Erfolgen bei den Kämpfen in Nordafrika. Dort hatte sich der Versuch des italienischen Dikators Mussolini, ein neues »Römisches Imperium« aufzubauen, zu einem Fiasko entwickelt. Statt weitreichende Eroberungen zu machen, wurden die Italiener von den Briten immer weiter zurückgedrängt. Rommel, der sich als Panzergeneral im Frankreichfeldzug militärische Meriten erworben hatte, wurde von Hitler nach Libyen geschickt, um zu retten, was noch zu retten war.

Rommel interpretierte den rein defensiv ausgerichteten Kampfauftrag jedoch eigenmächtig um, griff die Briten an und konnte sie schon bald Hunderte von Kilometern zurückdrängen. Doch es gehörte zu den Paradoxien des Wüstenkriegs, dass es hier nicht allein auf Landgewinne ankam. Ein Vormarsch über Hunderte von Kilometern Wüste bedeutete (fast) nichts – das Ausschalten der gegnerischen Kräfte hingegen alles. Bald schlugen die Briten zurück und Rommels Afrikakorps stand wieder da, wo sein Vormarsch begonnen hatte. So schlug das Pendel des Kriegs in den folgenden anderthalb Jahren mal in die eine Richtung aus, mal in die andere. Entscheidende Vorteile konnte zunächst keine Seite erzielen.

ERIC BORCHERT

Eric Borchert war einer der Starfotografen der in Millionenauflage verbreiteten *Berliner Illustrirten Zeitung*. Im Krieg sorgte Rommels Bekannter Kurt Hesse, der Pressechef des Heeres, dafür, dass er neben anderen Topleuten wie Leni Riefenstahls Kameramann Hans Ertl als Kriegsberichter nach Afrika geschickt wurde, um den »Wüstenfuchs« ins rechte Licht zu setzen. Borchert fiel 1942 bei Tobruk.

Bei Freund und Feind wurde Rommel derweil zum Mythos. Auf dem Höhepunkt seiner Erfolge ersetzte sein Ruf, so schien es, ganze Divisionen. Zum Dank beförderte ihn Hitler zum damals jüngsten Feldmarschall der Wehrmacht. Einen »ritterlichen Krieg« habe Rommel in Afrika geführt, hieß es lange, ohne die scheußlichen Verbrechen, wie sie an der Ostfront geschahen. Doch die Fassade bröckelt: Die Einsatzgruppen, die den Truppen bei einem erfolgreichen Vorstoß Rommels nach Ägypten und Palästina auf dem Fuß gefolgt wären, standen schon bereit.

Wie hätte Rommel ihren Einsatz gesehen? Zum Glück für ihn musste er sich dieser Frage nicht stellen.

Wie viele führende Offiziere verschloss auch er zunächst die Augen vor dem wachsenden Terror der Nazis. Im Spannungsfeld zwischen Gehorsam und Gewissen, Verdrängung und Protest zog sich Rommel bis in den Sommer 1944 ganz auf seine militärischen Funktionen zurück. Erste Zweifel kamen, als Hitler trotz aussichtloser Lage einen Rückzug des Afrikakorps kategorisch verbot – einer der typischen Durchhaltebefehle des Diktators. Wenig später wurde Rommel von seinem Posten abgelöst. Der Name des »Wüstenfuchses« sollte aus dem Ende der Kämpfe in Afrika herausgehalten, sein legendärer Ruf nicht mit Niederlagen befleckt werden – weil es »seinem Namen sehr abträglich sein würde«, wie Goebbels notierte.

Als unbesiegter Held wurde der Feldmarschall nun herumgereicht. Bücher und Rundfunkvorträge entstanden, die Kameras der Wochenschau richteten ihre Objektive auf ihn. Es war eine Rolle, die dem aktiven Heerführer nicht allzu sehr behagte.

Anfang November 1943 fand er ein neues Aufgabenfeld im besetzten Frankreich. Hitler ernannte ihn zum Inspekteur der Verteidigungsanlagen im Westen, die an der Kanalküste die bevorstehende alliierte Invasion aufhalten sollten. Ein Kaltstellen? Rommel machte sich dennoch mit Feuereifer an die Arbeit: An der ganzen Küste ließ er Stacheldrahtverhaue, Panzersperren und Minenfelder errichten. Doch aufhalten konnten seine Maßnahmen den Großangriff der Alliierten auf die »Festung Europa« nicht mehr.

Nach Beginn der Invasion im Juni 1944 erkannte Rommel rasch, dass der Vormarsch der Briten und Amerikaner nicht mehr aufzuhalten war. In ihm reifte der Gedanke, dass nun versucht werden müsse, Verhandlungen mit den Westmächten aufzunehmen, um im Westen einen Waffenstillstand zu erreichen. Doch Hitler wollte davon nichts wissen.

Wurde Rommel deshalb zum Widerstandskämpfer, wie es in Anflügen von Heroisierung in den vergangenen Jahrzehnten behauptet wurde? Sicher ist gewiss: Erwin Rommel wusste genug von der Verschwörung, um dafür mit dem Leben zu bezahlen. Das zeigen Abhörprotokolle deutscher Stabsoffiziere in britischer Kriegsgefangenschaft: Demzufolge habe der Feldmarschall erklärt, um »mit Deutschland noch irgendwie vernünftig durchzukommen«, müsse der »Führer« möglichst schnell »umgelegt« werden. Rommel sei mit den Zielen der Verschwörer einverstanden gewesen, habe aber darauf bestanden, dass die »Revolution gegen Hitler« von der Heimat ausgehen müsse, da anderenfalls die Front zusammengebrochen wäre.

Dass Rommel nach dem 20. Juli zunächst unbehelligt blieb, hatte auch damit zu tun, dass er drei Tage vor dem Attentat eine schwere Verwundung erlitten hatte. Doch nach und nach zog sich die Schlinge um seinen Hals zu. Vor die Wahl gestellt, vor das »Volksgericht« gestellt zu werden oder freiwillig aus dem Leben zu scheiden, entschied er sich für Letzteres – Staatsbegräbnis inklusive.

Ironischerweise hat gerade der erzwungene Selbstmord Rommels erheblich dazu beigetragen, den Mythos über die Niederlage des Dritten Reichs hinwegzuretten. Die Verbrechen des Hitlerreichs wurden ihm nicht angelastet, der Ehrenschild des »Wüstenfuchses« blieb fleckenlos. Bereichert wurde das Bild um die Legende vom Widerstandskämpfer. Die bittere Tragik von Rommels Schicksal jedoch können beide Zuschreibungen nicht fassen: mit voller Hingabe und den besten Intentionen einem Regime gedient zu haben, das an anderen Orten ungeheuerliche Verbrechen beging. Als er diese Selbsttäuschung zum Schluss erkannte, war es zu spät.

»Es ist ja so, dass also der Rommel mir draußen an der Front sagt: ›Es gibt gar keine andere Möglichkeit mehr, mit Deutschland noch irgendwie vernünftig durchzukommen, als dass wir den Führer und seine engste Sippschaft möglichst schnell umbringen. Und dann haben wir am ersten noch Aussicht, zu einem tragbaren Frieden zu kommen.‹«

GENERAL HEINZ EBERBACH IN TRENT PARK, 20. SEPTEMBER 1944

DIE WENDE VOR MOSKAU

Unbekannter Fotograf

Ostfront

Dezember 1941

DIE WENDE VOR MOSKAU

Deutsche Soldaten der Heeresgruppe Mitte, Dezember 1941, in den eisigen Weiten Russlands. »Im Winter?«, hatte Propagandaminister Goebbels ein paar Monate zuvor großspurig getönt. »Da sitzen wir in warmen Quartieren von Leningrad und Moskau!« Nun zahlten die Landser die Zeche für so viel Überheblichkeit.

In allen Strategiepapieren war die Eroberung Moskaus als Hauptziel des Feldzugs genannt worden. Doch dann, als die Deutschen Anfang August bereits 280 Kilometer vor der sowjetischen Hauptstadt standen, ließ Hitler den Vormarsch Richtung Moskau erst einmal abbrechen. Er wollte den Sowjets zunächst die Industrie- und Kohlengebiete der Ukraine entreißen. Als die Hauptstadt dann tatsächlich angriffen wurde, war es schon zu spät.

Am 2. Oktober 1941 hörten die Soldaten der Heeresgruppe Mitte einen Aufruf Hitlers, in dem er vom »letzten gewaltigen Hieb, der noch vor Einbruch des Winters diesen Gegner zerschmettern soll«, tönte. Die »Operation Taifun« begann. Noch einmal gelangen spektakuläre Erfolge. Am 19. Oktober standen deutsche Truppen in Moschaisk, hundert Kilometer vor Moskau. Der vorletzte Verteidigungsriegel zum Schutz der sowjetischen Hauptstadt war gebrochen. Doch dann bremste die Schlammperiode im Herbst den deutschen Vormarsch. Die Verluste nahmen stetig zu, der Nachschub stockte. Nach »General Schlamm« ergriff »General Winter« das Zepter.

Schon Mitte November herrschten Temperaturen von 25 Grad unter null. Bald fiel das Thermometer sogar auf 40 oder 50 Grad minus. Für eine derartige Kälte war die Wehrmacht nicht ausgerüstet. Es fehlte an allem: Statt Pelzen trugen die Soldaten Stoffmäntel, statt Fellhandschuhen dünne Fäustlinge, einfache Kopfschützer statt Pelzkappen. Am schlimmsten jedoch war das Schuhwerk. Die genagelten ledernen »Knobelbecher« mochten im Sommer gute Dienste leisten. Im Winter jedoch erwiesen sich die Stahlnägel als ideale Kälteleiter. Filzstiefel, wie sie die

Soldaten der Roten Armee trugen, gab es bei der Wehrmacht nicht. General Guderian beklagte, dass er doppelt so viele Soldaten durch Erfrieren verliere wie durch feindliches Feuer. Darauf antwortete Hitler zynisch: »Sie lassen sich zu sehr von den Leiden des Soldaten beeindrucken. Sie haben zu viel Mitleid mit den Soldaten.« Statt Winteruniformen wurde weiter Munition ins Kampfgebiet geschickt.

Am 5. Dezember 1941 begann die Rote Armee eine gewaltige Gegenoffensive. Auf der gesamten Frontlänge mussten sich die deutschen Soldaten dem massiven Druck der Sowjets entgegenstemmen. Die lang gezogene Front war am Ende viel zu schwach, um den anstürmenden frischen Kräften lange standhalten zu können. Die Frontgeneräle wussten, dass das ursprüngliche Ziel nicht mehr erreicht, Moskau nicht mehr erobert werden konnte. Nun ging es nur noch darum, ein Desaster zu verhindern.

Walther von Brauchitsch, der Oberbefehlshaber des Heeres, erkannte, welche Katastrophe sich anbahnte, wenn nicht unverzüglich der Befehl zum vollständigen Rückzug erteilt würde. Doch Hitler lehnte dieses Ansinnen ab. Stattdessen diktierte er sechs Tage vor Weihnachten 1941 seinen berüchtigten Haltebefehl – die Truppe wurde zum Aushalten in ihren Stellungen gezwungen. Es war eine Weisung mit katastrophalen Folgen. Der Starrsinn des Diktators kostete Zehntausende deutsche Soldaten das Leben.

ABLÖSUNG V. BRAUCHITSCH

Hitler war weit davon entfernt, die Schuld für die Lage bei sich selbst zu suchen. Stattdessen schob er die Gründe für die Misserfolge auf das Versagen der militärischen Führung und des Offizierskorps. Vor allem von Brauchitsch machte der »Führer« für die Katastrophe vor Moskau verantwortlich. Brauchitsch reichte seinen Rücktritt ein, und der Diktator übernahm selbst den Oberbefehl über das Heer. »Das bisschen Operationsführung kann jeder machen«, war sein geringschätziger Kommentar zu den Anforderungen des Amts.

So mündete der »Blitzkrieg« schließlich, als die Vorhuten den Kreml bereits im Visier hatten, in ein Debakel, von dem sich die Wehrmacht nicht mehr erholte. Vor den Toren Moskaus zerbrach der Mythos von ihrer Unbesiegbarkeit.

DER ANGRIFF AUF PEARL HARBOR

Unbekannter Fotograf
Pearl Harbor (Hawaii)
7. Dezember 1941

DER ANGRIFF AUF PEARL HARBOR

Der Überfall kam ohne Kriegserklärung. Plötzlich waren sie dagewesen: Hunderte Sturzkampfbomber mit dem roten Sonnenkreis auf den Tragflächen, die sich wie ein apokalyptischer Wespenschwarm auf die mächtigen Schlachtschiffe an der »Battleship Row« von Pearl Harbor stürzten. Bevor die Matrosen wussten, wie ihnen geschah, war es bereits um sie geschehen: Auf der »USS Arizona« durchschlug eine japanische Bombe das Vorderdeck und detonierte inmitten der vollbeladenen Munitionskammern. Die gewaltige Explosion hob den Rumpf fünf Meter aus dem Wasser. Binnen Sekunden schmolzen sechs Decketagen in einem apokalyptischen Flammenmeer zusammen, ein großer Teil des Vorderschiffs verschwand im Nichts. Im stählernen Bauch des Riesen tobte ein Feuersturm. Die »Arizona« sank innerhalb von nur neun Minuten – 1177 der 1550 Mann zählenden Besatzung fanden den Tod.

Der 7. Dezember 1941 war ein klarer Sonntagmorgen. Azurblau wölbte sich der tropische Himmel über der Pazifikinsel Oahu. Auf den Achterdecks der Schlachtschiffe zogen die Matrosen wie jeden Morgen das Sternenbanner auf. Am Vorabend hatte die Bordkapelle der »Arizona« mit flotter Swingmusik den zweiten Platz in einem Bandwettbewerb belegt. Zur Belohnung durfte die Besatzung an diesem Sonntag länger schlafen. Für die Männer bedeutete dies das Todesurteil. Der *Honolulu Advertiser* erschien an diesem Morgen nicht – die Druckmaschinen waren ausgefallen. Die Tageszeitung hatte folgende Schlagzeile vorbereitet: »US-Regierung hält Krieg im Pazifik für unwahrscheinlich«. Im fernen Mutterland machten sich die Menschen gerade zum Kirchgang zurecht.

Militär und Zivilbevölkerung der Inselrepublik Hawaii, seit 1900 amerikanisches Territorium, aber noch kein Bundesstaat, wiegten sich in Sicherheit. Nur die häufigen Alarmübungen hinderten die Soldaten daran, einem tropischen Schlendrian zu verfallen. Die Militärs fürchteten allenfalls Sabotage von innen, denn 40 Prozent der Einwohner von

Hawaii waren japanischer Abstammung, ein Viertel von ihnen, immerhin 40 000, gar japanische Staatsbürger – unter ihnen der Meisterspion Takeo Yoshikawa.

Unter dem Decknamen Tadashi Morimura war er als Vizekonsul niederen Rangs tätig, flirtete mit den Geishas von Hawaii und galt als trinkfreudiger Tunichtgut, sodass er als einziges Konsulatsmitglied nicht auf der amerikanischen Liste der Verdächtigen auftauchte. Als Tourist getarnt, kundschaftete er mit einer kleinen, billigen Kamera das Hafengebiet von Pearl Harbor aus. Bereits im September 1941 kabelte er die Positionen der vor Anker liegenden Schiffe nach Tokio. Die Spionageabwehr in Washington fing Yoshikawas Nachrichten zwar ab, doch die Auswerter des amerikanischen Marinegeheimdienstes hielten sie für Routinemeldungen, um den Japanern Berechnungen zu erleichtern, wie schnell die US-Flotte in See stechen konnte. An einen Angriff dachte niemand.

TAKEO YOSHIKAWA

Für seine »Verdienste« erhielt Yoshikawa keinerlei Anerkennung vonseiten seines Landes. Er arbeitete zunächst weiter für den Marinegeheimdienst und tauchte nach Kriegsende als buddhistischer Mönch unter. Als seine Rolle beim Angriff auf Pearl Harbor in den 1950er Jahren bekannt wurde, gab es nicht wenige Japaner, die ihm die Schuld am Kriegsausbruch in die Schuhe schieben wollten. Als Geschäftsmann gescheitert, starb er 1993 verarmt und verlassen.

Unterdessen startete die japanische Militärregierung ein ausgeklügeltes Täuschungsmanöver. Wochen vor dem Angriff hatte der Liniendampfer »Taiyo Maru« eine Schmuggelroute für Nippons Kriegsmarine erkundet. Japans Flottenchef Admiral Isoroku Yamamoto nahm mit seiner Schiffsarmada einen Kurs, der exakt zwischen zwei Aufklärungsgebieten amerikanischer Luftpatrouillen lag; die sechs japanischen Flugzeugträger blieben unentdeckt. Auf der Ginza in Tokio promenierten derweil Soldaten des japanischen Heeres in Marineuniformen, um die Abwesenheit eines Großteils der Flotte zu verbergen. Die britischen und amerikanischen Militärattachés ließen sich täuschen und meldeten: »Alles normal.« Obendrein führten die Bordfunker der Yamamoto-Trägerflotte die amerikanischen Horcher mit falschen Funksprüchen in die Irre.

Noch am Vorabend des Angriffs hatten amerikanische Nachrichtenoffiziere ein verschlüsseltes Telegramm des Tokioter Außenministeriums an die japanische Botschaft in Washington dechiffriert, dessen Inhalt auf einen unmittelbar bevorstehenden Militärschlag gegen die

FRANKLIN D. ROOSEVELT

Er wurde als einziger US-Präsident dreimal wiedergewählt – 1940 mit dem Versprechen, sich aus dem Krieg herauszuhalten. Dies entsprach der isolationistischen Grundstimmung weiter Bevölkerungskreise in den Vereinigten Staaten. Insgeheim unterstützte Roosevelt (1882–1945) jedoch den britischen Bundesgenossen mit Nachschub und Kriegsgerät. Der Angriff auf Pearl Harbor brachte dann den Stimmungsumschwung – die USA traten an der Seite Großbritanniens und der Sowjetunion in den Krieg gegen die Achsenmächte ein.

USA schließen ließ. Nachdem Präsident **Franklin D. Roosevelt** das Papier gelesen hatte, murmelte er: »Das bedeutet Krieg.« Dann ging er zu Bett.

Wenige Stunden zuvor hatte Japans Mann auf Hawaii, Takeo Yoshikawa, hochbrisante Informationen über die Lage in Pearl Harbor nach Hause telegrafiert: »Die Schlachtschiffe haben keine Torpedonetze … keine Anzeichen für Sperrballons.« Leichtsinnig offen fügte er hinzu, »dass ein Überraschungsangriff auf diese Plätze beträchtliche Erfolgschancen hätte«. Bei der Washingtoner Spionageabwehr blieb die abgefangene Meldung im Stapel der eingehenden Nachrichten liegen. Die Mitarbeiter hatten bereits das Wochenende im Visier. Meisterspion Yoshikawa hatte seine Aufgabe erfüllt und vernichtete nun sämtliche Hinweise auf seine Spionageaktivitäten. Als das FBI ihn am Nachmittag verhaftete, konnte man ihm keine Verbindung zu dem Angriff nachweisen. Ein Dreivierteljahr später kehrte er unbehelligt im Zuge eines gegenseitigen Austauschs von gefangenen Diplomaten nach Tokio zurück.

Wenige Minuten vor acht Uhr an jenem Sonntagmorgen begann die Luft über Pearl Harbor von dumpfem Motorendröhnen zu vibrieren. Die amerikanischen Seeleute auf den Decks ihrer Schiffe glaubten zunächst an ein großangelegtes Übungsmanöver ihrer Air Force. Doch es waren 360 japanische Kampfflugzeuge, von der Trägerflotte 200 Kilometer nördlich von Hawaii gestartet, die in zwei Angriffswellen im Tiefflug über ihre Köpfe hinwegjagten. Zielsicher entluden sie ihre Bombenlast über dem Hafenbecken. Angefeuert durch den siegverheißenden Schlachtruf »Tora! Tora! Tora!« ihres Kommandanten Mitsuo Fuchida versenkten die Piloten der Zeros, Val-Stukas und Nakajima-Torpedobomber die Schlachtschiffe »Arizona«, »California«, »Oklahoma« und »West-Virginia«. Die »Nevada« wurde schwer getroffen, drei weitere Schlachtschiffe einsatzunfähig geschossen. Im Bombenhagel versanken darüber hinaus Zerstörer, Minenleger, leichte Kreuzer und zahlreiche kleinere Schiffe.

Noch ehe die völlig überraschten US-Piloten zum Gegenschlag starten konnten, griffen die Japaner ihre Militärflugplätze Wheeler und Hickam an und zerstörten 350 amerikanische Flugzeuge, die meisten von ihnen noch am Boden. Als die japanischen Piloten gegen dreizehn Uhr auf ihre Flugzeugträger zurückkehrten, hatten sie 2403 Amerikaner getötet und 1178 verwundet.

Doch für die Japaner blieb der Vernichtungsschlag gegen die amerikanische Pazifikflotte ein Pyrrhussieg. Das Feuer von Pearl Harbor entflammte den Kriegseifer der tief gedemütigten Nation. In den traumatischsten Stunden der amerikanischen Geschichte des 20. Jahrhunderts erwachte die Weltmacht USA und gelobte Vergeltung für den »Tag der Niedertracht«. Mit Roosevelts patriotischem Ruf zu den Waffen verstummten die Isolationisten, die zwischen den beiden Weltkriegen die defensive amerikanische Außenpolitik bestimmt hatten. Mit Amerikas Kriegseintritt lief die gigantische Rüstungsmaschinerie an, die Japans Militärregime ebenso wie Hitlers Reich von der Weltbühne fegen sollte.

Fast auf den Tag genau drei Jahre und acht Monate vergingen von den dunklen Rauchschwaden über Pearl Harbor bis zum atomaren Fanal von Hiroshima, das den japanischen Machtwillen zum großasiatischen Imperium brach und den Zweiten Weltkrieg beendete.

1942

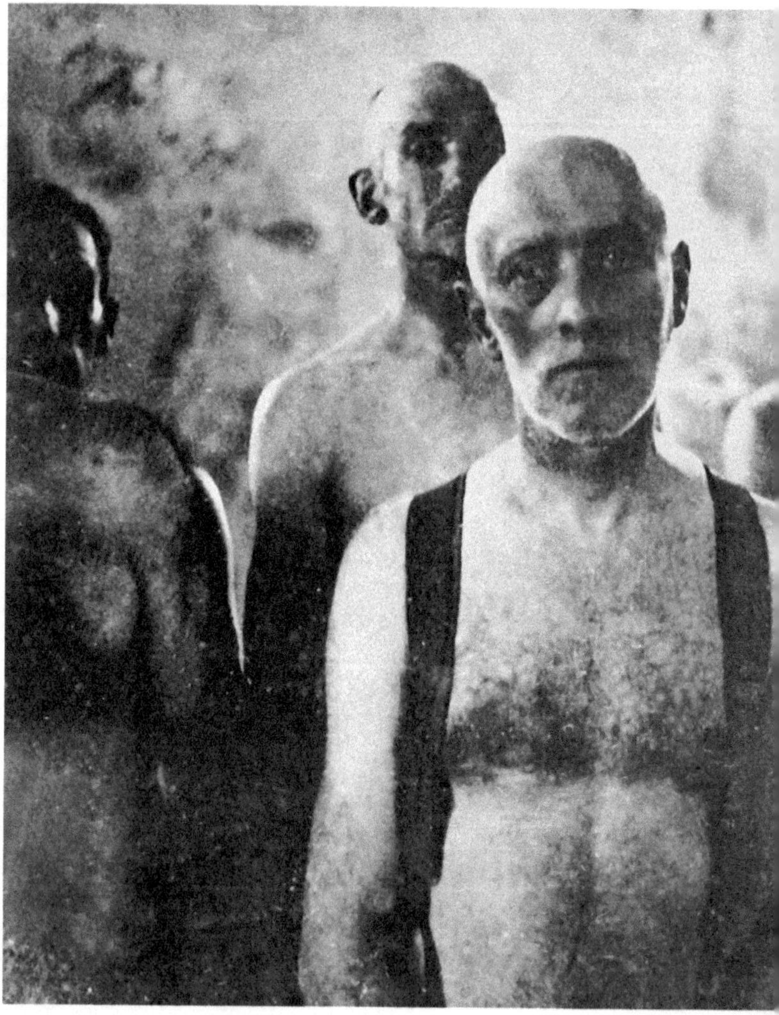

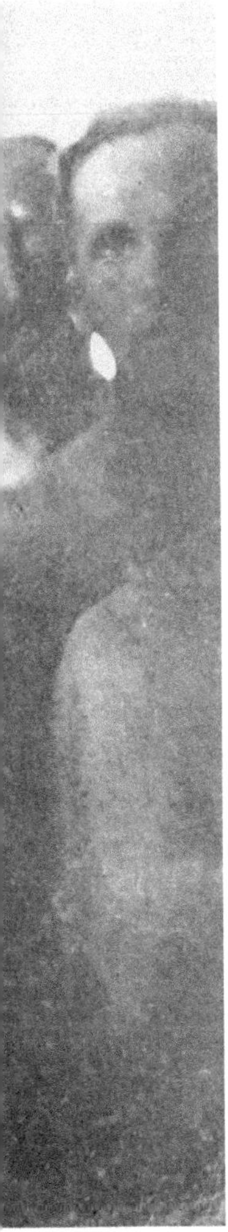

DER BEGINN DES MASSENMORDS

Unbekannter Fotograf
Chełmno (Polen)
1942

DER BEGINN DES MASSENMORDS

Eine Gruppe Männer, Juden. Mit nacktem Oberkörper stehen sie dicht gedrängt und erwarten ihr Schicksal. Und obwohl ihre Mörder sich alle Mühe geben, sie über ihr tödliches Tun zu täuschen, scheinen die Opfer zu ahnen, was ihnen bevorsteht.

Es begann im Herbst 1941, als die ersten Todeszüge aus dem Reich Łódź erreichten. Um im ohnehin bereits überfüllten Getto Platz für weitere Deportationen zu schaffen, sollten nach der zynischen Logik der Täter alle »Arbeitsunfähigen« ermordet werden. In Chełmno – zu Deutsch Kulmhof, 50 Kilometer nördlich von Łódź, fand das »Sonderkommando« des Kriminalkommissars Herbert Lange ein leer stehendes Schloss als idealen Tatort für den Massenmord. Lange hatte bereits Erfahrung in diesem »Geschäft«. Im Sommer 1940 hatte sein Kommando in Polen mehr als 7000 Menschen, zumeist psychisch Kranke aus polnischen und ostpreußischen Heilanstalten, in Gaswagen ermordet. In den mit Zink ausgeschlagenen Kastenaufbauten konnten rund 50 Personen binnen 15 Minuten mit Kohlenmonoxidgasen getötet werden.

Am 8. Dezember 1941 begann in Chełmno das fabrikmäßige Morden. Die Juden, die mit der Bahn aus Łódź und anderen Orten in Polen in das Lager gebracht wurden, mussten auf dem Schlosshof antreten. SS-Männer erklärten ihnen, sie müssten duschen und würden anschließend zum Arbeitseinsatz nach Deutschland gebracht. Das System der Täuschung funktionierte bis zuletzt: Die ahnungslosen Opfer durften ihren Angehörigen sogar noch Postkarten schreiben, auf denen sie ihre wohlbehaltene Ankunft vermeldeten. Nachdem sie ihre Kleidung zum »Desinfizieren« und »vorsorglich« ihre Wertsachen abgegeben hatten, trieb man sie in einen düsteren Kellergang. Er schien ins Freie zu führen, endete jedoch an einer Holzrampe, die in ein großes, dunkles Loch mündete – die Ladefläche des Gaswagens.

Jetzt erkannten die Betrogenen, in welch tödliche Falle sie geraten waren. Doch es gab kein Entrinnen mehr. Mit roher Gewalt wurden sie nun getrieben, geschoben, geschlagen und getreten, bis 100 oder 150 Menschen in den Lastwagen gedrängt waren. »Dann wurden plötzlich die Türen zugeschlagen«, berichtete **Adolf Eichmann** in seinen Memoiren. Voller Selbstmitleid beschreibt er darin, wie der Mord vonstatten ging: »Ein Arzt forderte mich auf, durch ein kleines rundes Guckloch nach innen zu sehen, aber das konnte ich nicht mehr. Ich war am Ende; denn in dieses Wageninnere wurden nun, während der Lkw sich in Bewegung setzte, die Abgase des Motors gelassen. Dann wurde ich zu irgendeiner Stelle, die abseits von Kulmhof lag, gefahren und ich sah dort eine Grube, etwa 5 mal 20 oder 30 Meter groß, voll mit Leichen, und als im etwa gleichen Augenblick der Lkw ankam, die Türen aufgerissen wurden, fielen tote Juden heraus.«

ADOLF EICHMANN

Er war der Bürokrat, der mit Stempel und Unterschrift mordete: Als Leiter des »Judenreferats« im Reichssicherheitshauptamt organisierte Eichmann (1906–1962) zunächst die Vertreibungen aus Deutschland und später die Transporte von über drei Millionen Juden in die Vernichtungslager. Die Karriere Adolf Eichmanns ist charakteristisch für die Zeit des Nationalsozialismus: Der Perfektionismus und die Pedanterie des »Vernichtungsbeamten« paarten sich mit dem rücksichtslosen Streben des Emporkömmlings.

Angehörige jüdischer Arbeitskommandos mussten die Leichen aus den Wagen zerren, sie nach versteckten Wertsachen durchsuchen und ihnen die Goldzähne herausbrechen. Wenn sich unter den Leibern noch Überlebende befanden, wurden sie von den Wachmannschaften erschossen. Die Toten wurden zunächst in großen Gruben verscharrt, später ersetzten Verbrennungsöfen das Massengrab.

Chełmno war die Tötungswerkstatt des wie ein menschliches »Zwischenlager« fungierenden Gettos von Łódź. Und sie arbeitete mit entsetzlicher Gründlichkeit. Wer hierhin verschleppt wurde, fand den Tod, beinahe ausnahmslos: insgesamt über 150 000 Menschen, unter ihnen die meisten der im Herbst 1941 aus Prag, Wien und den deutschen Großstädten nach Łódź deportierten Juden.

»LEID«
Dmitri Baltermanz
Kertsch (Krim)
2. Januar 1942

»LEID«

Es ist ein Bild wie eine stumme Anklage: Wir sehen eine zerfurchte, schlammige Landschaft, der Boden ist bedeckt mit Pfützen und Schneeresten. Unter dem dunklen, lastenden Himmel liegen auf einem Feld hingeworfen zahlreiche Leichen. Zwischen ihnen sind mehrere Menschen zu erkennen – Uniformierte und Zivilisten. Sie sind offenbar erst kurz zuvor auf diesen Todesacker gestoßen. Der Blick fällt auf eine alte Frau im Vordergrund des Bilds, die unter den Toten allem Anschein nach einen Angehörigen erkannt hat. Klagend hebt sie die Hände – ein Bild, das nicht von ungefähr an christliche Motive erinnert: die Beweinung Christi durch die Schmerzensmutter Maria.

DMITRI BALTERMANZ

Der in Warschau geborene Fotograf (1912–1990) bekam am eigenen Leib das brutale stalinistische System zu spüren. Als Fotoreporter für die Zeitung *Iswestija* und die Illustrierte *Ogonjok* wurde er Ende 1942 zum Dienst in einem Strafbataillon verurteilt – offenbar, weil eines seiner Fotos mit einer falschen Bildunterschrift veröffentlicht wurde. Er überlebte und setzte seine Arbeit als Fotograf einer Armeezeitung fort. Nach dem Krieg wurde er zu einem der bekanntesten sowjetischen Fotografen.

»Leid« hat der Fotograf **Dmitri Baltermanz** sein Foto genannt, und unter diesem Titel wurde es Anfang der 1960er-Jahre weltweit bekannt. Damals, so berichtete Baltermanz später, habe der italienische Fotograf Caio Garrubba Bilder für eine Wanderausstellung mit dem Generalthema »Was ist der Mensch?« gesucht. »Leid« wurde eines der 555 Fotos dieser Ausstellung, die in den darauffolgenden Jahren in elf europäischen Ländern gezeigt wurde, darunter auch in 25 Städten der Bundesrepublik.

Das Foto, das auch den Publikumspreis der Ausstellung gewann, wurde dabei vollständig getrennt von den Umständen seiner Entstehung betrachtet. »Wie viel Leid können Menschen anderen Menschen zufügen?«, lautete die allgemein gehaltene Grundfrage, mit der man bequem den eigenen Anteil an so viel »Leid« verdrängen konnte. Denn dass es Deutsche waren, die über die von Baltermanz fotografierten Menschen dieses Leid gebracht hatten, danach fragte damals kaum jemand.

Im Oktober 1941 hatte die Wehrmacht die Krim mit Ausnahme der Festung Sewastopol erobert. Auch die östlich vorgelagerte Halbinsel Kertsch mit der gleichnamigen Stadt war in deutsche Hand gefallen. Wie überall an der Ostfront folgten der kämpfenden Truppe die Einsatzgruppen der SS. In Kertsch begann der Judenmord am 22. November 1941. Die jüdische Bevölkerung wurde registriert und ins örtliche Gefängnis geworfen, ehe man, wie es in offiziellen Dokumenten hieß, mit ihrer »Umsiedlung« begann. Etwa 2500 Menschen wurden in den ersten drei Dezembertagen 1941 zu einem Panzergraben vor den Toren der Stadt gebracht und dort von einem Sonderkommando erschossen, wobei die Wehrmacht Schützen abstellte und Munition lieferte.

Nach einem sowjetischen Gegenangriff Ende Dezember 1941 war Kertsch zum Jahreswechsel wieder in der Hand der Roten Armee. Als Korrespondent der Staatszeitung *Iswestija* traf Baltermanz kurze Zeit später in Kertsch ein. »Wir landeten auf irgendeinem Feldflugplatz bei Kertsch«, berichtete er später. »Was ich dort sah, kann ich nicht mit Worten beschreiben. Alles, was ich tun konnte, war fotografieren. Es waren schreckliche Szenen. Das hat mich so erschüttert, dass ich alles Folgende aus dem Gedächtnis gestrichen habe. Ich erinnere mich absolut nicht, was ich dann in Kertsch machte, wohin ich ging, was ich aufnahm, wo ich war. Ich erinnere mich, dass ich von demselben Flugplatz wegflog und von oben schon wieder diesen Graben und die Menschen sah, die weiterhin ihre Angehörigen ausgruben.«

Als Baltermantz' Fotos wenige Wochen nach dem Massaker veröffentlicht wurden, verschwieg die sowjetische Propaganda, dass es sich fast ausschließlich um jüdische Opfer handelte. Menschen aller Volksgruppen der Krim seien von den Deutschen ermordet worden. Somit konnte das Bild zum Symbol werden für die zahllosen Opfer und das bittere Leid, das Deutsche über alle Völker der Sowjetunion gebracht haben.

DIE BELAGERUNG

Michail Trachman

Leningrad (Sowjetunion)

April 1942

DIE BELAGERUNG

Zwei Frauen ziehen auf einem Stück Pappe oder Blech ein in Decken gehülltes Bündel über eine Straße. In normalen Zeiten würde man wohl einen Transport von Brennholz oder Lebensmittel vermuten. Doch die Zeiten sind nicht normal im belagerten Leningrad im April 1942. Die Wahrheit ist bitter: Über das Pflaster des Newski-Prospekts, des Prachtboulevards der Newa-Metropole, wird hier ein Mensch zum Friedhof gezogen, ein Mensch, der wie Hunderttausende andere Leningrader den Hungertod gestorben ist.

Schon in den ersten Planungen für das »Unternehmen Barbarossa« war Leningrad Hauptziel der Heeresgruppe Nord. Nach dem Willen Hitlers sollte Leningrad, das verhasste »Jerusalem der Kommunisten«, noch vor Moskau eingenommen werden. Am 8. September 1941 war es so weit: Deutsche Truppen kappten bei Schlüsselburg am Ladogasee die einzige noch verbliebene Landverbindung zwischen Leningrad und der übrigen Sowjetunion. Der letzte Verteidigungsriegel war durchbrochen; sie hätten mit der Straßenbahn ins Zentrum fahren können.

Doch dann kam der Befehl zu Einstellung des Angriffs. Hitler hatte seine Taktik geändert: Der »Führer« wollte zunächst Moskau einnehmen und benötigte dazu die Panzerverbände, die im Norden im Einsatz waren. Das Schicksal, das Hitler für Leningrad vorsah, war umso perfider, wie seine Weisung von Anfang Oktober 1941 offenbarte: »Leningrad muss ausgehungert werden.« Die Belagerung der Stadt war nicht allein eine militärische Option, sie war Ausdruck der nationalsozialistischen Vernichtungsstrategie.

Für die drei Millionen Einwohner Leningrads kam dieser Plan einem Todesurteil gleich. Die Vorräte reichten nur für wenige Tage. Zu den ersten Maßnahmen nach Beginn der Belagerung gehörte deshalb die strenge Rationierung der Lebensmittel. Schon am 1. Oktober wurden die Rationen weiter gekürzt. In November erhielten Arbeiter nur noch ein halbes Pfund Brot, ihre Angehörigen und Kinder sogar nur noch die Hälfte davon.

Der Winter setzte ein, und zum Hunger gesellte sich die Kälte. Die ohnehin geschwächten Menschen traf der Wintereinbruch besonders hart. Bald gab es auch keinen Strom mehr, kein Licht, keine Energie. Geheizt wurde mit selbst gebauten Öfen, in denen man alles Brennbare verfeuerte, um ein bisschen Wärme zu erzeugen.

Der Tod bekam ein alltägliches Gesicht. Im Winter 1941/42 lagen in der ganzen Stadt Leichen am Rand der Straßen, die aus den Häusern gebracht und auf den Bürgersteigen gestapelt wurden. Särge gab es längst nicht mehr, bestenfalls verhüllte noch ein Leichentuch die Toten. Lastwagen sammelten sie ein, um sie zu den Friedhöfen zu bringen. Dort bot sich ein schauriges Bild: Tote aller Altersgruppen lagen da, in den Positionen verharrend, in denen sie gestorben waren. Der strenge Frost erschwerte ihre Beerdigung, hatte aber auch sein Gutes: Er verhinderte die Verwesung der Toten und verringerte somit die Gefahr von Seuchen. Doch noch vor dem Beginn des Tauwetters im Frühjahr mussten die Opfer von Hunger, Kälte und deutschen Bomben begraben werden. Eine gespenstische Prozession begann: Die Angehörigen brachten auf Schlitten ihre Toten zu den Friedhöfen und Sammelstellen, wie auf diesem Foto von Michail Trachman.

Immer wieder versuchte die Rote Armee, den Belagerungsring um Leningrad zu sprengen. Doch erst am 27. Januar 1944 – neunhundert Tage, nachdem die Wehrmacht die Stadt eingeschlossen hatte – erlebte die Stadt ihre vollständige Befreiung. Über eine Million Menschen waren der Belagerung zum Opfer gefallen.

MICHAIL TRACHMANN

Michail Trachman (1918–1976) fotografierte an zahlreichen Kriegsschauplätzen. Bekannt wurden neben seinen Aufnahmen aus dem belagerten Leningrad und von der Befreiung des Konzentrationslagers Majdanek besonders seine Fotos von sowjetischen Partisanen im Kampf gegen die deutschen Besatzer. »Ich glaube nicht, dass ich es schon geschafft habe, mich mit dem Krieg endgültig auseinanderzusetzen, noch habe ich ihn mit all seinen Schrecken dargestellt«, so Trachmans Resümee seiner Arbeit.

»DER LETZTE JUDE VON WINNIZA«

Unbekannter Fotograf
Winnyzja (Ukraine)
1942

»DER LETZTE JUDE VON WINNIZA«

Es ist ein erschütterndes Dokument des Holocausts: Umgeben von einer Menge gaffender Zuschauer, darunter auch Angehörige der Wehrmacht, hält ein SS-Mann am Rand einer Grube, in der schon zahlreiche Leichen liegen, einem Mann die Pistole an den Kopf. »Der letzte Jude von Winniza« soll auf dem Originalfoto gestanden haben, das nach sowjetischen Angaben bei einem gefallenen deutschen Soldaten gefunden wurde. Ob dies tatsächlich der Fall war und ob diese Hinrichtung tatsächlich in Winniza (Ukrainisch: Winnyzja) stattfand, wissen wir nicht. Was wir aber wissen, dass sich solche Szenen hunderttausendfach im Rücken der Ostfront abspielten.

Die Täter waren Angehörige der »Einsatzgruppen«, die nichts anderes darstellten als mobile Todesschwadrone. Ihre Aufgabe war eindeutig: die »Bekämpfung aller reichs- und deutschfeindlichen Elemente im Feindesland rückwärts der fechtenden Truppe«. Konkret hieß dies: Sie rückten im Windschatten der Wehrmacht vor, durchkämmten systematisch die bereits besetzten Gebiete nach ideologischen und rassischen Feinden des Dritten Reichs und ermordeten diese.

Das Personal der mobilen Sondereinheiten rekrutierte sich neben SS-Männern aus Beamten oder Beamtenanwärtern der Gestapo, der Kriminal- und Ordnungspolizei sowie Angehörigen des SS-Sicherheitsdienstes (SD). Hinzu kamen kleinere Gruppen der Waffen-SS. Die vier Einsatzgruppen gliederten sich jeweils in zwei Sonderkommandos und zwei bis drei Einsatzkommandos – insgesamt umfassten sie 3000 Offiziere und Mannschaften.

Vom ersten Tag des Russlandfeldzugs an ermordeten sie Kommunisten, Intellektuelle und vor allem, gemäß dem Befehl Heydrichs, »Juden in Partei- und Staatsstellung« als potenzielle »Unruhestifter«. Bald jedoch überschritten die Einsatzgruppen überall in den besetzten Ostgebieten die Grenze von einer Politik selektiven Terrors, die sich bis dahin vornehmlich gegen jüdische Männer im wehrfähigen Alter, dann auch gegen Frauen gerichtet hatte, hin zur Politik einer unterschiedslosen Liquidierung der gesamten jüdischen Bevölkerung. Auch die Kinder mussten jetzt sterben. Der Holocaust hatte begonnen.

Ein Beispiel: Bila Zerkwa (Russisch: Belaja Zerkow), 70 Kilometer südlich von Kiew. Die Männer der 295. Infanterie-Division hatten wochenlange schwere Kämpfe hinter sich, als sie Mitte August 1941 dort einrückten – zur Auffrischung, wie es hieß. Dann hörten die Soldaten Schüsse. Franz Kohler, ein Funker der Division, wollte überprüfen, was im nahe gelegenen Waldstück vor sich ging. Als er dorthin kam, wollte er seinen Augen nicht trauen: »Stehen da eine Reihe von Leuten und machen gleichzeitig einen Purzelbaum. Was soll das, hab ich gedacht. Ich bin näher gegangen, bis ich gesehen habe, dass die alle erschossen werden. Die sind alle in die Grube gefallen.« Ein Teilkommando des Sonderkommandos 4 a, ein Zug der Waffen-SS und die ukrainische Miliz waren dabei, mehrere hundert jüdische Männer und Frauen zu ermorden.

Kohler sah Entsetzliches: »Da waren ein älterer Mann und zwei Frauen, es müssen seine Töchter gewesen sein, das waren die letzten drei. Er hat die Frauen in den Arm genommen, dann kam ein SS-Mann und hat sie mit der Pistole erschossen, mit Genickschuss.« Auf die Frage des erschütterten Franz Kohler, was denn mit den Kindern dieser Menschen geschehen werde, antwortete einer der Schützen: »Das geht uns nichts an. Wir erschießen nur von 14 bis zum Opa. Mit den Kindern haben wir nichts zu tun.«

Die Tragödie von Bila Zerkwa war damit nicht zu Ende. Nach einer Woche holten Lastwagen auch die Kinder zur Erschießung ab. Soldaten informierten Wehrmachtspfarrer, es kam zum Protest. Die Aktion wurde kurzzeitig gestoppt. Neunzig Kinder blieben in einem Haus am Stadtrand eingesperrt – allein, ohne Wasser und Brot. Ihr herzzerreißendes Schreien und Wimmern war unüberhörbar. Nochmaliger Protest konnte sie nicht retten. Feldmarschall von Reichenau, ein Karrierist des Dritten Reichs, wiederholte seinen schon zuvor erteilten Befehl, die Kinder zu erschießen: »Grundsätzlich habe ich entschieden, dass die einmal begonnene Aktion in zweckmäßiger Weise durchzuführen ist.« Damit war klargestellt, dass der Oberbefehlshaber der 6. Armee nicht nur über die Erschießung jüdischer Kinder informiert war, sondern diese auch noch ausdrücklich billigte und aktiv förderte. Die Kinder von Bila Zerkwa mussten sterben.

Dieses Beispiel zeigt: Nicht nur die SS, sondern auch die Wehrmacht verstrickte sich von Anfang an in den Weltanschauungskrieg gegen den »jüdischen Bolschewismus«, indem sie den Mordkommandos logistisch aushalf, Absperrungskommandos stellte, Anschläge druckte oder Wachposten abstellte. Einige Fälle belegen auch, dass Wehrmachtsoldaten selbst mordeten – oft auf Befehl, aber nicht immer.

Im Wirkungsbereich der Einsatzgruppe D im Süden der Ostfront starben bis Dezember 1941 insgesamt 54 696 Menschen, 90 Prozent der Opfer waren Juden. Der Leiter dieser Einsatzgruppe blickte auf eine besonders »bewegte« Karriere zurück: Otto Ohlendorf. Er wurde nach dem Krieg in Nürnberg vor Gericht gestellt, hinterließ bei den Richtern im Einsatzgruppenprozess ein zwiespältiges Bild wie kaum ein anderer. Das Erschreckende, so der Eindruck vieler Beobachter, war, dass er so »normal« erschien. Frappierend sei die Art und Weise gewesen, »wie er beides verkörperte, den gütigen Mitmenschen und den kaltblütigen Befehlshaber, gewissenloses Handeln und Unschuldsbewusstsein«, resümierte Jason Weber. Benjamin Ferencz, Ankläger bei den Einsatzgruppenprozessen, sagte: »Er machte den Eindruck von einem eiskalt ehrlichen Mann, intelligent, studiert, gut aussehend, Vater von fünf Kindern. Und dann gab er unumwunden zu, dass unter seinem Befehl 90 000, ja 90 000 unschuldige Männer, Frauen und Kinder ermordet wurden.« Das Gericht verglich ihn mit Stevensons doppelgesichtiger Romanfigur Dr. Jekyll und Mr. Hyde.

Die Zahl der sowjetischen Juden, die in den ersten fünf Monaten des Ostfeldzugs von den Einsatzgruppen liquidiert wurden, überstieg eine halbe Million. Die Berichte der Mörder sind Dokumente zynischer Routine. Aber auch private Aufzeichnungen sind dafür erschütternder Beleg. So vertraute beispielsweise der SS-Hauptscharführer Felix Landau im Juli 1941 seinem Tagebuch an: »Eigentümlich, in mir rührt sich gar nichts. Kein Mitleid, nichts. Es ist eben so und damit ist alles erledigt.« Und an einer anderen Stelle dies: »Bei einer wahnsinnig sinnlichen Musik schreib ich nun meinen ersten Brief an meine Trude. Während ich den Brief schreibe, heißt es auch schon fertig machen Einsatzkommando mit Stahlhelm und Karabiner, 30 Schuss Munition … Eben kehren wir zurück. 500 Juden standen zum Erschießen angetreten.«

Mord als lästiges Tagesgeschäft nach sinnlicher Musik, »es ist eben so«, nicht schön, aber einer muss es ja machen. Der Wahn wirkte: Millionen von Menschen wurde das Recht auf Leben abgesprochen, und dies geriet offenbar für viele zu einer Selbstverständlichkeit. Unablässig versuchte Himmler, den Tätern zu suggerieren, sie seien die Vollstrecker einer großen, ja idealistischen Tat, die zwar hart und grausam sei, dem eigenen Volk aber letztlich das Überleben sichere. Doch die Exzesse der Einsatzgruppen waren nur der Anfang. Bald sollte der Massenmord eine neue Dimension erreichen – millionenfach, mechanisch, gründlich.

DIE »WEISSE ROSE«

Jürgen Wittenstein

München

24. Juli 1942

DIE »WEISSE ROSE«

Eine nachdenkliche junge Frau in einer Strickjacke, eine frische Margerite im Knopfloch, zwischen zwei jungen Männern, der eine in Wehrmachtsuniform, der andere in Zivil – es ist ein Foto, das zu den bekanntesten Ikonen des Widerstands gegen Hitler zählt und uns bis heute anrührt: Weil wir wissen, wie mutig die drei handelten und welch hohen Preis sie dafür bezahlen mussten: Sophie und Hans Scholl sowie Christoph Probst, die Köpfe der »Weißen Rose«.

An diesem 24. Juli 1942 sollte Hans Scholl, der an der Münchner Universität Medizin belegte, mit seiner Studentenkompanie an die Ostfront ausrücken. Sophie kam zum Ostbahnhof, um ihn und seine Freunde zu verabschieden. Die Abfahrt des Zuges verzögerte sich und Jürgen Wittenstein, ein Vertrauter der Geschwister, schoss eine Reihe Fotos. Sie zeigen junge Menschen, die bald herumalbern und lachen, dann aber wieder ernst und in sich gekehrt wirken. »Hoffentlich können wir uns bald alle gesund wiedertreffen«, schrieb Sophie Scholl wenige Tage später an eine Freundin.

DIE WEISSE ROSE

»Der Name ›Die Weiße Rose‹ ist willkürlich gewählt«, erklärte Hans Scholl später im Gestapo-Verhör. »Ich ging von der Voraussetzung aus, dass in einer schlagkräftigen Propaganda gewisse feste Begriffe da sein müssen, die an und für sich nichts besagen, einen guten Klang haben, hinter denen aber ein Programm steht«.

Der Widerstand der »Weißen Rose« gilt heute als leuchtendes Beispiel einer moralischen Opposition unter dem Naziregime. Dabei waren die Geschwister anfangs alles andere als Antinazis. Aufgewachsen in einer protestantisch geprägten, gutbürgerlichen Familie, zeigten sie sich durchaus empfänglich für die Verlockungen des Regimes. Doch die NS-Kirchenpolitik, Gerüchte über Konzentrationslager und die Judenverfolgung ließen sie bald zu erbitterten Gegnern Hitlers werden.

Hans Scholl hatte bereits 1939 Kontakt zu regimekritischen Studenten aufgenommen. Ein kleiner Kreis von Gleichgesinnten bildete sich heraus – in dem sich bald auch seine Schwester Sophie heimisch fühlte. Im Unterschied zu vielen anderen Deutschen, die Hitlers Regime zwar kritisierten, sich jedoch nicht zu einem aktiven Handeln gegen die Diktatur entschließen konnten, schritten die Studenten zur Aktion. »Seid aber Täter des Wortes und nicht Hörer allein«, war das biblische Wort, dass sie lebten.

Im Juni 1942 tauchten die ersten »Flugblätter der Weißen Rose« auf. Die Texte hatten Hans Scholl und Alexander Schmorell formuliert und auf einer geborgten Schreibmaschine abgetippt. Dann legten sie einzelne Blätter an der Universität aus oder verschickten sie an ausgewählte Empfänger, vor allem Akademiker. Sie hofften, auf diese Weise zunächst die gebildeten Stände, die »Elite der Volkes«, gegen das Regime mobilisieren zu können.

Dann wurden die Studenten für vier Monate nach Russland geschickt und versahen ihren Dienst in einer Sanitätskompanie. Schockiert vom Sterben an der Front und den Verbrechen im Hinterland kehrten sie im Oktober 1942 nach München zurück – entschlossen, ihren Widerstand fortzusetzen. Anfang Januar 1943 entwarfen sie ein fünftes Flugblatt, das sie in tausendfacher Stückzahl versandten.

GESCHWISTER SCHOLL

Hans und Sophie Scholl, geboren 1918 und 1921, traten beide in das nationalsozialistische »Jungvolk« ein und übernahmen dort schnell Führungsaufgaben. Hans war sogar »Fähnleinführer« und damit Anführer von gut 100 »Pimpfen«. Auch Sophie führte eine Gruppe von jungen Mädchen. Erste Erfahrungen mit der repressiven Macht des Regimes musste Hans Scholl 1937 machen, als er wegen der Zugehörigkeit zu einem verbotenen Jugendbund kurzzeitig verhaftet wurde. 1939 begann er dann ein Medizinstudium in München. Nach einer Ausbildung zur Kindergärtnerin und einem Dienstpflichtjahr folgte Sophie ihrem Bruder im Mai 1942 an die Isar.

Kurz nach der Kapitulation der 6. Armee bei Stalingrad erschien das sechste und letzte Flugblatt der Weißen Rose: »Kommilitoninnen! Kommilitonen! Erschüttert steht unser Volk vor dem Untergang der Männer von Stalingrad. Dreihundertdreißigtausend deutsche Männer hat die geniale Strategie des Weltkriegsgefreiten sinn- und verantwortungslos in Tod und Verderben gehetzt.« Am 18. Februar 1943 wurden Hans und Sophie Scholl beim Verteilen des Blatts an der Münchner Universität überrascht und von der Gestapo verhaftet. Nach einem kurzen Prozess wurden Hans und Sophie Scholl sowie ihr Freund Christoph Probst am 22. Februar vom Präsidenten des Volksgerichtshofs, Roland Freisler, zum Tode verurteilt und wenig später auf dem Schafott hingerichtet. Ihr mutiges Handeln steht für das Aufbegehren gegen Unrecht und Verbrechen.

DER »FALL BLAU«

Klintzsch
Süd-Russland
August 1942

DER »FALL BLAU«

Deutsche Soldaten, junge Männer Anfang zwanzig, einige mit angespannten Gesichtern, geschlaucht von den Strapazen des Vormarschs, andere ganz cool mit Sonnenbrille – sie gehören zu Hitlers 6. Armee, die nach dem Willen des Führers im Jahr 1942 die Wende des Krieges an der Ostfront erzwingen sollte.

»Mit der **6. Armee** kann ich den Himmel stürmen«, hatte Hitler geschwärmt und der Heeresgruppe Süd an der Ostfront hohe Ziele gesetzt: »Wenn ich das Öl von Maikop und Groznyi nicht bekomme, dann muss ich diesen Krieg liquidieren«. In vier Phasen sollte die deutsche Offensive im Sommer 1942 den Erfolg bringen, der Hitlers Truppen 1941 vor Moskau versagt geblieben war, die Rote Armee in einer riesigen Zangenbewegung nicht nur geschlagen, sondern vernichtet werden: »Die Sowjets werden zerschmettert. Eine Rettung gibt es für sie nicht«, tönte der »größte Feldherr aller Zeiten« siegesgewiss.

6. ARMEE

Die militärische Erfolgsbilanz der 6. Armee umfasste eine beeindruckende Reihe glänzender Siege. Unter ihrem ehemaligen Oberbefehlshaber, dem fanatischen Nazigeneral Walther von Reichenau, hatte sie sich von 1939 bis 1941 als »Bezwingerin der Hauptstädte« Warschau, Brüssel und Kiew auszeichnen können.

Die Erfolge der Wehrmacht schienen ihm recht zu geben. Der Vormarsch zwischen Don und Donez war rasant. Im Sommer 1942 sah es fast so aus, als könne die 6. Armee erneut Hitlers hochgesteckte Erwartungen erfüllen. Doch als deutsche Einheiten am 8. August schließlich die Ölfelder von Maikop erreichten, bot sich ihnen ein Bild der Zerstörung – die Rote Armee hatte die Förderanlagen gesprengt. Hitlers Rechnung war nicht aufgegangen. Das eigentliche Ziel, die langfristige Sicherung der Rohstoffversorgung, war verfehlt worden – und Baku und Astrachan, die Ölfelder am Kaspischen Meer, lagen in weiter Ferne.

Nach diesem strategischen Erfolg hatte sich die Rote Armee zunächst zurückgezogen. Für Hitler war dies ein Indiz für die Schwäche des Gegners. In völliger Fehleinschätzung der tatsächlichen Kräfteverhältnisse teilte er die deutschen Truppen im Süden in zwei Heeresgruppen auf und gab den Befehl, neben einem weiteren Vorstoß im Kaukasus auch an die Wolga vorzurücken, Richtung Stalingrad. Es war weniger die strategische Bedeutung der Stadt als vielmehr ihr Name, der Hitler reizte: Stalins Stadt. »Die Eroberung ist aus psychologischen Gründen dringend notwendig«, erklärte er vor seinen Generälen. Dabei hatte der Verkehrsknotenpunkt an der fernen Wolga in den ursprünglichen Planungen keine große Rolle gespielt. Doch nun sollte er Symbol der Niederlage Stalins werden – und zum Menetekel für die deutsche Katastrophe im Osten.

Am 23. August 1942 erreichten die ersten deutschen Panzer das Ufer der Wolga. Ein Soldat, der in einer motorisierten Flak-Einheit diente, schrieb am 24. August in einem Brief: »Bald können wir mit Recht das Lied singen ›Es steht ein Soldat am Wolgastrand‹, denn nur noch eine von Russen besetzte und zäh verteidigte Hügelkette trennt uns von der Wolga, und bis Stalingrad sind es auch nur noch 45 Kilometer.«

STALIN UND STALINGRAD

Auch für den sowjetischen »Woschd« war Stalingrad ein Prestigeobjekt besonderen Ranges. Nach der Oktoberrevolution hatte er die Verteidigung von Zarizyn, wie die Stadt damals hieß, gegen Weißgardisten organisiert. Zu seinen Ehren wurde sie 1924 in Stalingrad umbenannt. Für den sowjetischen Diktator war es deshalb auch eine Frage des persönlichen Renommees, dass »seine« Stadt nicht in deutsche Hände fiel.

Einen Tag später begann die deutsche Luftwaffe mit Bombenangriffen auf die Metropole. Hunderte Maschinen warfen Spreng- und Brandbomben über der Stadt ab. Zuerst brannten die Industrieviertel. Aus den getroffenen Öllagern loderten bis zu 200 Meter hohe Flammensäulen in den Himmel. Flüchtlinge hatten die Einwohnerzahl auf 90 000 Menschen anwachsen lassen. 40 000 fielen den Angriffen laut sowjetischen Angaben zum Opfer.

Am 4. September 1942 drangen Einheiten der Wehrmacht in die Vororte der Metropole ein und durchbrachen die sowjetischen Linien. Auch Stalin hatte inzwischen die Symbolik dieses Kampfes erkannt: Sein Stalingrad, die Stadt, die er im Bürgerkrieg erobert hatte, durfte nicht in deutsche Hände fallen. In ihren Straßen sollten seine Truppen der Wehrmacht ein »rotes Verdun« bereiten. Die Parole aus dem Kreml lautete: »Keinen Schritt zurück!«

ZARAH LEANDER SINGT

Unbekannter Fotograf
Deutschland
1942

ZARAH LEANDER SINGT

Die Diva in ihrer Paraderolle: Die dunkel geschminkten Lippen geschlossen, ein leichtes Lächeln im Gesicht, den Blick in unergründliche Ferne gerichtet, genießt sie die Aufmerksamkeit des männlichen Publikums, um dieses wenige Augenblicke später mit ihrer außergewöhnlichen Stimme in den Bann zu schlagen. *Die große Liebe* heißt der Film aus dem Jahr 1942. Ein typischer **Leander**-Streifen: Wie so oft spielt die Schwedin eine Sängerin, attraktiv-unglücklich in allerlei Liebeshändel verstrickt, eine mondäne »Femme fatale«, unnahbar, glamourös und exotisch.

ZARAH LEANDER

1936 war die schwedische Operettensängerin für den deutschen Film entdeckt worden. Sie sollte der neue Star sein, nachdem Marlene Dietrich das Land verlassen hatte. Von Anfang an erfüllte Zarah Leander (1907–1981) die Erwartungen. Propagandaminister Goebbels misstraute der »Gastarbeiterin« zwar, doch ihr Erfolg machte sie bald unentbehrlich. Ihre Kunst hielt das Volk bei Laune und brachte Devisen in die Kriegskasse, denn ihre Filme waren Kassenschlager. Sie lebte für ihren Erfolg, ohne sehen zu wollen, welchem Regime sie diente.

Und doch ist in diesem Film einiges anders als sonst: Hochgeschlossen steht sie am Flügel, statt wie sonst ihr atemberaubendes Dekolleté zu zeigen. Und ihre Zuhörer tragen Uniform: Die Kamera fängt Soldaten der Wehrmacht ein; auch Angehörige der Waffen-SS sind im Publikum zu sehen. »Davon geht die Welt nicht unter« heißt das Lied, das Leander in dieser Szene singt. Ein Durchhaltesong, genau wie »Ich weiß, es wird einmal ein Wunder geschehn«, der andere Gassenhauer aus *Die große Liebe.* Es waren vor allem diese Lieder, die ihr nach dem Krieg den Ruf eintrugen, eine »Nazi-Sirene« gewesen zu sein.

Die große Liebe war in der Tat ein Propagandaschinken der platteren Sorte: Die Leander spielt eine Varietésängerin, die während eines Fliegeralarms einen Oberleutnant der Luftwaffe kennenlernt. Für beide ist es Liebe auf den ersten Blick – der Hochzeit und damit dem »Happy End« steht jedoch der Krieg im Weg. Immer wieder wird der junge Offizier an die Front abberufen oder er meldet sich gar freiwillig an die

Ostfront. Hanna, die Sängerin, nimmt ihm das zunächst übel. Als er jedoch verwundet im Lazarett liegt, begreift sie, dass in diesen kriegerischen Zeiten Liebesverzicht zugunsten des Endsiegs geboten ist, und wandelt sich vom verführerischen Vamp zur treuen Soldatenbraut. Ihre Rolle geriet damit zum Sinnbild für die »weiblichen Tugenden«, die an der Heimatfront gefragt waren.

Der propagandistische Appell war vor allem an die weiblichen Kinobesucher gerichtet. Praktisch jeder deutschen Frau war der Trennungsschmerz der Sängerin Hanna Holberg nur zu bekannt. Das »Happy End« im Film gab Hoffnung, dass sich das Warten lohnen und die große Liebe nach dem siegreichen Ende des Krieges zurückkehren werde – vielleicht würde ja tatsächlich »ein Wunder geschehn.«

Bis dahin war jedoch patriotisches Engagement gefragt. Auch Hanna erkennt ihre wahre Bestimmung und tritt nicht mehr im Varieté auf, sondern im Rahmen der Truppenbetreuung vor verwundeten Wehrmachtsoldaten. »Wenn sie da sang: ›Davon geht die Welt nicht unter, sie wird ja noch gebraucht‹ – ja, dann hatte das natürlich einen Propagandawert«, erinnerte sich Leanders Schauspielerkollege Wolfgang Preiss. »Die Welt wird noch gebraucht, ihr werdet noch gebraucht, du wirst ja noch gebraucht.«

»Wir wollten damit ausdrücken, es wird wieder Frieden geben, die Menschen werden wieder normal leben können«, verteidigte sich die Leander später in einem Interview. »Die Herren da oben haben es so ausgelegt: ›Es wird ein Wunder geschehn, und wir werden die Welt beherrschen.‹ Das haben wir aber nicht gemeint.«

Nur billige Ausflüchte? Tatsächlich war Zarah Leander mehr als nur Lokomotive der Propaganda – ihre Lieder trafen in vielerlei Hinsicht den Nerv der Zeit. Ein ehemaliger KZ-Insasse berichtete, dass »Davon geht die Welt nicht unter« auch im Lager Trost spendete. Somit sprach die Leander allen aus der Seele – den Verfolgten, die auf ein Ende der Tyrannei hofften, und den Machthabern, die solche Lieder als Durchhalteparolen einsetzten. Auch diese Vielschichtigkeit machte ihren Erfolg aus.

DIE WENDE DES WÜSTENKRIEGS

Len Chetwyn

Bei El-Alamein (Ägypten)

29. Oktober 1942

DIE WENDE DES WÜSTENKRIEGS

Die meisten Soldaten des Afrikakorps schliefen schon in ihren Unterständen und Erdlöchern, als ein unheimliches Grollen die Ruhe zerriss. Aus Tausenden Geschützen eröffneten die Briten das Feuer. Aus der Luft warfen Bomber der Royal Air Force ihre todbringende Fracht auf die deutschen Stellungen. Es war das massivste Flächenbombardement seit dem Ersten Weltkrieg. Nach einer Viertelstunde herrschte wieder trügerische Ruhe. Doch ehe der Schleier aus Wüstenstaub und dem Rauch der Detonationen sich legte, rückten die britischen Truppen vor – die Entscheidungsschlacht um El-Alamein hatte begonnen.

Nahezu 200 000 Mann, über 1000 Panzer und 750 Flugzeuge standen auf britischer Seite bereit – doppelt so viel, wie die verbündeten Deutschen und Italiener aufbieten konnten. Die britischen Truppen waren frisch und hoch motiviert, ihr Nachschub funktionierte, die Technik war auf dem Höchststand. Ihr Gegner hingegen war zermürbt. Darüber hinaus fehlte es an Munition, Benzin, Ersatzteilen. Und zu allem Überfluss fehlte ihnen der Mann, der sie bis hierhin geführt hatte – Erwin Rommel.

Der charismatische General hatte die Briten in Nordafrika an den Rand einer Niederlage gebracht. Wie schon im Jahr zuvor hatte er auch 1942 im Wüstenkrieg gewaltige Geländegewinne erzielen können. Im Juni war Tobruk, der zentrale Eckpfeiler des britischen Verteidigungssystems in Nordafrika, gefallen – und Rommels Truppen rückten weiter in Richtung Kairo vor. Seinem Dolmetscher, Wilfried Armbruster, stellte der frischgebackene Feldmarschall schon die weiteren Ziele vor Augen: »Wenn wir so weitermarschieren, können wir uns bis nach Palästina durchschlagen.« Und insgeheim gab es da noch den großen »Orientplan«: die Eroberung der Ölfelder in Persien und die Vereinigung mit dem deutschen Ostheer. Und so sangen die Soldaten, die teils an die Ostfront, teils nach Afrika transportiert wurden, etwa am Hauptbahnhof Leipzig: »In Jerusalem am Bahnhof, werden wir uns wiedersehen!«

Doch wieder einmal hatte der weite Vormarsch die deutsche Front gewaltig überdehnt. Aufgrund der langen Nachschubwege blieben Lieferungen aus, Treibstoff und Munition wurden knapp. Zudem war die Truppe erschöpft: In den deutschen Stellungen vor El-Alamein gab es bereits vereinzelt Fälle von Skorbut. Über 70 Prozent der Soldaten hatten schwere Ruhr. Als Rommel zwei Tage nach dem Beginn der britischen Offensive wieder in Afrika eintraf, brachte sein Name noch einmal Zuversicht in die wankenden Reihen seiner Soldaten, doch die erdrückende Übermacht des Gegners konnte er nicht wettmachen. So blieb nur der geordnete Rückzug – gegen den ausdrücklichen Befehl Hitlers. Bis zum Mai 1943 leistete die »Heeresgruppe Afrika« noch Widerstand, ehe sie kapitulierte – ohne Rommel, der zuvor von seinem Posten abberufen worden war.

Der Stern des »Wüstenfuchses« war gesunken, dafür strahlte der Name seines britischen Gegenspielers umso heller. Der Durchbruch an der El-Alamein-Front machte **Bernard Law Montgomery** schlagartig berühmt. Die Wende in Nordafrika, er hatte sie geschafft. Aus dem Schreibtischgeneral, den bis zum Sommer 1942 nur ein paar Insider kannten, wurde nun mit einem Schlag ein populärer Volksheld.

Auch »Monty« wusste, wie wichtig Propaganda gerade im Krieg war. Die passenden Bilder für die Heimat lieferte ihm die »Army Film and Photographic Unit No. 1«, nach ihrem Chef Len Chetwyn auch »Chet's Circus« genannt: Fotos wie die (wohl nachgestellte) Eroberung eines deutschen Panzers bei El-Alamein, die den Briten zeigen sollten, dass sich das Kriegsglück endgültig zugunsten der Alliierten gewendet hatte.

BERNARD LAW MONTGOMERY

Als Generalleutnant Bernard Law Montgomery (1887–1976) im August 1942 zum britischen Oberbefehlshaber in Nordafrika ernannt wurde, war dies der undankbarste Job, den die Army zu vergeben hatte. Seine vier Vorgänger hatte Rommel in die sprichwörtliche »Wüste« geschickt. Zwar genoss Montgomery einen exzellenten Ruf als Militär, doch er galt zugleich als schwieriger Einzelgänger. Am Ende triumphierte er im berühmtesten Duell des Zweiten Weltkriegs über seinen Widersacher. Die britische Öffentlichkeit feierte seinen Sieg, der König erhob ihn zum »Viscount of Alamein«.

1943

DAS ENDE IN STALINGRAD

Unbekannter Fotograf
Stalingrad (Russland)
31. Januar 1943

DAS ENDE IN STALINGRAD

Am Ende hatten die Rotarmisten sogar Mitleid mit dem besiegten Gegner. Endlos lang war die Kolonne der gefangenen Wehrmachtsoldaten – Zehntausende Mann in verdreckten und zerlumpten Uniformen schleppten sich mühsam voran. Gegen die schneidende Kälte der winterlichen Steppe hatten sich die Elendsgestalten in alles eingehüllt, was nur irgendwie wärmte – Decken, Schals und Lumpen machten die ehemals stolzen Soldaten zu traurig anmutenden Kreaturen. Etliche der Gefangenen waren verwundet, viele krank, von Läusen befallen; alle waren geschwächt vom wochenlangen Hunger im Kessel von Stalingrad.

Aus den einstmals so kraftstrotzenden und siegesgewissen Soldaten der Wehrmacht waren abgekämpfte und zerlumpte Kreaturen geworden. Jede Gemeinschaft schien zerbrochen, es war keinerlei Einheit oder Kameradschaft mehr unter den Soldaten erkennbar. Die einst so stolzen Blicke waren leer und abgestumpft, keiner hatte mehr die Kraft, aus seiner Apathie auszubrechen.

Die Männer waren in einer mörderischen Schlacht zermürbt worden. Verteidiger und Angreifer hatten sich in Stalingrad erbitterte Kämpfe um jeden Meter geliefert: blutige Kämpfe um jedes Haus, jede Halle, jeden Keller – mit hohen Verlusten. In manchen Gebäuden saßen die Sowjets im Keller, die Deutschen im Parterre, die Sowjets im ersten Stock und unterm Dach erneut die Deutschen. Seit Mitte Oktober 1942 waren 90 Prozent der Stadt in deutscher Hand gewesen, die sowjetischen Verteidiger hielten nur noch wenige Brückenköpfe an der Wolga. Doch der anhaltende Widerstand machte die vollständige Einnahme der Stadt durch die Deutschen unmöglich.

Seit Ende November saßen über eine Viertelmillion deutsche und verbündete Soldaten in der Falle. Wie eine Zange hatten zwei sowjetische Armeen Hitlers Soldaten in Stalingrad eingekesselt, die deutsche Taktik hatte sich gegen ihre »Erfinder« gewandt. Armeechef Friedrich Paulus bat um Handlungsfreiheit für einen Ausbruch aus dem Kessel.

Hitler aber gab die Order aus: »Halten und Verteidigen!« Dieser »Igel-Befehl« bedeutete das Todesurteil für 22 Divisionen, denen nun ein wochenlanger Todeskampf bevorstand. Ein Kampf nicht nur gegen den militärischen Gegner, sondern auch gegen den Winter und die Unfähigkeit der eigenen Führungsspitze. Luftwaffenchef Göring hatte großspurig versprochen, alle eingeschlossenen Männer aus der Luft hinreichend zu versorgen; täglich mehr als 100 Tonnen Waffen und Munition, Verpflegung und Kraftstoff wollte er in den Kessel fliegen lassen – blanker Wahn.

Versuche, die Eingeschlossenen durch Entsatzangriffe zu befreien, scheiterten. Weihnachten in Stalingrad – für die eingeschlossenen Soldaten ein Fest der Angst, des Hungers und der eisigen Kälte. Die Ringsendung des »Großdeutschen Rundfunks« vom Nordkap bis nach Afrika rief auch den Kessel an der Wolga auf: »Als Stalingrad gerufen wurde, begannen wir zu frösteln«, erinnert sich ein damals 20-jähriger Leutnant. »Als dann ›Stille Nacht, Heilige Nacht‹ erklang, rollten unsere Tränen. Von da an sprach niemand mehr ein Wort – vielleicht eine Stunde lang.«

Alle hungerten schon seit Wochen. Auch die vergrabenen Pferdekadaver, die der Frost konservierte, waren bald verbraucht. »Einen steifgefrorenen Gaul buddelten wir aus dem Schnee aus, legten ihn in Essig ein und kochten ihn. Oder wir gruben halbverfaulte Kartoffelschalen aus dem Eis«, berichtete ein Flaksoldat, der das Inferno überlebte. Viele Soldaten brachen vor Hunger einfach zusammen und erfroren – die Temperatur war auf vierzig Grad gefallen.

Ein Soldat schrieb einen letzten Feldpostbrief an seine Mutter: »Liebe Mama, ich bin schon ganz schwach vor lauter Hunger. Ich will nicht sterben. Wenn ich jemals wieder heim zu Dir kommen sollte, will ich alles essen.« Hier und da kam es auch zu Fällen von Kannibalismus. Ein Augenzeuge berichtet, dass den nackt im Schnee liegenden Toten Fleischteile fehlten. Das Fazit eines anderen Soldaten im Abschiedsbrief an seinen Vater lautete: »In Stalingrad die Frage nach Gott stellen heißt, sie verneinen.«

Unter den Soldaten herrschte jedoch nicht nur Verzweiflung – noch gab es auch Verblendung und Vertrauen in den »Führer«. Die Parole »Männer, haltet aus, der Führer haut euch raus« fand immer noch gläubige Jünger. Doch die meisten fühlten, dass Hitler sie schon aufgegeben hatte. Dennoch verbot der Kriegsherr die Kapitulation. »Kampf bis zur letzten Patrone« lautete Hitlers unnachgiebiger Befehl. Ein Großangriff der Sowjets am 10. Januar 1943 versetzte der 6. Armee den endgültigen Todesstoß. Der Kessel wurde für die Soldaten zu einem Vorraum des Todes. Die äußeren Bedingungen waren grauenhaft. Die Lazarette waren überfüllt, die medizinische Versorgung konnte kaum noch aufrechterhalten werden.

Hitlers Krieger Friedrich Paulus, in der Wehrmacht »Zauderer« genannt, wurde in den letzten Tagen Stalingrads zu einer tragischen Gestalt. Stetig schwankend zwischen Einsicht und Gehorsam, entschied er sich für den Gehorsam. Hätte er den starren Dogmatismus Hitlers nicht befolgt, wären vielleicht Hunderttausende gerettet worden. Aber Paulus sprang nicht über seinen Schatten. Einen Tag vor Ultimo beförderte ihn der »Führer« noch zum Generalfeldmarschall. Paulus durchschaute das taktische Kalkül sofort: »Das soll wohl eine **Aufforderung zum Selbstmord** sein, aber diesen Gefallen werde ich ihm nicht tun.« Am Morgen des 31. Januar verließen Paulus und sein Generalstab mit erhobenen Händen ihren Gefechtsstand. Der Kampf um Stalingrad war nun zu Ende, doch es gab keine offizielle Kapitulation: Paulus wollte »als Privatmann« und nicht als erster deutscher Feldmarschall in die Gefangenschaft gehen.

AUFFORDERUNG ZUM SELBSTMORD

Der Mann hat sich totzuschießen, so wie sich früher die Feldherren in das Schwert stürzten, wenn sie sahen, dass die Sache verloren war. Das ist eine Selbstverständlichkeit.

Hitler, 1. Februar 1943

Paulus stieg in einen bereitstehenden Wagen und wurde in ein komfortables Offizierslager gebracht. »Wir haben gesehen, wie er an uns vorbeigefahren wurde. Wir haben ihn ausgebuht«, erinnerte sich Siegfried Lessey, der sich auf dem Foto aus Stalingrad wiedererkannt hat – er ist der Dritte von rechts.

Für ihn und die anderen einfachen Soldaten begann dagegen eine Zeit unbeschreiblicher Leiden. Ausgehungert und erschöpft sollten Tausende von ihnen allein die langen Fußmärsche durch die eisige Steppe nicht überleben. »Wir sind morgens um neun Uhr losgejagt worden und marschierten bis 23 Uhr zum Sammellager Beketowka«, so Lessey. »Es war furchtbar. Wir wurden beschossen, viele von uns waren zu schwach zu gehen.« Manche Einheiten, die sich geschlossen auf den Weg gemacht hatten, schrumpften von 1200 auf 120 Mann. Wer die Gewaltmärsche überstand und in einem der Gefangenenlager an-kam, war noch lange nicht gerettet. Allein in Beketowka kamen innerhalb eines Jahres 45 000 Gefangene ums Leben. 300 000 Soldaten waren angetreten, Stalingrad zu erobern, 90 000 gerieten in Gefangenschaft. Nur 6000 von ihnen sollten nach Jahren der Entbehrungen in sowjetischen Lagern die Heimat wiedersehen. Siegfried Lessey kehrte 1949 nach Berlin zurück.

Die meisten Deutschen fühlten: Die Entscheidung, wer den Krieg gewinnen würde, war gefallen. Strategisch war die Schlacht vor Moskau im Dezember 1941 der Wendepunkt des Weltkriegs. Taktisch war die Panzerschlacht von Kursk der »Point of no return«. Psychologisch aber war die Schlacht von Stalingrad der endgültige Einschnitt. Stalingrad, das erste Massengrab der deutschen Wehrmacht, sollte nicht das letzte bleiben.

DER JUNGE VON WARSCHAU

Unbekannter Fotograf
Warschau (Polen)
April/Mai 1943

DER JUNGE VON WARSCHAU

In sein Gesicht steht eine ganze Tragödie geschrieben: Angst, Unverständnis, Verzweiflung spiegeln sich darin und, wie es scheint, auch eine dunkle Ahnung des kommenden Unheils. Der kleine Junge mit der viel zu großen Mütze, der vor dem Gewehrlauf verschreckt die Arme hochstreckt, ist zum bildhaften Inbegriff für das Leid des jüdischen Volkes geworden.

Zusammen mit anderen jüdischen Bürgern Warschaus wurde er von SS-Schergen aus einem Haus getrieben, zum Abtransport in eines der Todeslager. Menschen mit Bündeln und Taschen beladen: Sie trugen ihre letzten Habseligkeiten bei sich, Ernst und Entsetzen in ihren Mienen. Für die meisten von ihnen war es der Aufbruch zu einer Reise ohne Wiederkehr. Wie kaum ein anderes Bild zeigt das Foto das wahre Gesicht der millionenfachen Verschleppung in den Tod.

Der auslösende Gedanke des Fotografen, als er die Szene 1943 festhielt, war freilich ein anderer: Das Bild sollte das Dokument eines Triumphs sein. »Mit Gewalt aus Bunkern hervorgeholt« lautete ursprünglich der Kommentar unter dem Foto, und es gehörte zu einem Bildbericht, den der SS-Brigadeführer Jürgen Stroop nach der Vernichtung des Warschauer Gettos seinem obersten Vorgesetzten Heinrich Himmler präsentieren wollte. Sorgfältig hatte Stroop, der im Zivilberuf Vermessungs-Obersekretär beim Katasteramt in Detmold war, die brutale Aktion dokumentiert. In Schönschrift verkündete die Vollzugsmeldung auf der letzten Seite des Fotoalbums die ganze entsetzliche Wirklichkeit: »Es gibt keinen jüdischen Wohnbezirk in Warschau mehr.«

Das jüdische Getto in Warschau war während des Kriegs einer der schlimmsten Wartesäle des Todes. Die deutschen Besatzer schoben jüdische Bewohner aus ganz Polen nach und nach in den hermetisch abgeriegelten Stadtbezirk ab. Bis zu 400 000 Menschen drängten sich auf engstem Raum, im Schnitt mussten dreizehn Personen ein Zimmer teilen. Eine vier Meter hohe Mauer umschloss das Getto, streng kontrollierten Wachmannschaften die Ein- und Ausgänge. In bitterer Armut, hungernd und in erbärmlichen hygienischen Zuständen vegetierten die Gettobewohner vor sich hin, Zehntausende starben an Krankheiten, die sich epidemieartig ausbreiteten.

Im Sommer 1941 stieg die Sterblichkeitsrate auf 5500 Todesfälle im Monat. Täglich wurden die Toten von den Straßen eingesammelt. Auf Geheiß der Eltern kletterten Kinder durch die Kanalisationsschächte auf die andere Seite der Mauer, um auf dem Schwarzmarkt den kostbaren Familienschmuck gegen eine Tasche voll Lebensmittel einzutauschen. »Wir meinen, aus luftigem Raum in ein überfülltes, stinkendes Gefängnis zu kommen«, beschrieb der Gettobewohner Ludwik Hirschfeld das Inferno. »Wir sind keine Menschen mehr, nur noch Teil einer abscheulichen Masse.«

Dass die eigentliche Hölle ihnen noch bevorstand, wurde für die Bewohner des Gettos täglich mehr zur Gewissheit. Seit Sommer 1942 rollten fortlaufend die Transporte in das Vernichtungslager Treblinka. Aus der Verzweiflung wuchs Widerstand. Junge Juden, die sich nicht wie Lämmer zur Schlachtbank treiben lassen wollten, griffen zu den Waffen. Von Mitte April bis Mitte Mai 1943 währte der ungleiche Kampf. Die Aufständischen operierten vornehmlich aus der Kanalisation heraus, verschanzten sich in Bunkern und eigens gegrabenen unterirdischen Gängen. Brutal und erbarmungslos gingen die deutschen Einsatzkräfte vor, setzten ganze Straßenzüge mit Flammenwerfern in Brand und sprengten die Kanalisation. Am Schluss der Liquidierung zerstörte die SS die Synagoge. Fast einen Monat brauchten die Kampfgruppen der SS, um mit unbeschreiblicher Grausamkeit den Aufstand niederzuschlagen. Dann wurde das Getto restlos vernichtet.

In jenen Tagen entstand dieses Bild. Millionenfach ist es inzwischen weltweit veröffentlicht worden und mahnt zum Gedenken an die un-

VERNICHTUNGSLAGER TREBLINKA

Das nördlich von Warschau gelegene KZ Treblinka war von der SS als reines Vernichtungslager für die polnischen Juden und Roma konzipiert. Seit Mitte 1942 rollten die ersten Züge aus den Gettos des »Generalgouvernements« nach Treblinka. Sie endeten an einem falschen Bahnhof, der zur Irreführung der Opfer sogar mit Fahrkartenschaltern für die Rückfahrt ausgestattet war. Doch die allermeisten Ankömmlinge gingen direkt in den Tod. Innerhalb eines Jahres wurden in Treblinka fast 900 000 Menschen ermordet. Nach einem Häftlingsaufstand im August 1943 wurde das Lager dem Erdboden gleichgemacht.

zählbaren anonymen Opfer des Holocaust. Auch von den Menschen, die auf dem Bild zu sehen sind, dürfte es mit hoher Wahrscheinlichkeit das letzte Lebenszeichen sein.

Doch wer ist der Junge auf dem berühmten Foto?

In den 1980er Jahren meldete sich ein Hals-Nasen-Ohren-Arzt aus einer Kleinstadt bei New York und behauptete, er sei damals während einer Razzia fotografiert worden: Tsvi Nussbaum, der einzige Überlebende seiner Familie. Bruder, Eltern, Großeltern, Urgroßmutter – sie alle wurden in den Gaskammern von Treblinka ermordet. Geboren wurde er 1935 in Palästina. Da seine Eltern das dortige Klima nicht vertrugen, kehrten sie 1939 ausgerechnet in ihre polnische Heimat zurück – sie ahnten nicht, dass sie direkt in ihr Verderben fuhren. Nach dem Tod der Eltern versteckte ihn eine Freundin seiner Mutter außerhalb des Gettos. Als ein Gerücht die Runde machte, dass die Deutschen in einem Warschauer Hotel Juden mit ausländischen Pässen sammelten, die in ihre Herkunftsländer zurückgeschickt würden, lief Tsvi dorthin. Doch statt in die Freiheit wurden die übrig gebliebenen Juden aus dem Hotel »Polski« in das Konzentrationslager Bergen-Belsen abtransportiert.

Das war im Juli 1943 – beinahe zwei Monate, nachdem der in Stroops Bildbericht dokumentierte Gettoaufstand niedergeschlagen war. Auch andere Einzelheiten auf dem Bild werfen Fragen auf. Sämtliche Fotos in Stroops Unterlagen zeigen Szenen aus dem Getto, sollte dann gerade dieses Bild außerhalb des jüdischen Viertels aufgenommen sein? Wenn das Foto untergetauchte Juden im »arischen« Teil der Stadt zeigt, wieso tragen dann mindestens zwei Personen weiße Armbänder mit – vermutlich – dem Davidstern? Wenn es nur um den Abtransport von Zivilisten geht, wieso erscheinen die SS-Leute in Kampfuniform? Außerdem haben die Menschen auf dem Foto schwere Winterkleidung an, was ebenfalls nicht für eine Aufnahme im sonnigen Juli spricht.

Selbst wenn Tsvi Nussbaum, der nach seiner Befreiung aus dem KZ zuerst zurück nach Palästina, dann nach Amerika ging und 2012 dort starb, also nicht der Junge von Warschau ist: Für ihn war das Foto deshalb wichtig, weil es ihn wie eine Rückblende in seine eigene vergessene und verdrängte Vergangenheit zurückversetzte. Mehrfach erklärte er, er wünschte, nicht der Junge auf dem Foto zu sein: »Das würde nämlich bedeuten, dass damals ein anderer kleiner jüdischer Junge überlebt hat.«

Bei zwei anderen Kindern in Tsvis Alter, von denen nach dem Krieg Überlebende angaben, einen Verwandten erkannt zu haben, war dies nicht der Fall. Sowohl Artur Siemiatek als auch Levi Zelinwarger starben im Holocaust.

Der Einzige auf dem Foto, der zweifelsfrei identifiziert wurde, ist der bewaffnete Sicherheitspolizist im rechten Bildhintergrund. Es handelt sich um den ehemaligen Kellner Josef Blösche, wegen seiner Mordlust bei den Warschauer Juden als »Frankenstein« berüchtigt. Er lebte nach dem Krieg in der DDR und wurde 1969 in Erfurt zum Tode verurteilt. Ebenso wie sein gnadenloser Vorgesetzter Jürgen Stroop, der 17 Jahre zuvor in Warschau am Strick endete, zeigte er bis zuletzt keine Spur von Reue.

HITLER PRIVAT
Unbekannter Fotograf
Obersalzberg
7. Juni 1943

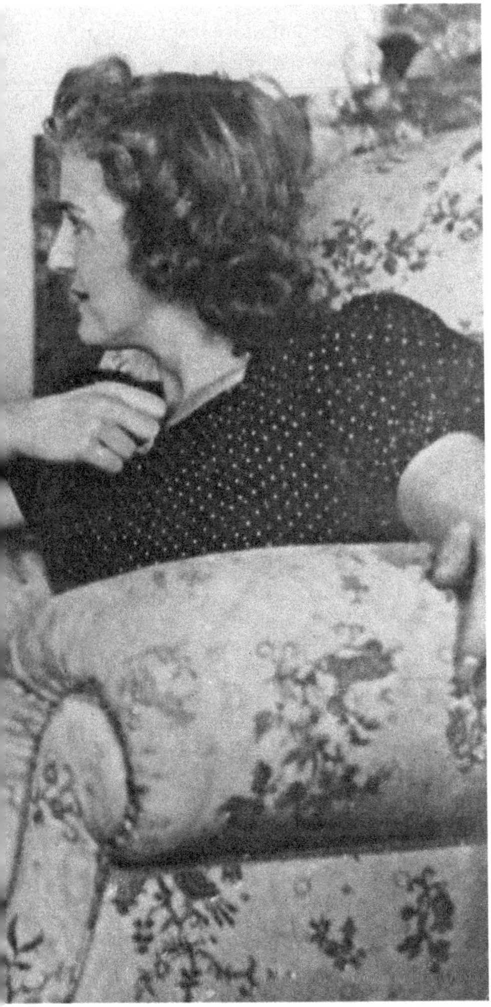

HITLER PRIVAT

Der »Führer« als Privatmann: Im Teehaus des Berghofs am Obersalzberg hält Adolf Hitler nach dem Essen ein Nickerchen – beobachtet von Eva Braun, seiner verheimlichten Geliebten. Der »größte Feldherr aller Zeiten« als Pantoffelheld? Solche Bilder bekam sein Volk natürlich nicht zu sehen.

Hitler privat – vor dem Krieg war das Sujet in zahlreichen Buchveröffentlichungen seines Leibfotografen Heinrich Hoffmann à la »Hitler, wie ihn keiner kennt« oder »Hitler abseits vom Alltag« endlos ausgewalzt worden. Eine Frau an seiner Seite war dort allerdings nie vorgekommen. »Meine Braut ist Deutschland«, hatte Hitler immer wieder voller Pathos betont. Er hegte die eitle Befürchtung, das Volk würde es ihm nicht verzeihen, wenn er in den Stand der Ehe trete.

Tatsächlich haftete dem Verhältnis Hitlers zum weiblichen Geschlecht etwas Pathologisches an. Sein Verhältnis zu Frauen war stets von Geringschätzung geprägt. Die frauenverachtenden Hitlersprüche aus den Tischgesprächen sind Legende – wie »Es gibt nichts Schöneres, als sich ein junges Ding zu erziehen: ein Mädchen mit achtzehn, zwanzig Jahren, das biegsam ist wie Wachs.«

»Lieber Gott hilf mir dass ich ihn heute noch sprechen kann morgen ist es zu spät. Ich habe mich für 35 Stück entschlossen es soll diesmal wirklich eine ›totsichere‹ Angelegenheit werden. Wenn er wenigstens anrufen lassen würde.«

EVA BRAUN, TAGEBUCH, 28. MAI 1935.

1929 war ihm in Hoffmanns Fotostudio so ein »junges Ding« vorgestellt worden: Eva Braun. Als sie Herrn »Wolf« zum ersten Mal traf, wusste sie nicht einmal, wer er war. Für Politik interessierte sie sich nicht. Hitler gab sich galant, küsste generös die Hand und ließ es an kleinen Präsenten nicht mangeln. Sie war stolz, von dem 23 Jahre Älteren bewundert zu werden. Doch die Spielregeln der Beziehung diktierte er. Höchste Diskretion war oberstes Gebot. Die Zeit des Agitators für die Freundin war eng bemessen, die Zuwendung nach seinem Gusto dosiert. War das Liebe? Nein, Hitler wurde geliebt, doch lieben konnte er nicht. 1932 versuchte Eva Braun zum ersten Mal, sich umzubringen, 1935 dann erneut.

Danach holte Hitler Eva Braun zu sich auf den Berghof und machte sie zum Bestandteil dieser Scheinwelt. Sein einstiges Feriendomizil »Haus Wachenfeld« hatte er umbauen und gewaltig aufblasen lassen – es war ein Klotz in der alpenländischen Idylle entstanden, mit Panoramafenster und klobiger Einrichtung. Mehr als zwei Drittel ihrer Zeit von 1936 bis 1945 sollte Eva Braun auf dem Obersalzberg verbringen. Es war ihr kleines Reich: »Für uns war sie die eigentliche Hausherrin des Berghofs, nicht Hitler«, sagte das ehemalige Zimmermädchen Anni Plaim.

Hitler wusste genau, wie er Eva Braun zu behandeln hatte, um sie vor völliger Verzweiflung zu bewahren: »Er hat ja schon einen liebevollen Ton mit ihr gehabt«, sagte Hitler-Sekretärin Traudl Junge. Auf den streng geheim gehaltenen Fotos aus ihren Privatalben ist zu sehen, wie Hitler Eva Braun jovial die Hand küsst und wie sie Seit an Seit, eng aneinander geschmiegt, die Treppe am Berghof hinaufschreiten. Doch die meisten Bilder zeigen Distanz, der Blick fällt auf zwei Menschen aus scheinbar völlig verschiedenen Welten.

»Sehr intelligente Menschen«, sagte Hitler zu Albert Speer, »sollten sich eine primitive und dumme Frau nehmen.« Die Freundin stand stumm daneben. Er nannte sie »Tschapperl«, sie musste vor Dritten »Mein Führer« sagen. Bei Staatsbesuchen auf dem Berghof wurde sie in ihr Zimmer verbannt. Um das inszenierte Trugbild eines allem Irdischen entrückten »Führers« nicht zu stören, musste sie ein Leben im Verborgenen führen. Sie bekam ein Haus in München, teure Kleider, Autos und Parfüm – aber keinen Ehering. Dabei wünschte sie sich nichts sehnlicher, als »Frau Hitler« zu werden.

Nach wie vor umstritten ist die Frage, ob Adolf Hitler und Eva Braun ein regelrechtes Liebespaar gewesen sind. Die beiden Wohnungen im ersten Stock waren nur durch einen kleinen Flur getrennt. »Es war ja ein Verhältnis zwischen Mann und Frau, und wenn sich jemand einbildet, dass die nebeneinander wohnen und nichts miteinander haben, dann stimmt doch der Laden nicht. Also, für uns waren die Mann und Frau«, meinte der Berghof-Angestellte Willi Mitlstrasser. Der Leibarzt Hitlers, Dr. Theo Morell, gab nach Kriegsende bei einem Verhör vor einer US-Kommission zu Protokoll, dass Eva Braun ihn in den letzten Jahren bedrängt habe, das nachlassende sexuelle Verlangen Hitlers zu stimulieren.

Eva Braun, formal Sekretärin in Sonderstellung mit einem Gehalt von 450 Reichsmark pro Monat bis zum Kriegsende, hatte ihren Part auf dem Obersalzberg zu spielen. Der tägliche Ablauf auf dem Berghof war geregelt – monoton. Hitler schlief lange. Der Tag begann am frühen Mittag, dann folgten Empfänge, Autopartien, Besprechungen, Reisen, wie es dem »Führer« beliebte. Die Abende hinterließen bei Beteiligten mitunter die »Erinnerung einer merkwürdigen Leere«: drei bis vier Stunden Filmeschauen, Unterhaltsames, Banales, Sentimentales, Plattes; auch das Personal, Teil der Ersatzfamilie, hatte Zutritt. Wenn ein im Reich verbotener Film gezeigt wurde oder ein Import aus Amerika, war die Entourage komplett versammelt. Hitler saß mit Eva Braun stets in der ersten Reihe. Sie wich auch während seiner endlosen Monologe kaum von seiner Seite.

Der Krieg offenbarte die Kluft zwischen beiden Welten mehr als je zuvor: »Oft hat Hitler sie gar nicht beachtet, gar nicht gesehen. Es war nun Krieg, und die Frage: Was machen wir jetzt, wie wird es weitergehen? – das ging vor in seinem Hirn. Die ganze Damenwelt, die war mit Kriegsbeginn weg. Bis sich das nach den ersten Siegen wieder ein wenig normalisierte«, erinnerte sich Berghof-Verwalter Herbert Döhring.

Und Eva Braun? Sie mag Stolz zum einen empfunden haben, zum anderen hat sie, Bekundungen von Zeitzeugen zufolge, den Moment herbeigesehnt, in dem sie an seiner Seite den Ruhm mit ihm genießen konnte. Auf dem Obersalzberg soll sie sich gar ausgemalt haben, dass nach dem Endsieg (selbstverständlich auch über die USA) ein großes Hollywood-Epos entstünde, das der Welt die Geschichte ihrer verborgenen Liebe zu Hitler endlich vor Augen führt. Es war eine notorische Flucht in Scheinwelten.

Im privaten Umfeld über Krieg und Völkermord zu sprechen war tabu. Die gespaltene Welt des Diktators durfte nicht entlarvt werden. Die brüchige Fassade sollte nicht noch weiter erschüttert werden. Der private Hitler war keineswegs ein Monster. Die Menschenverachtung, das rücksichtslose Wesen fand man nicht in der Idylle des Berghofs, nicht in der »Freizeit«. Hitlers Sekretärinnen schwärmten noch lange von der »Freundlichkeit« des »Chefs«, von seinem Handkuss-Charme. Es ist das Janusgesicht des Diktators: hier der »Führer«, die Treuen und der Schäferhund auf der Terrasse vor bayerisch-blauem Himmel und den Alpengipfeln – dort die Gequälten, Gemarterten, Totgeprügelten in den Vernichtungslagern.

Erst im Angesicht des Untergangs spürte Eva Braun, dass sie nun die Rolle einnehmen konnte, die sie so lange ersehnt hatte. Sie ging mit dem

Geliebten in das belagerte Berlin. Das Ende im Bunker unter der Reichskanzlei geriet zu einem melodramatischen Abgesang im Stile einer Wagner-Oper: »Armer Adolf, alle haben dich verlassen! Alle haben dich verraten!«, klagte sie Welt und Schicksal an. Und wollte doch zeigen, dass sie die Einzige war, die noch zu ihm hielt. Sie blieb und wurde seine Frau. Keinen Augenblick zögerte sie, sich gemeinsam mit ihrem »Ehemann« umzubringen. Wenigstens im Tod wollte sie die Bedeutung erlangen, die ihr im Leben versagt geblieben war. Das Urteil der Historiker ist ernüchternd. Hugh Trevor-Roper schrieb einmal: »Eva Braun ist eine Enttäuschung der Geschichte.«

PRIVATES TESTAMENT

Da ich in den Jahren des Kampfes glaubte, es nicht verantworten zu können, eine Ehe zu gründen, habe ich mich nunmehr vor Beendigung dieser irdischen Laufbahn entschlossen, jenes Mädchen zur Frau zu nehmen, das nach langen Jahren treuer Freundschaft aus freiem Willen in die schon fast belagerte Stadt hereinkam, um ihr Schicksal mit dem meinen zu teilen. Sie geht auf ihren Wunsch als meine Gattin mit mir in den Tod.

DIE WENDE

Unbekannter Fotograf
Bei Orel (Russland)
Juli 1943

DIE WENDE

Ein deutscher Soldat hockt vor einer zerstörten Lafette, den Kopf in den Händen vergraben. Im Gras neben ihm liegt die Leiche eines weiteren Soldaten. Über der Szene dehnt sich ein düsterer Himmel. Unter dem Titel »Das Ende« hat Bertolt Brecht die Aufnahme in seine *Kriegsfibel* aufgenommen – ein Werk, in dem er Zeitungsartikel und Fotos aus dem Zweiten Weltkrieg mit kurzen Erläuterungen versah und in **Versform** kommentierte. Brecht schrieb zu diesem Foto: »Unteroffizier Georg Kreuzberg (86. Infanteriedivision) wurde von russischen Truppen auf dem Schlachtfeld von Orel in dieser Stellung angetroffen. Er ist geistesgestört.«

Mehr als Name, Dienstgrad und Einheit kennen wir nicht von dem Mann und wir wissen auch nicht, was weiter mit ihm geschah – doch wir können zumindest ahnen, was ihm widerfahren ist und was ihn um seinen Verstand gebracht hat.

Im Juli 1943 hatte die Wehrmacht ein letztes Mal versucht, an der Ostfront das Heft des Handelns an sich zu reißen. In einer gewaltigen Kraftanstrengung waren noch einmal alle verfügbaren Kräfte für eine Angriffsoperation im Kursker Bogen zusammengezogen worden. Zwei Drittel aller im Osten kämpfenden Soldaten sollten hier zum Einsatz kommen – insgesamt 50 Wehrmachtdivisionen, die mit 2500 Panzern und 7500 Geschützen ausgerüstet waren, unterstützt von einer Luftarmada von 1400 Maschinen. Doch so gewaltig sich diese Zahlen auch ausnahmen, die Rote Armee setzte den knapp 800 000 Deutschen eine Streitmacht von fast 1,9 Millionen Mann entgegen; sie verfügte über doppelt so viele Panzer und Flugzeuge und erheblich mehr Geschütze.

Hier sitz ich, haltend meinen armen Kopf.
Der Irreführer über alle Berge.
Die Körnlein hat das Huhn im Kropf:
Die kriegen die Zwerge.

BRECHTS EPIGRAMM FÜR DAS FOTO VON GEORG KREUZBERG

Dennoch gelang es den Deutschen in den ersten Tagen des Angriffs, Raum zu gewinnen. Zum ersten Mal seit Monaten ging es, wenn auch langsam, wieder vorwärts. Doch nach zwei Wochen endete »die größte Panzerschlacht der Weltgeschichte« letztlich ohne eindeutiges Ergebnis.

Die Wehrmacht hatte keinen entscheidenden Durchbruch erzielen können. Stattdessen sah sie sich plötzlich an mehreren Frontabschnitten einer massiven Gegenoffensive der Sowjets gegenüber.

Am 12. Juli startete die Rote Armee einen Vorstoß gegen die Heeresgruppe Mitte. Ziel war Orel, das Zentrum des deutschen Nachschubs für die gesamte Heeresgruppe. In nur fünf Tagen gelang es starken sowjetischen Verbänden, die deutschen Linien an mehreren Stellen zu überrennen und 20 Kilometer weit vorzudringen. Eine Woche nach dem Beginn der Operation erfolgte der Durchbruch auf der gesamten Frontlänge. Nur der Rückzug auf neue Verteidigungsstellungen hinter dem Frontbogen von Orel hätte die Einkesselung der Deutschen verhindern können. Doch wieder einmal kam der berüchtigte »Führer«-Befehl: »Jede Absetzbewegung wird untersagt.« Erneut hieß es: »Halten oder sterben«.

In den Wochenschauen und Zeitungsberichten war danach wie stets von »heldenhaft kämpfenden Gruppen« zu hören und zu lesen, der Feind erlitt »hohe blutige Verluste«, die gegnerischen Vorstöße »brachen im Abwehrfeuer aller Waffen« zusammen. Nicht berichtet wurde über die hohen eigenen Verluste und auch nicht über menschliche Tragödien wie die des Georg Kreuzberg, der angesichts des Infernos, das über ihn und seine Kameraden hereinbrach, irre wurde.

Während Kreuzberg zurückblieb, gelang es einem Großteil der deutschen Verbände doch noch, den Kopf aus der Schlinge zu ziehen. In letzter Minute hatte Hitler umgeschwenkt und die Absetzbewegung nach Westen erlaubt. Von nun an wurden die Jäger zu Gejagten. Ein langer, verlustreicher und blutiger Rückzug stand ihnen bevor. Er sollte erst anderthalb Jahre später in Berlin enden.

LORIA
REISE IN DIE VERGANGENHEIT

DER BOMBENKRIEG

Wolf Strache

Berlin

23. November 1943

DER BOMBENKRIEG

Es ist ein Bild, das wie kaum ein anderes die Wirren des Bombenkriegs symbolisiert: Eine in eine Decke gehüllte Frau, das Gesicht von einer Gasmaske verborgen, schiebt einen gleichfalls mit Decken verhüllten Kinderwagen vor sich her; vorbei an einem Kino, in dem der Film *Reise in die Vergangenheit* gezeigt wird. Eine makabre Inszenierung, gar eine Fälschung? Oder ein Schnappschuss, der den ganzen Wahnsinn widerspiegelt, dem sich die deutsche »Heimatfront« ausgesetzt sah?

Was diesen Krieg so anders machte, war die Hilflosigkeit, mit dem ihm seine Opfer ausgeliefert waren. Vor dem Tod aus der Luft gab es keine Möglichkeit des Entkommens, er schlug kaum vorhersehbar und unterschiedslos zu. Besonders hat dieses Erlebnis die Deutschen geprägt, die vom Bombenkrieg, den das eigene Regime verschuldet hatte, am stärksten betroffen waren. Wahrscheinlich mehr als eine halbe Million Menschen haben in Deutschland zwischen 1940 und 1945 ihr Leben durch Bombenangriffe verloren. Lübeck, Köln, Hamburg, Berlin, Dresden, ungezählte Kleinstädte, Dörfer – kaum eine Region war von den katastrophalen Zerstörungen verschont geblieben. Sieben Millionen Menschen hatten keine Wohnung mehr.

»Hat Deutschland geglaubt, es werde für die Untaten, die sein Vorsprung in der Barbarei ihm gestattete, niemals zu zahlen haben?« Diese Frage stellte der im Exil lebende Thomas Mann über den britischen Rundfunk seinen Landsleuten und nahm damit Bezug auf die Bombardierung Lübecks im März 1942. »Das geht mich an, es ist meine Vaterstadt«, so der Schriftsteller, »die Angriffe galten dem Hafen, den kriegsindustriellen Anlagen, aber es hat Brände gegeben in der Stadt, und lieb ist es mir nicht, zu denken, dass die Marienkirche, das herrliche Renaissance-Rathaus oder das Haus der Schiffergesellschaft sollten Schaden gelitten haben. Aber ich denke an Coventry – und habe nichts einzuwenden gegen die Lehre, dass alles bezahlt werden muss.«

Eine kühle Rechnung, so scheint es, die mancher Lübecker dem prominenten Sohn der Stadt verübelt hat, zumal sie nicht ganz zutraf. Denn das vornehmliche Ziel des Angriffs waren keine Industrieanlagen, sondern Wohngebiete. Die Bewohner der Hansestadt gehörten zu den ersten Deutschen, die die volle Wucht des Kriegs traf. Eines Kriegs freilich, der von Nazideutschland heraufbeschworen worden war.

Lübeck bot gemäß den Kriterien, die die britische Seite zuvor aufgestellt hatte, ein ideales Ziel. Die Stadt war leicht von der Luft aus zu orten. Aber mehr noch: Mit seinen engen Gassen, den hölzernen Giebeln und Fachwerkhäusern war das mittelalterliche Stadtzentrum extrem brandanfällig. Die Stadt habe in ihrer Bebauung »eher einem Streichholz als einer menschlichen Behausung geglichen«, erinnerte sich später Luftmarschall Arthur Harris, dem wenige Wochen zuvor die Leitung des Bomber Command übertragen worden war. Harris verfolgte eine Strategie, die das Flächenbombardement deutscher Städte und verheerende Brände in Wohngebieten nicht nur billigte, sondern geradezu beabsichtigte – übrigens eine Erkenntnis, die von der deutschen Seite nach der Analyse der Angriffe auf Warschau bereits in die Praxis umgesetzt worden war.

Hauptmotiv der Briten war es, den Kriegswillen und die Moral der deutschen Bevölkerung zu brechen, indem man sie, wie Arthur Harris formulierte, »obdachlos« bombte. Moralische Bedenken gegen die Ausweitung des Kriegsgeschehens auf die Zivilbevölkerung ließen sich trefflich wegargumentieren: Auch Zivilisten waren letztlich diejenigen, die die Rüstungsindustrie am Laufen hielten. Sie zu treffen hieß somit auch, die Militärmaschinerie Deutschlands zu treffen.

In der Nacht vom 30. auf den 31. Mai 1942 folgte die erste Steigerung des Grauens: Harris holte zum »Tausend-Bomber-Schlag« gegen Köln aus. Innerhalb von 90 Minuten entlud sich über der Stadt eine Bombenlast von 1455 Tonnen, davon waren zwei Drittel Brandbomben. Große Teile der Stadt sanken in Schutt und Asche.

Unter der Codebezeichnung »Gomorrha«, benannt nach der biblischen Stadt, die Gott wegen ihrer »himmelschreienden Sünden« vernichtete, begann dann Ende Juli 1943 eine Serie von Luftangriffen auf Hamburg. Die Angreifer verwandelten die Hansestadt in eine Feuerwüste, in der allein so viele Menschen umkamen wie im gesamten deutschen Luftkrieg gegen England. In dem 1000 Grad heißen Feuersturm starben bis zu 35 000 Menschen, da es selbst in den Wasserstraßen keine Rettung vor den Flammen gab und der Luftschutz total überfordert war.

Keine andere deutsche Metropole jedoch musste mehr Luftangriffe erdulden als die Hauptstadt Berlin. Seit den ersten Angriffen im Sommer 1940 verging kaum eine Nacht ohne Luftalarm. Es herrschte ein permanenter Ausnahmezustand. Zuletzt kamen die Berliner kaum noch aus den Bunkern und Luftschutzkellern heraus – zumal als die Briten im November 1943 die »Battle of Berlin« ausriefen: »Wir können Berlin von einem Ende bis zum anderen einäschern«, so Harris. »Es wird uns 400 bis 500 Flugzeuge kosten, Deutschland dagegen den Krieg.« Die über 100 Angriffe bis Ende März 1944 forderten 10 000 Todesopfer, machten ein Viertel des Zentrums dem Erdboden gleich und ließen Hunderttausende Berliner obdachlos werden. Doch es gelang nicht, den alles verheerenden Feuersturm zu entfesseln, so US-Brandkriegsexperte Horatio Bond: »Die Bauqualität ist höher, und die einzelnen Blocks sind besser voneinander getrennt.«

Einen der schwersten Luftschläge traf Berlin am Abend des 22. November 1943: Ab 19:30 Uhr warfen 670 Flugzeuge der Royal Air Force rund 2500 Tonnen Bomben ab. Schwerpunkte waren der Alexanderplatz im Osten und die Gegend um den Kurfürstendamm und den Zoo. Über 2000 Menschen starben, 175 000 wurden obdachlos. Die Journalistin Ursula von Kardorff beschrieb in ihrem Tagebuch die verheerenden Wirkungen des Angriffs: »Die Gedächtniskirche eine leuchtende Brandfackel. Zum ersten Mal wirkte sie wie ein romanischer Bau. Rund um die Gedächtniskirche hatten andere Gewalten die Lichtreklame angezündet als in den Zeiten der Vergnügungen … Der Zoo ist ebenfalls schwer getroffen, viele Tiere sollen umgekommen, andere ausgebrochen sein. Es ist ein unheimliches Gefühl, hier könnte plötzlich ein Tiger auftauchen.«

Am nächsten Morgen lief der Bildjournalist **Wolf Strache** durch die zerstörten Stadtviertel. Er war Mitglied einer Sondereinheit, deren Aufgabe es war, die Bombenschäden zu dokumentieren. Am Kurfürstendamm, vor dem Filmpalast Gloria, gelang ihm dann jener Schnappschuss der Mutter mit dem Kinderwagen. Veröffentlicht wurde das Foto zunächst aber nicht, obwohl es durchaus für eine propagandistische Anklage gegen die britischen »Luftgangster« getaugt hätte oder den Selbstbehauptungswillen der Deutschen allem »Luftterror« zum Trotz hätte ausdrücken können.

So wurde die Aufnahme erst nach dem Krieg zu einer Ikone des Bombenkriegs. Dass sie überhaupt erhalten blieb, ist einem Zufall zu verdanken: Strache, der seine Filme stets bei seinem Auftraggeber abliefern musste, machte von diesem Bild heimlich einen einzigen Abzug. Diesen schickte er an seine Mutter, die ihn in ein Album klebte. Dort entdeckte ihn der Fotograf später und stellte eine Reproduktion der Aufnahme her – eine »Reise in die Vergangenheit« der besonderen Art.

WOLF STRACHE

Der promovierte Volkswirt Strache (1910–2001) kam als Autodidakt zur Fotografie. Seit 1934 war er als freier Bildberichter tätig und wurde im Krieg Mitglied einer Propagandakompanie der Luftwaffe. Neben der Dokumentation von Bombenschäden entstanden in dieser Zeit auch zahlreiche heroisierende Aufnahmen von Bomberbesatzungen und Jagdpiloten, vielfach abgedruckt in der Presse sowie in Büchern wie *Donnernde Motoren*. In der Bundesrepublik veröffentlichte Strache im eigenen Verlag zahlreiche Bildbände mit Stadt- und Landschaftsansichten, Kunst- und Naturmotiven, die zum Teil riesige Auflagenhöhen erreichten.

DIE MUSSOLINI-BEFREIUNG

Toni Schneiders

Gran Sasso (Italien)

12. September 1943

DIE MUSSOLINI-BEFREIUNG

OTTO SKORZENY

Der in Wien geborene Skorzeny (1908–1975) trat 1940 in die SS-»Leibstandarte Adolf Hitler« ein und wurde 1943 Kommandeur des »SS Sonderlehrgangs zbV Friedensthal«. Die 300 Mann starke SS-Sondereinheit »zbV« – »zur besonderen Verwendung« – wurde in Friedensthal bei Oranienburg ausgebildet und später in SS-Jägerbataillon 502 umbenannt. SS-Chef Himmler wollte mit der Spezialkampfgruppe seine eigene Stellung im Machtgefüge des »Dritten Reichs« stärken – und zwar damit, Hitler stets zu Diensten zu sein.

Gruppenbild mit befreiter Geisel: Auf der Terrasse des Skihotels Campo Imperatore auf dem Gran Sasso in den Abbruzzen lässt sich der hochgewachsene SS-Hauptmann **Otto Skorzeny** mit dem soeben durch ihn und seine Männer »befreiten« italienischen Diktator Benito Mussolini ablichten, der einige Wochen zuvor von den Italienern abgesetzt und hier interniert worden war.

Es war ein tollkühner Coup: Mit Lastenseglern war die deutsche Spezialeinheit auf dem Gran Sasso gelandet, hatte die italienischen Wachen im Hotelgebäude blitzschnell überwältigt und war in Mussolinis Appartement vorgedrungen, ohne dass ein einziger Schuss gefallen war. So jedenfalls klingt die Schilderung der Befreiungsaktion, wenn man sie aus der Sicht des Mannes erzählt, den die deutsche Propaganda später zum Helden vom Gran Sasso machte – Otto Skorzeny.

Doch weshalb stehen auf den Fotos, die der Wehrmachtfotograf am Gran Sasso schoss, Befreier und Bewacher so einträchtig zusammen? Warum wurden die Italiener nicht einmal entwaffnet? Mit geschulterten Maschinenpistolen haben sie sich gemeinsam mit den Deutschen um Mussolini herum versammelt, lächeln in die Kamera und lassen sich stolz auf Erinnerungsfotos verewigen. Offenbar war der Einsatz ganz anders verlaufen, als es Skorzeny glauben machen wollte.

Unbestreitbar ist, dass der SS-Hauptsturmführer einen wichtigen Beitrag zum Gelingen der Aktion leistete. Nach dem Abfall Italiens von der »Achse« und der Verhaftung Mussolinis auf Betreiben des neuen italienischen Ministerpräsidenten Marschall Badoglio hatte sich Skorzeny auf Befehl von SS-Chef Himmler auf die Suche nach dem »Duce« gemacht. Bald war klar, dass dieser auf dem Gran Sasso versteckt gehalten wurde, und Skorzeny plante seine Befreiung vermittels einer Luftlandeaktion von SS-Männern und Fallschirmjägern.

Dies blieb auch der neuen italienischen Regierung nicht verborgen, die ihrerseits befürchtete, wegen ihres »Verrats« Ziel einer deutschen Vergeltungsaktion zu werden. Wohl aus diesem Grund kabelte man aus Rom in die Abruzzen, in Bezug auf Mussolini solle »massima prudenza« – also größte Vorsicht – angewandt werden, den Befreiern sollte kein Widerstand entgegengesetzt werden. Als dann tatsächlich die Lastensegler auf dem Gran Sasso niedergingen, waren die Italiener zwar überrascht, aber sie hatten den Befehl, auf gar keinen Fall zu schießen. Hätten sie es gewollt, wären MG-Schützen auf dem Dach des Hotels in der Lage gewesen, ein Blutbad unter den Deutschen anzurichten.

Mussolini wirkte anfangs erleichtert über die Befreiung, hatte er doch befürchtet, von Badoglio an die Alliierten ausgeliefert zu werden. Er wollte sich ins Privatleben zurückziehen, doch Hitler hatte andere Pläne: In Norditalien wurde er zum Führer der »Italienischen Sozialrepublik« ernannt – praktisch war er nun ein Gefangener der Deutschen. Ende April 1945 erschossen kommunistische Partisanen ihn und seine Geliebte Clara Pettaci, ihre Leichen wurden von einer Menschenmenge in Mailand geschändet.

Otto Skorzeny wurde sofort nach der Tat von Hitler mit dem Ritterkreuz ausgezeichnet. Auch die deutsche Wochenschau berichtete triumphierend von der Großtat deutscher »Helden« am Gran Sasso – Kameraleute hatten den Einsatz begleitet und zahlreiche Filmaufnahmen gemacht. Ganz groß im Bild war stets Skorzeny. Nach dem Krieg feilte er weiter an seinem Image als Mussolini-Befreier. Als verwegener Haudegen, der in James-Bond-Manier auftrat, wollte er in die Geschichte eingehen. Tatsächlich hätte es keines Skorzeny bedurft, um Mussolini zu befreien. Die Fallschirmjäger hätten den Auftrag auch alleine erledigt.

DIE HINRICHTUNG

Unbekannter Fotograf

Aitape (Papua-Neuguinea)

24. Oktober 1943

DIE HINRICHTUNG

Es sind die letzten Sekunden im Leben des Leonard George Siffleet: Gefesselt und mit verbundenen Augen, beobachtet von einer vielköpfigen Menge aus japanischen Soldaten und Eingeborenen, kniet der Australier vor seinem Henker. Der japanische Offizier hebt sein Samuraischwert, um die Strafe zu vollstrecken: Tod durch Enthauptung. Wenige Augenblicke später liegt Siffleets Kopf im Sand. Der Henker selbst, Yasuno Chikao, hat den Auftrag gegeben, den brutalen Akt zu fotografieren. Als das Foto ein Jahr später bei einem gefallenen japanischen Soldaten gefunden wird, geht es um die Welt – als bestürzendes Dokument japanischer Brutalität im Pazifikkrieg.

In einer Art Blitzkrieg zur See hatte das Reich der aufgehenden Sonne seit Dezember 1941 die pazifische Inselwelt mit ihren reichen Rohstoffvorkommen erobert – darunter die Philippinen, die malaiische Halbinsel, Niederländisch-Indien und Teile der ehemaligen deutschen Kolonie Neuguinea, die nach dem Ersten Weltkrieg von Australien verwaltet wurde. Japan kontrollierte damit den gesamten westpazifischen Raum und geriet so auch zur Bedrohung für das australische Mutterland.

Mitte 1942 begannen die Alliierten unter Führung der Amerikaner ihre Gegenoffensive. Die Schlachten von Midway (Juni 1942) und Guadalcanal (August 1942 und Februar 1943) markierten den Beginn der Trendwende. Insel für Insel wurde nun zurückerobert. Im Juni 1943 folgte die »Operation Cartwheel« – die Rückeroberung Neuguineas und der strategisch äußerst wertvollen Inseln des Bismarckarchipels.

Zur Strategie der alliierten Streitkräfte gehörte auch die Einrichtung von geheimen Küstenbeobachtungsstationen im feindlichen Gebiet, um besser über die Aktivitäten der japanischen Marine und Luftwaffe informiert zu sein. Auch in den Bergen oberhalb der Stadt Hollandia – gelegen im vormals niederländischen Teil von Neuguinea – wurde eine solche Station der »Coastwatcher« geplant.

Unter Leitung des holländischen Sergeants Thijs Staverman machte sich im Juli 1943 eine gemeinsame australisch-niederländische Truppe auf den Weg nach Neuguinea. Mit dabei war auch Leonard Siffleet, ein 27-jähriger Australier holländischer Abstammung. Siffleet hatte sich zwei Jahre zuvor freiwillig zu den australischen Streitkräften gemeldet, war als Funker ausgebildet und schließlich für Geheimoperationen vorgesehen worden.

Doch die Mission, zu der auch zwei Eingeborene gehörten, stand unter keinem guten Stern. Das Flugzeug, das die Einheit in die Nähe ihres Einsatzorts bringen sollte, landete in einem ganz anderen Sektor. Fast drei Monate lang schlug sich der kleine Trupp durch den Dschungel, legte dabei über 800 Kilometer zu Fuß und 350 Kilometer per Boot zurück, ehe er in der Nähe des Küstenorts Aitape anlangte, von wo aus die letzte Etappe in Angriff genommen werden sollte.

Staverman und einer der Eingeborenen namens Pattiwal trennten sich für einen Erkundungsgang vom Rest des Teams. Sie wurden entdeckt und Staverman wurde wohl ebenfalls hingerichtet, während Pattiwal fliehen konnte. Doch auch der Rest der Einheit geriet wenig später in einen Hinterhalt von Eingeborenen. Es kam zu einem Schusswechsel, wobei Siffleet einen der Angreifer verwundete. Letztlich mussten sich die Männer der Übermacht ergeben, wenig später wurden sie an die Japaner ausgeliefert. Nach zwei Wochen, nach Befragungen und Folterungen, kam es dann zur Vollstreckung des **Todesurteils** am Strand von Aitape.

Die Leichen Siffleets und seiner beiden Begleiter wurden vermutlich am Strand verscharrt – die genaue Stelle ist unbekannt.

TODESURTEIL

Es war ein Kriegsverbrechen, denn Siffleet und seine Männer waren Soldaten und hätten damit den Schutz internationaler Vereinbarungen über Kriegsgefangene genießen müssen. Doch Japan erkannte diese Verträge nicht an. Folterung und anschließende Ermordung von Gefangenen gehörten zur üblichen Praxis. Von allen alliierten Soldaten in japanischem Gewahrsam starb fast ein Drittel. Zum Vergleich: In deutscher Gefangenschaft betrug die Todesrate der Westalliierten lediglich vier Prozent, von den sowjetischen Kriegsgefangenen in deutschem Gewahrsam starb mehr als die Hälfte.

1944

DAS GRAUEN DES BOMBENKRIEGS

Unbekannter Fotograf

Deutschland

Mai/Juni 1944

DAS GRAUEN DES BOMBENKRIEGS

»Alarm, Alarm und nochmals Alarm! Man hört nichts anderes, sieht nichts anderes, denkt nichts anderes. In der S-Bahn, auf den Straßen, in Geschäften und Autobussen – überall schwirren die gleichen Gesprächsfetzen: Total ausgebombt … Dach abgedeckt … Wand eingestürzt … Fenster raus … Türen raus … **Fliegerschadenschein** … Alles verloren. Es ist, als ob für die übrigen Nöte kein Raum mehr sei«, notierte die Berliner Journalistin Ruth Andreas-Friedrich im Februar 1944 in ihr Tagebuch. Die Heimat war für die allermeisten Deutschen zur Heimatfront geworden, spätestens seit dem Beginn des Jahres 1944, in dem der Luftkrieg über Deutschland noch einmal in ungeahntem Maß zunahm. Der Alltag von mehr als 30 Millionen Menschen war von den Bombenangriffen geprägt. Den Lebensrhythmus gab das auf- und abschwellende Heulen der Luftschutzsirene vor.

FLIEGERSCHADENSCHEIN

Die im Volksmund »Fliegerschadenschein« oder »Bombenschein« genannten Formulare staatlicher Stellen bestätigten vom Luftkrieg Betroffenen ihren Status als Bombengeschädigte. Das Papier war nach einer Ausbombung Voraussetzung für die Aufnahme in Notunterkünften oder die Zuweisung von Lebensmittelkarten und Hilfsgütern.

In jenen Wochen im Frühjahr 1944 entstand auch dieses Foto, vielleicht in Mannheim, vielleicht in Düsseldorf, vielleicht auch anderswo: Ein junger Luftwaffenhelfer leitet eine Familie durch die Trümmer. Die vollkommen verstörte Frau schaut den Fotografen mit wirrem Blick an. Der Mann hält ein kleines Mädchen im Arm, das sich ängstlich an ihn klammert. Man kann nur ahnen, was die drei hinter sich haben – den Verlust des Heims, den Tod von Angehörigen? Waren sie in einem Keller verschüttet worden und konnten erst in letzter Minute vor dem Erstickungstod gerettet werden? Hat sie das bizarre Heulen des Feuersturms um den Verstand gebracht? Immerhin: Sie haben überlebt – doch um welchen Preis?

Mehr als die Hälfte aller Bomben, die über Deutschland abgeworfen wurden, fielen in den letzten zehn Kriegsmonaten. Von Norden kamen die Bomber über die Nordsee, von Süden über die Alpen, nach der Invasion der Alliierten im Sommer 1944 über Frankreich von Westen. »Nun Volk steh auf, und Sturm brich los«, hatte Propagandaminister Goebbels donnernd deklamiert – und die makabre Ironie dieses Satzes wurde Tag für Tag und Nacht für Nacht Gewissheit: Millionen Deutsche standen auf und begaben sich in die Luftschutzkeller, um dem Feuersturm der alliierten Bomber zu entgehen.

Dieter Hildebrandt berichtete später einmal: »Ich habe Leute gesehen in den Luftschutzkellern, die waren bedeckt mit Tapferkeitsorden und Nahkampfspangen, auch Offiziere. Die zitterten vor Angst. Vorne an der Front hatten sie immer gewusst, wo der Feind ist, aber hier in einem Luftschutzkeller, unter einem achtstöckigen Haus, das über einem zusammenfallen konnte, das war die schlimmste Angst von allen. Mir ist es genauso gegangen. Ich hab eine Scheißangst gehabt.«

Denn auch wer im Luftschutzkeller saß, war keineswegs sicher: Manchmal wurden ganze Straßenzüge verschüttet. Wer den Keller zu spät verließ, dem drohte der Erstickungstod, da die Brände allen Sauerstoff an sich zogen. Draußen lauerte der Tod dann in vielerlei Gestalt. Die Menschen wurden von Bomben zerfetzt, von herabstürzenden Gebäudeteilen erschlagen, verbrannten im Feuersturm zu unkenntlichen Krüppeln.

Nach dem Willen der Alliierten sollte der Luftkrieg gegen deutsche Städte den Widerstand der Zivilbevölkerung gegen das NS-Regime provozieren. Gerade in den von Bombenangriffen besonders betroffenen Gebieten begann für viele Deutsche tatsächlich die innere Abkehr vom Nationalsozialismus. Doch die klare Opposition, das offene Aufbegehren gegen das Regime, auf das die Alliierten gehofft hatten, hat es nicht gegeben. Die meisten Deutschen haben den Luftkrieg gegen ihr Land in gelähmtem Entsetzen ertragen. In ohnmächtiger Verzweiflung richteten sie sich in der ständigen Bedrohung ein, in der Hoffnung, dass es »eines Tages« schon ein Ende haben und man dieses Ende selbst noch erleben werde.

TATORT AUSCHWITZ

Ernst Hofmann/Bernhard Walter
Auschwitz (Polen)
26. Mai 1944

TATORT AUSCHWITZ

Lili Jacob traute ihren Augen kaum. Völlig entkräftet war sie zusammengebrochen, als die Amerikaner am 11. April 1945 das Konzentrationslager Mittelbau-Dora befreit hatten. Ihre Leidensgenossen hatten sie daraufhin in eine bis dahin von SS-Bewachern bewohnte Kaserne gebracht und in einem der Zimmer auf ein Bett gelegt. Ihr war kalt geworden und sie hatte im Nachtschränkchen nach etwas zum Zudecken gesucht. Sie fand eine Schlafanzugjacke – und darunter ein **Fotoalbum**. Als sie die Aufschrift las, klopfte ihr das Herz bis zum Hals – in penibler Schönschrift stand da geschrieben: »Umsiedlung der Juden aus Ungarn«.

DAS ALBUM

Zwei zentrale Fragen konnten bis heute nicht geklärt werden: Wer ließ das Album anlegen und warum? Es sei ein Andenken an einen »Heinz«, steht auf dem Titelblatt. Doch wer war dieser Mann? Immerhin konnte geklärt werden, wer die Aufnahmen gemacht hat: Es handelte sich um die beiden offiziellen SS-Lagerfotografen Bernhard Walter und Ernst Hofmann. Schon 1946 wurden einzelne Fotos aus dem Album erstmals veröffentlicht. Im Frankfurter Auschwitz-Prozess von 1965 spielte es eine wichtige Rolle als Beweismittel. 1980 übereignete Lili Jacob es der Holocaust-Gedenkstätte Yad Vashem.

Mit zitternden Händen schlug sie das Album auf – und erblickte als Erstes den Rabbiner ihrer Heimatstadt, den Mann, der ihre Eltern getraut hatte. Sie blätterte weiter und fand Bilder ihrer ganzen Familie, von ihrer Tante und deren fünf Kindern, ihren Großeltern, ihren Eltern und ihren beiden jüngsten Brüdern. Sie entdeckte sogar sich selbst in der Menge. Die Erkenntnis traf sie wie ein Keulenschlag: Außer ihr hatte niemand von ihnen überlebt, sie allein war noch übrig. »Da fühlte ich«, gab sie später zu Protokoll, »dass das der einzige Besitz war, der mir geblieben war.«

Lilis Brüder Zeilek und Zril, neun und elf Jahre alt, die beiden Jungen auf diesem Foto, und Lili Jacobs ganze übrige Familie – sie gingen an diesem 26. Mai 1944 wie die Mehrzahl aller Neuankömmlinge von der Rampe direkt in den Tod. Noch am Bahnsteig entschied der SS-Arzt: rechts Hölle, links Grab. Einziges Kriterium für Wert oder Unwert des Lebens war seine Verwertbarkeit, als Arbeitskraft oder medizinisches Versuchsobjekt. Mit tödlicher Präzision arbeitete die Vernichtungsfabrik

Auschwitz: Ausziehen im Entkleidungsraum, dann in großen Gruppen und nackt in die Gaskammern. Sie würden geduscht und desinfiziert, log man den Opfern vor. Alles musste effektiv und reibungslos gehen. »Nur kein Geschrei und kein Gehetze«, schrieb Kommandant Rudolf Höß 1947 in polnischer Untersuchungshaft. »Wenn sich einige nicht ausziehen wollten, mussten schon Ausgezogene helfen oder die vom Sonderkommando.«

In Sanitätsfahrzeugen wurde das todbringende Blausäurepräparat Zyklon B angeliefert, die Mörder waren Sanitätsdienstgrade der SS, »ausgebildete Desinfektoren«, nannte sie Höß. Die Opfer starben in den unterirdischen »Duschräumen«, die zur Tarnung mit Brausen und Wasserleitungen versehen waren, einen qualvollen Tod. Höß berichtet in seinen Aufzeichnungen: »Man kann sagen, dass ungefähr ein Drittel sofort tot war. Die anderen fingen an zu taumeln, zu schreien und nach Luft zu ringen. Das Schreien ging aber bald in ein Röcheln über, und in wenigen Minuten lagen alle.«

So wurden Millionen von Männern, Frauen, Kindern aller Altersgruppen, aller Nationalitäten, unterschiedlichster Herkunft wahllos und gnadenlos erstickt. Eine rationale Erklärung für das Morden gibt es nicht. Der Vernichtungswille entsprang einem Wahn: »Die Juden sind die natürlichen Feinde des deutschen Volkes und müssen ausgerottet werden … Gelingt es uns jetzt nicht, die biologischen Grundlagen des Judentums zu zerstören, so werden einst Juden das deutsche Volk vernichten.« Primitivster Sozialdarwinismus aus dem Munde des SS-Führers Heinrich Himmler, der Adolf Hitlers pathologischen Judenhass verinnerlicht hatte und in Taten umsetzte.

Für das Vernichtungswerk ist kein anderer Ortsname so sehr zum Synonym geworden wie »Auschwitz«. Es war nicht das einzige Vernichtungslager der Deutschen: Auch in Belzec, Treblinka, Sobibor, Kulmhof und Majdanek starben und litten die Opfer des nationalsozialistischen Rassenwahns. Doch Auschwitz war der Hauptort des Holocausts, ein Jahrhundert-Tatort.

Von 1942 an rollten die Todeszüge unablässig in die Vernichtungslager. Land für Land wurde seiner jüdischen Bevölkerung beraubt. Als die Mordmaschinerie 1943 und 1944 auf Hochtouren lief, waren fünf Krematorien und Gaskammern in Betrieb. Täglich konnten dort 9000 Menschen umgebracht und ihre Überreste beseitigt werden. Mit der

Deportation der 438 000 Juden aus Ungarn im Sommer 1944 erreichte die planmäßige Ausrottung ihren grauenvollen Höhepunkt. Die Schornsteine von Auschwitz rauchten Tag und Nacht.

Die Habseligkeiten, die die Menschen mit ins Lager brachten, wurden beschlagnahmt und kamen ins KZ-Magazin. Alles wurde gesammelt und wiederverwertet – Raubgut als Ressource im »Totalen Krieg«, Material fürs Winterhilfswerk, Hilfe für ausgebombte Volksgenossen. Selbst das Zahngold der Ermordeten wurde umgeschmolzen und in handelsüblichen Barren an die Reichsbank übergeben, das abgeschorene Haar der Opfer wurde an Industriebetriebe verkauft.

Wer an der Rampe nicht ins Gas geschickt wurde, wie Lili Jacob, sollte einen langsamen Tod sterben: Vernichtung durch Arbeit. 34 deutsche Unternehmen unterhielten Produktionsanlagen in der Umgebung von Auschwitz. Für das Wirtschafts- und Verwaltungshauptamt der SS war dies eine üppige Einnahmequelle, für Unternehmen wie die IG Farben oder Krupp ein profitables Geschäft: Für drei bis sechs Mark, die an die SS gingen, konnten sie über die Arbeitssklaven einen Elfstundentag lang frei verfügen.

Die Arbeit wurde zur Qual: Die KZ-Häftlinge waren in ihren dünnen blau-weiß gestreiften Drillichen jeglicher Witterung ausgesetzt, sie waren ständig unterernährt und wurden systematisch erniedrigt. Die Häftlinge waren im Stammlager in ungeheizten steinernen Hallen oder Holzbaracken untergebracht, eingepfercht wie die Tiere. Sie schliefen in dreistöckigen Verschlägen, jeweils zwei, vier oder mehr Häftlinge auf einer Pritsche; als Unterlage diente nur vermodertes Stroh, verschmutzt vom ständigen Hungerdurchfall. Zerlumpte Decken schützten kaum vor der Kälte. Stundenlange morgendliche Zählappelle machten die Zwangsarbeiter schon mürbe, bevor sie in langen Kolonnen zur Arbeit zogen.

Freiheit von täglichen Qualen brachte oft nur der Tod. Er hatte viele verschiedene Gesichter und Namen im Lager: Hunger, Seuchen, Entkräftung, Erschießungen, Folterungen, der Elektrozaun und die Mordlust der Aufseher machten das Sterben alltäglich.

Das Vorrücken der sowjetischen Front bewog die SS, Auschwitz aufzugeben und die überlebenden Häftlinge zu »evakuieren« – darunter auch Lili Jacob, die über Schlesien und das Sudetenland nach Mittelbau-Dora gelangte. Dem Feind sollte kein lebender Zeuge der Todesmaschinerie in die Hände fallen. Die Krematorien und Gaskammern wurden gesprengt, 7000 Kranke und Marschunfähige ließ man beim überstürzten Abzug zurück, genau wie Hunderte von verwesten Leichen, die man nicht hatte beseitigen können. Am 27. Januar 1945 wurde das Lager von der Roten Armee befreit.

Seit 1942 waren in Auschwitz etwa eine Million Juden durch Giftgas ermordet worden. Über 200 000 andere, nichtjüdische Häftlinge starben durch Seuchen, Kälte, Hunger und Misshandlungen. Die Bilanz verlieh dem größten Konzentrationslager der Nazis eine grauenvolle Einzigartigkeit: Auschwitz ist das Synonym für alles, was der Mensch dem Menschen antun kann.

DER LÄNGSTE TAG

Robert F. Sargent

Bei Colleville-sur-Mer (Frankreich)

6. Juni 1944

DER LÄNGSTE TAG

Es ist eines von 4126 alliierten Landungsbooten, die an jenem Morgen Kurs auf die Calvados-Küste nehmen: Die Bugklappe öffnet sich und das Foto hält den Moment fest, in dem die Männer der Kompanie E des 16. US-Infanterieregiments das Boot verlassen haben und versuchen, das französische Festland zu erreichen. »Into the Jaws of Death« (»In den Rachen des Todes«) hat U. S. Coast Guard-Fotograf Robert F. Sargent sein Bild genannt – ein mehr als passender Titel. Denn die deutsche Artillerie hat aus allen Rohren das Feuer eröffnet. Granatwerfer bellen, Pak schießt. Im brusthohen Wasser waten die mit Munition und Ausrüstung schwer beladenen Männer ohne Deckung langsam an Land und sind dabei ideale Zielscheiben. Es ist ein Inferno: Maschinengewehrsalven mähen Hunderte nieder. Zwei Drittel der Kompanie werden die nächsten Minuten nicht überleben.

Es war Dienstag, der 6. Juni 1944 – »D-Day«, »Doomsday«, der Tag des »Jüngsten Gerichts«. Die Alliierten traten zum Sturm auf die »Festung Europa« an, um gegen Hitler die **zweite Front** auf dem Kontinent zu eröffnen. An fünf Küstenstreifen stürmte eine Streitmacht von über 150 000 Mann an Land. Im amerikanischen Angriffsabschnitt »Omaha« tobte ein Inferno – in den Sektoren »Utah«, »Cold«, »Juno« und »Sword« stießen die Soldaten auf weniger Gegenwehr der Deutschen. Insgesamt bestand die Invasionsarmee aus 2,8 Millionen Mann. Das Hauptkontingent stellten Amerikaner, Briten und Kanadier, unterstützt von französischen und polnischen Einheiten. Sechshundert Kriegsschiffe eskortierten die Landungstruppen.

DIE ZWEITE FRONT

Schon 1942 hatte Stalin die Errichtung einer zweiten Front gefordert. Für ihn war eine zweite Front nur in Frankreich akzeptabel: Allein von dort aus konnte das Deutsche Reich wirklich im Rücken angegriffen und in einen Zwei-Fronten-Krieg verwickelt werden. Doch die Westmächte zögerten ihre Entscheidung immer wieder hinaus. Während ihrer Konferenz in Washington im Mai 1943 einigten sich Roosevelt und Churchill auf eine Invasion in Frankreich – in der Normandie. Doch erst in Teheran (November 1943) weihten die beiden westlichen Regierungschefs den sowjetischen Bundesgenossen ein. Es war das Ende eines langen Versteckspiels, das zu starken Spannungen zwischen den »Großen Drei« geführt hatte.

Schon gegen drei Uhr morgens bebte in der Normandie die Erde. Tausende alliierte Flieger klinkten ihre tödliche Fracht aus. Meter um Meter Boden wurde umgepflügt, Dämme, Dünen und Strände wurden regelrecht aufgewühlt. Die Küste verwandelte sich in eine Hölle aus Feuer und Rauch. Etwa 2500 Bomber und 7000 Jagdflugzeuge garantierten uneingeschränkte Luftherrschaft. Bei Tagesanbruch setzte der Beschuss von der Seeseite her ein. Schwere Schiffsgeschütze nahmen die deutschen Befestigungen unter Feuer. Viele Batteriestellungen barsten wie Zigarrenkisten. Im Hinterland errichteten Fallschirmspringer Brückenköpfe. Um 6:30 Uhr erreichten schließlich die ersten Landungsboote den Strand.

Die Normandie bot viele Vorteile für einen Großangriff. Erstens lag sie in Reichweite der in Südengland stationierten Jagdflieger, zweitens waren die Küstenverhältnisse zwischen Cherbourg und Le Havre günstig für eine Landung und drittens war davon auszugehen, dass das deutsche Oberkommando die Invasion an der engsten Stelle zwischen Frankreich und England erwartete, am Pas de Calais. Die Alliierten sollten mit dieser Vermutung recht behalten.

Als die gigantische Flotte in der Morgendämmerung vor der Calvados-Küste auftauchte, war für die deutschen Beobachtungsposten klar: Die schon lang erwartete Invasion begann. Der 22-jährige Leutnant Werner Fiebig traute seinen Augen nicht: »Als der Tag anbrach, erkannten wir auf See die dunklen, unheilvollen Umrisse einer Masse großer Schiffe. Es waren so viele, dass das Meer fast schwarz aussah. Als es heller wurde, lösten sich aus dieser Masse Truppentransporter, Landungsschiffe und Hunderte von Sturmbooten, sie kamen direkt auf uns zu.«

Die Meldungen an das deutsche Oberkommando überschlugen sich an jenem Morgen, doch ausgerechnet die wichtigsten Nachrichten schienen ihre Empfänger nicht erreicht zu haben. In den Stäben der beiden Oberkommandierenden, der Generalfeldmarschälle Rommel und von Rundstedt, herrschte Verwirrung. Rommel befand sich auf Heimaturlaub, andere hochrangige Kommandeure waren unterwegs nach Rennes zu einer Lagebesprechung. In den Morgenstunden des 6. Juni gab es keinerlei Kontakte zwischen den obersten Befehlshabern und Hitler. Und als dieser dann von der Invasion erfuhr, war er trotzdem nicht vom Ernst der Situation zu überzeugen. Die alliierte »Abwehr« hatte ganze

Arbeit geleistet. Noch Tage später hielt er an seiner fixen Idee fest, dass die Hauptlandung bei Calais stattfände.

Tatsächlich war sie in der Normandie schon längst im Gange. Hier tobte die Entscheidungsschlacht. Anders, als die Alliierten hofften, waren durch Beschuss und Bombardements keineswegs alle Bastionen des »Atlantikwalls« zerstört. Während die Amerikaner im »Utah«-Abschnitt leichtes Spiel hatten, blieb ihr Angriff östlich von Vierville-sur-Mer im MG- und Mörserfeuer stecken. Der Zufall kam den Deutschen zu Hilfe: Die 352. Infanteriedivision hatte im »Omaha«-Abschnitt eine Übung. Sie war sofort gefechtsbereit und konnte die Küstenbefestigungen trotz des Bombenhagels halten.

Riesige Anlagen aus Stahl und Beton hatte Rommel errichten lassen: ein System aus Hunderten von Bunkern, Unterständen sowie Küstenartillerie mit schweren Geschützen, Stacheldrahtverhauen, Unterwasserhindernissen für Panzer, mit Minenfeldern und Flammenwerferstellungen. Viele GIs blieben schon im Stacheldraht der Vorstrandhindernisse hängen. Landungsboote wurden aufgeschlitzt und versanken in der tobenden See. MG-Garben aus den Bunkeröffnungen hämmerten in die Reihen der Angreifer hinein, schweres Artilleriefeuer von Stellungen landeinwärts zielte genau auf die Strände. Der deutsche Widerstand war so erbittert, dass General Bradley den Strand zunächst wieder räumen wollte. Erst bei Einbruch der Nacht gelang es einigen Stoßtrupps, sich bis zur Küstenstraße vorzukämpfen. Die »Hölle von Omaha« aber kostete fast 2000 Soldaten das Leben.

Briten und Kanadier kamen schneller voran. Besonders in ihren Landeabschnitten hatte das gewaltige Bombardement durch Flieger und Schiffsartillerie Wirkung gezeigt. Dank ihrer uneingeschränkten See- und Luftherrschaft erzielten die Alliierten schon am ersten Tag große Landgewinne. Der britische Brückenkopf zwischen »Juno« und »Gold« Beach hatte eine Breite von 25 Kilometern und eine Tiefe von 10 Kilometern. Der amerikanische Brückenkopf hinter »Utah« erreichte eine Breite von 15 Kilometern und von 4 Kilometern Tiefe.

Zwar hatten die Alliierten nicht alle Ziele erreicht, doch die beiden Befehlshaber Eisenhower und Montgomery konnten mit dem Ergebnis zufrieden sein. Der Sprung auf den Kontinent war geglückt. Am 10. Juni gelang es den Invasionstruppen, die Deutschen aus dem gesamten Küstenabschnitt zu verdrängen und ihre Landeabschnitte miteinander zu verbinden. Künstliche Häfen wurden errichtet, Tag für Tag riesige Mengen an Kriegsmaterial und Truppen ausgeladen. Die gewonnene Frontlinie wurde Ausgangsbasis für die entscheidenden Offensiven in Richtung Süden und Westen. Die zweite Front, die die Alliierten ihren sowjetischen Verbündeten versprochen hatten, war Wirklichkeit geworden.

Der Blutzoll aber war hoch. Bis Ende Juli zählten die Deutschen 117 000 Tote und Verletzte gegenüber 120 000 auf alliierter Seite. Hitler hatte einmal gesagt, dass der Krieg verloren sei, falls es dem Feind gelänge, in Frankreich Fuß zu fassen. Jetzt, da die Invasion gelungen war, wollte er davon nichts mehr wissen. Er zeigte sich davon überzeugt, den »längsten Tag« rückgängig machen zu können. Doch die Befreiung Westeuropas war nur noch eine Frage der Zeit.

DAS BABY VON SAIPAN

W. Eugene Smith
Saipan (Nördliche Marianen, Pazifik)
Juli 1944

DAS BABY VON SAIPAN

Mitten im Chaos der Kämpfe hält der US-Marine plötzlich das Baby in den Händen. Der kleine Körper ist übersät mit Narben, die Augen sind vereitert und voller Fliegen und Würmer, der Kopf ist an einer Seite eingedellt. Doch es lebt! »Was zum Teufel sollen wir mit dem Kind machen?«, ruft der Mann am Fuß des Abhangs. »Ich glaube, wir müssen es in Gottes Hände legen«, flüstert der andere, der das Kind sorgsam in den Armen hält. Doch das kleine Wesen ist so schwach, wäre es da nicht besser, ihm eine Kugel in den Kopf zu jagen, um seine Qualen zu beenden? »Wir hofften, dass es einfach sterben würde«, sagt der Fotograf.

Im Sommer 1944 hatte sich der Krieg im Fernen Osten ebenso wie in Europa längst zugunsten der Alliierten gewendet. Japan stand nach den Niederlagen von Midway (Juni 1942) und Guadalcanal (August 1942 und Februar 1943) mit dem Rücken an der Wand. Im November 1943 begannen die Amerikaner dann ihre Gegenoffensive und überrollten nun Insel für Insel des japanischen Machtbereichs im Südwest- und Zentralpazifik. Der wichtigste Eckstein war die Eroberung der Marianen-Inseln Saipan, Tinian und Guam im Zentralpazifik. Die Inselgruppe wurde von den Japanern besonders heftig verteidigt, da amerikanische Langstreckenbomber von hier aus das japanische Mutterland bombardieren konnten.

Die Amerikaner hatten mittlerweile viel Erfahrung in der Durchführung amphibischer Operationen. Ihre Trägerflugzeuge gewannen über den Marianen die absolute Luftherrschaft und vernichteten die japanischen Maschinen, die auf den Inselflugplätzen stationiert waren. Dann schossen US-Schlachtschiffe die Verteidigungsstellungen sturmreif. Unter ihrem Feuerschutz landeten am Morgen des 15. Juni die ersten »Ledernacken« – US-Marine-Infanteristen – auf Saipan. Die Amerikaner igelten sich zunächst ein, um die Insel dann Stück für Stück einzunehmen.

Sie trafen auf erbitterten Widerstand der Verteidiger, die sich ohne Rücksicht auf Verluste wehrten. Gefangene wurden kaum gemacht, da die japanischen Soldaten bis zum letzten Mann ausharrten und eher »Harakiri« begingen, als in Gefangenschaft zu gehen, die als die schlimmste Schande galt. In selbstmörderischen Gegenangriffen kamen so Tausende japanische Soldaten ums Leben.

Als nach drei Wochen harter Kämpfe auf Saipan der letzte Widerstand abflaute, war praktisch die gesamte japanische Inselgarnison, etwa 27 000 Mann, vernichtet. Auch die Befehlshaber der japanischen Truppen überlebten den Kampf nicht. General Saito beging am 9. Juli Selbstmord durch Harakiri, Admiral Chuchi erschoss sich am gleichen Tag.

Und auch die schätzungsweise 20 000 japanischen Zivilisten, die sich auf der Insel befanden, gingen lieber in den Tod, als sich in die Hände der Amerikaner zu begeben. Dafür hatte die japanische Propaganda gesorgt, die die Marines als blutrünstige und folternde Bestien darstellte. Tausende Frauen und Kinder stürzten sich an der felsigen Nordspitze der Insel ins Meer; manche, die sich weigerten, wurden von ihren eigenen Landsleuten hinterrücks erschossen.

Auch dem Baby, das der Fotograf W. Eugene Smith sowie die beiden Marines Johnny Popham (er war derjenige, der es in seinen Armen hielt) und Paul White auf Saipan entdeckten, war wohl dieses Schicksal zugedacht. Vielleicht brachten es seine Eltern aber dann doch nicht übers Herz, das Kleine von eigener Hand zu töten, und ließen es lieber allein zurück. Ihre Leichen jedenfalls wurden wenige Meter entfernt von der Stelle gefunden. Ob das Baby, das die Marines ins Lazarett brachten, überlebt hat, ist unbekannt.

W. EUGENE SMITH

William Eugene Smith (1918–1978) wollte sich als Kriegsfotograf nicht in den Dienst der Propaganda stellen, sondern mit aufrüttelnden Aufnahmen zeigen, was Krieg wirklich bedeutet. Er machte 13 Landungsoperationen im Pazifik mit, ehe er schwer verwundet wurde. Sein Credo lautete: »Die Fotografie hat im besten Fall eine leise Stimme, aber manchmal – nur manchmal – kann ein Foto oder eine Reihe von Bildern uns etwas bewusst wahrnehmen lassen. Vieles hängt vom Betrachter ab; manche Fotos rufen genug Gefühle hervor, um auch in das Denken vorzudringen.«

STAUFFENBERG UND HITLER

Unbekannter Fotograf
Wolfsschanze
15. Juli 1944

STAUFFENBERG UND HITLER

Es ist ein Moment, in dem sich Geschichte auf einen Augenblick verdichtet. 15. Juli 1944: Claus Graf Schenk von Stauffenberg, Chef des Stabes im Allgemeinen Heeresamt der Wehrmacht, ist zu einer Lagebesprechung ins »Führer«-Hauptquartier »Wolfsschanze« nach Ostpreußen befohlen worden. Gegen 13 Uhr begibt er sich mit seinem Vorgesetzten, Generaloberst Friedrich Fromm, und anderen Militärs zu Fuß zum »Führersperrkreis«. Kurz vor der Lagebaracke bleibt die Gruppe stehen – Hitler kommt mit seinem Marineadjutanten und einem Sicherheitsbeamten heran. Stauffenberg nimmt Haltung an, da geschieht das Unglaubliche: Der Diktator schüttelt seinem Attentäter die Hand! Ein Fotograf drückt Sekundenbruchteile danach auf den Auslöser seiner Kamera. Stauffenberg steht in Habachtstellung neben Hitler, während dieser General Karl-Heinrich Bodenschatz begrüßt. Der Verschwörer blickt starr geradeaus – welche Gedanken mochten ihm in diesem Moment durch den Kopf gehen?

Denn Stauffenberg, Spross einer alten bayerisch-württembergischen Adelsfamilie, wollte Hitler töten. Ein Mord, um weitere Morde zu verhindern. Das Land vom Tyrannen befreien, dem Erzfeind der Deutschen, dem Erzfeind der Menschheit. Die Diktatur beseitigen. Den Krieg beenden. Und dann? Stauffenberg war kein lupenreiner Demokrat. Doch was er wollte für die neue Ordnung nach der Tyrannei, war ein Land des Rechts und der Gerechtigkeit. Ein Land, das wieder auf der Tradition von Goethe, Schiller, Bach aufbaute – nicht auf braunem Ungeist.

»Derjenige, der etwas zu tun wagt, muss sich bewusst sein, dass er wohl als Verräter in die deutsche Geschichte eingehen wird. Unterlässt er jedoch die Tat, dann wäre er ein Verräter vor dem eigenen Gewissen.«

STAUFFENBERG

Vorbestimmt war ihm sein Einsatz nicht. Als Hitler die ihm übergebene Macht ergriff, begrüßte Stauffenberg, der Offizier, die Aufrüstung – verhieß sie doch ihm und seinen Kameraden eine strahlende Zukunft. Später war er fasziniert von Hitlers

Erfolgen, doch Gefolgsmann wurde er nicht. Als Hitler 1939 die sogenannte »Rest-Tschechei« zerschlug, prophezeite der junge Offizier: »Der Narr macht Krieg!« Erst der Vernichtungskrieg in der Sowjetunion trieb Stauffenberg zum Äußersten: das Wissen um die vielen Morde hinter der Front, und nach der Niederlage in der Schlacht vor Moskau auch das Wissen um die hohen Verluste der Wehrmacht. 1942 sprach er zum ersten Mal davon, dass es nur einen Weg gebe, um Hitler Einhalt zu gebieten: ihn zu töten.

Er selbst war dazu, rein physisch betrachtet, der falsche Mann: Bei einem britischen Fliegerangriff 1943 in Tunesien verlor er sein linkes Auge, seine rechte Hand sowie zwei Finger seiner Linken. Ein Krüppel sollte Hitler töten? Für Stauffenberg kein Hindernis: »Es wird Zeit, dass ich das Deutsche Reich rette«, meint der Genesende im Lazarett zu seiner Frau Nina, die erwiderte: »Dazu bist du in deinem Zustand der Richtige!«

Eigentlich hätte es ein anderer tun sollen. Doch den übrigen Verschwörern, die im »Führerhauptquartier« zu Hitler Zugang hatten – wie die Generäle Fellgiebel und Stieff –, fehlte im entscheidenden Augenblick der Mut. Er aber wagte es, weil sich kein anderer bereitfand. Allein das macht ihn zu einem Helden. Freilich fragte er noch nach der Invasion der Alliierten in der Normandie im Juni 1944 seinen Mentor Henning von Tresckow, den Kopf der Verschwörung, ob das geplante Attentat denn angesichts der Kriegslage überhaupt noch sinnvoll sei. Solle man den blutigen Tyrannen nicht einfach ins Verderben rennen lassen? Die historische Antwort: »Das Attentat muss erfolgen … Denn es kommt nicht mehr auf den praktischen Zweck an, sondern darauf, dass die deutsche Widerstandsbewegung vor der Welt und vor der Geschichte den entscheidenden Wurf gewagt hat. Alles andere ist daneben gleichgültig.«

Dafür war Stauffenberg bereit, notfalls das eigene Leben einzusetzen. Er wusste um das Risiko für seine Familie. Doch: »Es geht nicht um meine Kinder oder meine Frau, sondern um das ganze deutsche Volk.« Solches Denken mutet manchem heute fremd an, doch für die Verschwörer war es die treibende Kraft: Ehre, Treue, Gewissen, Moral. Sie wollten nicht nur ihre eigene Ehre retten, sondern auch die Ehre eines Volkes von Mitläufern. Die meisten hatten dem Regime am Anfang voller Begeisterung gedient, und manche waren in die Untaten verstrickt gewesen. Doch nun wollten sie zeigen, dass nicht alle Deutschen hinter solchem Wahnsinn standen.

Stauffenberg begann, die Unterlagen der »Operation Walküre« umzuarbeiten, eines zur Abwehr innerer Unruhen gedachten Geheimplans. Im Falle des Gelingens hätten so selbst die Gegner des Putsches im Sinne der Verschwörer gehandelt.

Am 15. Juli 1944 war Stauffenberg entschlossen, die Bombe zu zünden. Ohne die Anwesenheit von SS-Führer Himmler versagten die verbündeten Generäle ihre Unterstützung. Als Stauffenberg sich über ihre Einwände hinwegsetzen wollte, war es zu spät. Hitler hatte die Besprechung bereits verlassen.

Fünf Tage später kam die nächste, vielleicht letzte Chance. Wieder wurde Stauffenberg in die Wolfsschanze beordert. Diesmal war er entschlossen, das Attentat auf jeden Fall auszuführen – egal, ob Himmler anwesend war oder nicht. Kurz vor der Lagebesprechung begab sich Stauffenberg in einen Aufenthaltsraum. Gemeinsam mit seinem Adjutanten Werner von Haeften plante er, dort die beiden Bomben scharf zu machen, die er in einer Aktentasche bei sich trug.

Unter dieser enormen Anspannung gelang es Stauffenberg, die erste Bombe vorzubereiten. Noch ehe er jedoch die zweite aktivieren konnte, wurde die Tür aufgestoßen und ein Adjutant verlangte, Stauffenberg zu sprechen. Der ließ rasch die scharfe Bombe in seine Aktentasche gleiten. Das zweite, nicht aktivierte Sprengstoffpaket nahm Haeften überstürzt an sich. Es war dies der fatale Fehler, der das Attentat auf Hitler schließlich scheitern ließ. Denn bei der Explosion der ersten Sprengladung wäre auch die zweite Packung hochgegangen. Beide Packungen zusammen hätten ausgereicht, alle Teilnehmer der Lagebesprechung zu töten.

Als Stauffenberg in der Lagebaracke eintraf, hatte die Besprechung bereits begonnen. Stauffenberg bat um einen Platz in der Nähe des »Führers« an der Längsseite des Kartentisches, der dem kriegsversehrten Offizier bereitwillig gewährt wurde. Seine Tasche stellte er unter dem Tisch ab, wo sie ein schwerer Sockel von Hitlers Platz trennte. Wenig später murmelte er etwas von einem dringenden Telefongespräch und verließ den Raum. Von diesem Moment an war er auf der Flucht. Wenig später zerriss eine gewaltige Detonation die Luft.

Was wäre geschehen, wenn sein Attentat geglückt wäre? Wenn die Bombe unter dem Kartentisch ihr Zielobjekt zerrissen hätte? Die Forderung der Alliierten nach bedingungsloser Kapitulation stand unumstößlich fest, genauso wie die Aufspaltung des Reiches in Besatzungszonen, die Amputation Ostdeutschlands und die Vertreibung seiner Menschen.

Eine provisorische Regierung der Verschwörer hätte den Krieg beenden müssen, so oder so. Dann hätten Millionen von Soldaten an den Fronten in Europa nicht mehr sterben müssen. Allein auf deutscher Seite sind von August 1944 bis Mai 1945 mehr Menschen umgekommen als im ganzen langen Krieg zuvor. Dann wären Hunderttausende von Juden nicht mehr in die Gaskammern getrieben worden – der Holocaust hielt ja noch an. Und viele schöne Städte wären heil geblieben: Würzburg, Dresden und noch über hundert andere. Ein gelungener Tyrannenmord an Hitler hätte seinen Sinn gehabt.

DER MARSCH DURCH MOSKAU

Unbekannter Fotograf
Moskau (Russland)
17. Juli 1944

DER MARSCH DURCH MOSKAU

Ein langer Zug deutscher Soldaten – verhärmt, abgemagert, die Gesichter ausdruckslos und leer. Bewacht von sowjetischen Offizieren, hoch zu Ross und mit stolzgeschwellter Brust. Am Straßenrand Zivilisten – Männer, Frauen, Jugendliche. Viele haben die Fäuste geballt, stoßen Flüche und Verwünschungen gegen die deutschen »Faschisten« aus. Moskau, 17. Juli 1944: In einem Triumphzug nach römischer Feldherrenart lässt der sowjetische Diktator Stalin fast 60 000 deutsche Kriegsgefangene durch die Straßen der sowjetischen Hauptstadt führen.

Am 22. Juni 1944 – symbolträchtig am dritten Jahrestag des deutschen Überfalls auf die Sowjetunion – hatte die Rote Armee mit starken Truppen die Front der Heeresgruppe Mitte durchbrochen und diese von Norden nach Süden aufgerollt. 150 000 deutsche Soldaten waren in Gefangenschaft geraten. Einer von ihnen war Hans Kampmann, 22-jähriger Leutnant der Artillerie. Die Sowjets nahmen ihm alle Wertgegenstände ab, ansonsten aber behandelten sie ihn zu seiner großen Überraschung freundlich. »Man hatte uns immer eingebläut, dass eine Gefangenschaft unser Ende bedeuten würde. Man warnte uns immer wieder: ›Die bringen euch um‹. Das hatte viele zum Selbstmord getrieben.«

Kampmann und seine Kameraden wurden in Lagern gesammelt, dann in Eisenbahnwaggons verladen und nach Moskau gebracht, wo sie mit Zehntausenden anderen auf dem Gelände einer Trabrennbahn interniert wurden. Die Gefangenen mussten unter freiem Himmel schlafen, als Latrinen dienten ein paar rasch ausgehobene Erdlöcher. Tagsüber herrschte brütende Hitze, nachts prasselten Gewittergüsse auf sie nieder. Bald brachen Krankheiten wie die Ruhr aus.

Drei Jahre zuvor, im Sommer 1941, hatten deutsche Wochenschaubilder besonders verwahrloste oder körperlich versehrte sowjetische Kriegsgefangene als »Untermenschen« vorgeführt. Jetzt suchten sowjetische Kameraleute unter den von Hunger, Krankheit und Schmutz gezeichneten Deutschen nach besonders abschreckenden Exemplaren der selbst ernannten »Herrenrasse«.

Nach einigen Tagen mussten sich die Kriegsgefangenen zum großen Propagandamarsch durch die Stadt formieren. Hans Kampmann erinnert sich: »Es entstand eine endlos lange Reihe; ich stand in der zehnten Reihe. Auf einmal kam ein Lkw, der einige deutsche Generale heranbrachte. Sie wurden vor uns aufgestellt. Ich konnte alles aus nächster Nähe betrachten.«

Die Schlange setzte sich in Bewegung. Es ging durch die Straßen der Metropole, über den Roten Platz und am Kreml vorbei. »Viele Gefangene waren sehr abgemagert und hager im Gesicht, einige hatten nur Unterhosen an, manche liefen ohne Strümpfe, ohne Schuhe«, so Kampmann. »Diejenigen, die während des feuchtheißen Wetters an Ruhr erkrankt waren, mussten während des Marsches ihr Bedürfnis auf der Straße verrichten ... Mit sehr bangen Blicken rechts und links, zu den Bürgersteigen und nach oben zu den Fenstern schlichen wir langsam als Besiegte durch die Straßen. Überall standen Russen. Die meisten betrachteten uns schweigend, wenn auch ab und an ein Blumentopf von den umliegenden Fenstern und Balkonen gestoßen wurde.«

Fünf Stunden dauerte der Propagandaspuk, dann wurden die Gefangenenmassen aufgeteilt, zu den Bahnhöfen geleitet und wieder verladen. Sie tauchten nun ab in die Welt des Archipel GUPVI – die Lager der Hauptverwaltung der Kriegsgefangenen und Internierten. Der beständige Kampf um Nahrung und Kleidung, um einen besseren Arbeits- und Schlafplatz bestimmte nun ihr Leben. Hunderttausende gingen elend zugrunde, nur ein Bruchteil kehrte in die Heimat zurück – zum Teil erst über zehn Jahre später.

NACH DEM ATTENTAT

Heinrich Hoffmann
Wolfsschanze
20. Juli 1944

NACH DEM ATTENTAT

Hitlers »Führer«-Hauptquartier Wolfsschanze nach dem Attentat: Noch leicht benommen, die Hände gefaltet, um seinen schmerzenden rechten Arm zu stützen, lässt sich Hitler am Nachmittag des 20. Juli 1944 mit seinen engsten Mitarbeitern fotografieren.

Gegen 12:45 Uhr war in der Lagebaracke die Bombe Stauffenbergs explodiert – eine gewaltige Detonation zerriss die Luft. Aus der Lagebaracke schoss eine dunkle Rauchwolke hervor, angekohlte Trümmer wirbelten durch die Luft. Im Besprechungsraum schleuderte die Druckwelle alle Anwesenden zu Boden. Es herrschte ein heilloses Chaos aus Qualm, Scherben und zersplittertem Holz.

Stauffenberg, der die Besprechung kurz zuvor unter einem Vorwand verlassen hatte, hatte die Explosion von außen beobachtet. Er konnte erkennen, wie Verletzte aus den Trümmern geborgen wurden, und er meinte sogar, über eine Bahre gebreitet den Umhang des »Führers« erkannt zu haben. Daraus schloss er, dass der Anschlag geglückt sein musste. Hitler war tot, davon war Stauffenberg überzeugt. Während in der ganzen Wolfsschanze Alarm ausgelöst wurde, entfernte er sich in einem eilig herbeigerufenen Wagen vom Tatort, um zurück nach Berlin zu fliegen.

In der zerstörten Lagebaracke hatte derweil der unverletzte Generalfeldmarschall Keitel die Benommenheit erstaunlich schnell überwunden. »Wo ist der Führer?«, rief er, um dann erleichtert festzustellen: »Mein Führer! Sie leben! Sie leben!« Gestützt von seinem persönlichen Adjutanten Julius Schaub und seinem Diener Heinz Linge verließ Hitler die Lagebaracke. »Er war blutig an den Händen und im Gesicht, seine Hose war bis über die Oberschenkel zerfetzt«, schildert Wachposten Kurt Salterberg diesen Augenblick, »Hitler ging ganz nach vorne geneigt und ließ sich stützen. Nach einigen Metern blieb er plötzlich stehen, drehte sich um und blickte ganz eingehend auf die Baracke.«

Die glich nach der Detonation einem rauchenden Trümmerhaufen. Der große Eichentisch war zusammengebrochen, Glasscherben, Holzsplitter und Reste der zerstörten Wand- und Deckenverkleidung bildeten ein wüstes Durcheinander. Dort, wo die Aktentasche mit dem Sprengstoff gestanden hatte, klaffte ein großes Loch im Boden. Die Druckwelle hatte fast alle Teilnehmer der »Mittagslage« niedergeworfen und ihre Trommelfelle zerrissen.

Doch die Bombe hatte ihre Wirkung wegen des massiven Tischsockels nur einseitig entfalten können. Die Männer, die direkt neben dem Tischbock gestanden hatten, wurden schwer verletzt. Aber Hitler, der sich, als die Bombe explodierte, gerade weit über die Karte beugte, und all jene, die der Tischbock von der Druckwelle abschirmte, wurden verschont. Von den 24 Anwesenden erlitten sieben ernsthafte Verletzungen, vier starben später an ihren Wunden. Die dünnen Holzwände der Baracke und die geöffneten Fenster ließen den Explosionsdruck zudem nach außen entweichen – in einem der sonst üblichen Bunkerräume hätte die Detonation allen Anwesenden die Lungen zerrissen.

Wie geplant empfing Hitler am frühen Nachmittag den italienischen Diktator Benito Mussolini zu einer Unterredung. Hätte er wegen seines verletzten rechten Arms seinen Bundesgenossen nicht mit der Linken begrüßt, wäre kaum etwas davon zu bemerken gewesen, dass er gerade einem Bombenattentat entgangen war. Gemeinsam besichtigten sie die zerstörte Baracke und Hitler erklärte: »Wenn ich es alles noch einmal vergegenwärtige, so ergibt sich für mich aus meiner wunderbaren Errettung, während andere im Raum schwere Verletzungen davongetragen haben …, dass mir [das] eben nicht passieren soll.« Er sei mehr denn je davon überzeugt, dass es sein Auftrag sei, die gemeinsame Sache zu einem siegreichen Ende zu führen.

Der Diktator hatte überlebt – damit war das Scheitern des Staatsstreichs vorgezeichnet. Denn ohne die Gewissheit von Hitlers Tod wagten sich die meisten Befehlsträger, auf deren Unterstützung der Umsturzplan gründete, nicht aus ihrer Deckung heraus. Generalleutnant Fritz Thiele sollte im Bendlerblock, der Berliner Befehlszentrale der Verschwörer, die Einleitung der »Walküre«-Maßnahmen veranlassen. Doch als er den Anruf eines Mitverschwörers in der Wolfsschanze, des Generals der Nachrichtentruppe Erich Fellgiebel, erhielt: »Es ist etwas Furchtbares geschehen. Der Führer lebt!«, wartete er zunächst untätig ab und verabschiedete sich dann zum Mittagessen. Er wurde zum ersten »Umfaller« des Tages; etliche andere wichtige Mitwisser sollten folgen.

Erst nachdem Stauffenberg persönlich gegen 15:30 Uhr in Berlin gelandet war, tickerten allmählich die ersten Alarmbefehle über die Fernschreiber. Wertvolle Stunden waren ungenutzt verstrichen. Und es kam noch schlimmer: Generaloberst Friedrich Fromm, der Befehlshaber des Ersatzheeres, verweigerte nach einem Blitzgespräch mit OKW-Chef Keitel jede Unterstützung des Umsturzes. Fellgiebel war es nicht gelungen, das »Führer«-Hauptquartier nach dem Attentat nachrichtentechnisch von der Außenwelt zu isolieren. Die Wolfsschanze konnte ihre Version des Geschehens verbreiten. »Der Führer lebt«, lautete die Botschaft, die umgehend verbreitet wurde. Was immer die Verschwörer aus dem Bendlerblock verlauten ließen, musste nun auf Misstrauen stoßen.

Generalfeldmarschall Erwin von Witzleben, dessen Unterschrift unter den Aufrufen der Verschwörer stand, erschien erst am späten Abend in der Bendlerstraße und fuhr bald wieder ab, nachdem er seinen Unmut über den dilettantischen Ablauf des Unternehmens bekundet hatte. Generalquartiermeister Eduard Wagner, der ebenfalls zum Verschwörerkreis zählte, meldete die konspirativen Aktivitäten gar umgehend an den Oberbefehlshaber der Wehrmacht weiter. Er scheute nicht davor zurück, seine Verbündeten zu verraten.

So blieben am Ende nur wenige Getreue um Stauffenberg, die das ungewisse Vorhaben konsequent vorantrieben. Unermüdlich telefonierten die Offiziere mit den verschiedenen Wehrkreisen, um sie zum Losschlagen zu veranlassen. Tatsächlich gingen tatkräftige Befehlshaber in Paris, Wien, Prag, Kassel und Frankfurt zeitweise gegen Amtsträger von Partei und Staat vor. In Berlin riegelten Kompanien des Wachbataillons »Großdeutschland« auf Weisung der Verschwörer das Regierungsviertel ab.

Doch sämtliche Vorstöße kamen ins Stocken, als der Großdeutsche Rundfunk die Nachricht von Hitlers Überleben verbreitete. Noch in der Nacht wurde der Kommandeur des Wachbataillons Otto-Ernst Remer von Hitler persönlich mit der Niederschlagung des Staatsstreichs beauftragt und führte den Befehl mit willfähriger Gründlichkeit aus. Auch Generaloberst Fromm versuchte noch, seine Haut zu retten, indem er die Anführer des Staatsstreichs kurz nach Mitternacht im Hof des Bendlerblocks erschießen ließ. Zuvor hatte Claus von Stauffenberg alle Verantwortung auf sich genommen und seine Mitstreiter als Befehlsempfänger in Schutz genommen.

Die nächtlichen Hinrichtungen waren der Beginn einer beispiellosen Verfolgungswelle, die auch vor Opportunisten wie Fromm nicht haltmachte. Die Blutjustiz des »Volksgerichtshofs« unter seinem Vorsitzenden Freisler forderte Tausende von Todesopfern. Der letzte Versuch, den Untergang noch aufzuhalten und das Morden zu beenden, war gescheitert.

VERFOLGUNGSWELLE

Der Diktator rächte sich in einem wahren Blutrausch an den Verschwörern. »Ich will, dass sie gehängt werden, aufgehängt wie Schlachtvieh«, wies Hitler seinen »Volksgerichtshof«-Präsidenten Freisler an. Der Blutrichter des »Dritten Reichs« verurteilte in Schauprozessen die meisten der Männer des 20. Juli zum Tod durch Erhängen. Hitler ließ die Hinrichtungen heimlich mitfilmen und ergötzte sich noch Tage später an den Filmaufnahmen. Doch gezeigt werden durften sie nicht – ebenso wenig wie die gleichfalls mitgefilmten Schauprozesse Freislers. Sie hätten enthüllt, dass die Angeklagten keine »Lumpen« waren, wie der Blutrichter herausschrie, sondern anständige, mutige Männer.

DIE FREIZEIT DER MASSENMÖRDER

Unbekannter Fotograf
Solahütte (Polen)
22. Juli 1944

DIE FREIZEIT DER MASSENMÖRDER

Es sieht aus wie der Betriebsausflug einer x-beliebigen Schreibstubenabteilung im Krieg – drei Offiziere, einer mit einem Akkordeon in der Hand, und ein gutes Dutzend »Tippfräuleins« beim geselligen Beisammensein – wären da nicht die Totenkopfabzeichen an den Mützen und die SS-Runen an den Kragenspiegeln: Die Männer, die hier samt ihren Helferinnen »Kraft durch Freude« tanken, gehören zum Wachpersonal des Konzentrationslagers Auschwitz. Während sie im SS-eigenen Erholungsheim Solahütte singen und scherzen, sterben nur wenige Kilometer entfernt Menschen in den Gaskammern.

Ganz normale Männer hat Christopher R. Browning sein Buch über ein Reserve-Polizei-Bataillon 101 genannt, das an der Ostfront entscheidend am Judenmord beteiligt war. Ganz normale Männer – und Frauen – waren es, die auch die Todesmaschine Auschwitz in Gang hielten. Das bestätigt der später in Polen freigesprochene SS-Lagerarzt Dr. Hans Münch: »Sadisten oder frühere Verbrecher waren in der Minderzahl. Wenn sie sich aber doch in einem unterschieden, dann vor allem dadurch, dass es viel mehr Opportunisten gab, als man sie sonst im alltäglichen Leben hatte. Sie haben gesehen: Wenn ich in der Partei bin, habe ich Vorteile. Wenn ich bei der SS bin, habe ich noch mehr Vorteile. Wenn ich bei einem ganz besonderen Haufen der SS bin, von dem nämlich Himmler sagte: ›Ihr habt die schwierigsten Arbeiten zu machen‹, bin ich der König. Das war ein Zustand, in dem sich viele elitär fühlten, auch wenn die meisten wussten, dass es natürlich Schmutzarbeit war, die sie machten, aber das sagte ja keiner.«

Viele Täter behalfen sich damit, das Morden schlicht als etwas zu begreifen, das in die Dienstzeit gehörte und sonst das Gemüt nicht zu bewegen hatte: »Da gab es diesen einen SS-Mann. Er war der beste von allen. Er hat uns nie geschlagen. Manchmal gab er uns sogar eine Zigarette, manchmal gaben wir ihm eine. Wir unterhielten uns, wir lachten zusammen … Aber wenn sie die Kranken brachten, das waren oft zwei-, dreihundert, die erschossen werden sollten – da war es ihm ein Vergnügen, in den Keller zu gehen und den Abzug zu bedienen, um sie zu töten«, so Morris Venezia, Jude aus Thessaloniki. Es waren Männer, die abends nach Hause gingen, um dort in aller Ruhe und Gemütlichkeit ihren Feierabend zu verbringen. Manche von ihnen hatten Familie und Kinder.

Lange Zeit waren kaum Bilder bekannt, die das »soziale Leben« der Massenmörder in Auschwitz zeigten. Erst 2007 übergab ein ehemaliger Angehöriger des US-Armeegeheimdienstes ein Album an das United States Holocaust Memorial Museum in Washington, das er 1946 in Frankfurt gefunden hatte. Fein säuberlich sind auf 16 Albumseiten insgesamt 116 Fotos eingeklebt, die vor Harmlosigkeit nur so strotzen: SS-Männer beim Dösen im Liegestuhl, beim Blaubeernaschen, während des »Julfests« – dem NS-Äquivalent zu Weihnachten. »Auf den Fotos ist nichts Schreckliches zu sehen, noch nicht einmal ein Gefangener im Hintergrund«, so die Leiterin der fotografischen Sammlung des Museums, Judith Cohen. »Und genau das macht sie so furchtbar.«

Das Album gehörte Karl-Friedrich Höcker, dem Adjutanten des Lagerkommandanten Richard Baer. Mit seiner Kamera hat er die Szenen zwischen Mai und Dezember 1944 fürs private Erinnerungsalbum festgehalten. Nach dem Krieg blieb Höcker zunächst straffrei. Unerkannt arbeitete er bei einer Bank in seiner Heimatstadt Lübbecke. Erst 1963 musste er sich im **Frankfurter Auschwitz-Prozess** verantworten. Wegen Beihilfe zum gemeinschaftlichen Mord wurde er schließlich zu sieben Jahren Haft verurteilt. Nach seiner Entlassung 1970 stellte ihn die Bank wieder ein. Er starb im Jahr 2000 im Alter von 88 Jahren.

FRANKFURTER AUSCHWITZ-PROZESSE

Dass sich die deutsche Justiz mit den Verbrechen in Auschwitz beschäftigte, war maßgeblich dem hessischen Generalstaatsanwalt Fritz Bauer zu verdanken, der als Jude selbst unter der Verfolgung durch das NS-Regime gelitten hatte. 1959 wurde unter seiner Leitung ein Ermittlungsverfahren gegen vormalige SS-Angehörige des KZ Auschwitz eingeleitet. Der erste Prozess begann im Dezember 1963. Insgesamt wurden 1300 Zeugenaussagen gesammelt, vor Gericht sagten über 350 Zeugen aus 19 Ländern aus. Nach 20 Monaten erhielten sechs Angeklagte eine lebenslange Haftstrafe, elf wurden zu Haftstrafen zwischen drei und 14 Jahren verurteilt, drei Angeklagte freigesprochen. Das Urteil löste ein geteiltes Echo aus.

DIE ÄCHTUNG

Robert Capa
Chartres (Frankreich)
16. August 1944

DIE ÄCHTUNG

Der Weg durch die von Menschen dicht gesäumte Straße gleicht einem Spießrutenlauf. Mit kahl geschorenem Haupt, dem »Beweis« ihrer vermeintlichen Schuld – ihr Baby im Arm, wird die junge Mutter zur Zielscheibe der öffentlichen Verachtung; die Blicke der Umstehenden nehmen sie ins Visier. In den Mienen der Gaffer spiegelt sich die ganze Bandbreite der Emotionen: Neugier, Entsetzen, Mitleid und immer wieder Schadenfreude. Ein Hochgefühl von selbstzufriedener Überlegenheit mischt sich in den Triumph. Doch der Spott der Leute und ihre bösen Bemerkungen scheinen die Frau im Mittelpunkt des Geschehens nicht zu erreichen. Ihre Aufmerksamkeit gilt allein dem Kind, das sie fest an sich drückt, als wolle sie es demonstrativ vor allen Vorwürfen in Schutz nehmen.

Diesen Augenblick hat der Bildreporter **Robert Capa**, der die US-Armee auf ihrem Vormarsch in Frankreich begleitete, zu einer fotografischen Ikone verewigt, die über das Ereignis hinaus zu einem Sinnbild für den menschlichen Umgang mit Schuld und Sühne geworden ist. »Das Bild«, schreibt Capas Biograf Richard Whelan, »lässt die vermeintlich gedemütigte Frau wie eine erhabene, von grotesken Dämonen gepeinigte Madonna erscheinen – es wurde eines der berühmtesten Bilder von Capa. Es ist ein Bild, das auch deutlich erkennen lässt, wie unumwunden seine Sympathie jenseits aller Politik dem leidenden Menschen gehörte.«

ROBERT CAPA

Robert Capa (1913–1954), als Endre Erno Friedmann in einer jüdischen Familie in Budapest geboren, emigrierte 1931 aus seinem Heimatland und ging zunächst nach Deutschland, nach Hitlers »Machtergreifung« dann nach Wien und Paris. Ab Mitte der 1930er-Jahre wurde er vor allem als Kriegsreporter bekannt. Sein Foto aus dem spanischen Bürgerkrieg, das einen republikanischen Soldaten im Augenblick seines Todes zeigt, wurde zu einer Fotoikone des 20. Jahrhunderts, auch wenn die Authentizität des Bilds umstritten ist. 1939 ging er nach Amerika. Er starb während eines Einsatzes als Kriegsberichter in Französisch-Indochina.

Es war der Tag der Befreiung. Statt der Hakenkreuzfahne wehte wieder die französische Trikolore in den Straßen von Chartres. Nach heftigen Gefechten rollten am 16. August 1944 die ersten amerikanischen Panzer des 20. US-Korps über das Pflaster. Die Stadt schien zu neuem Leben zu erwachen. Der Bann war gebrochen; ausgelassene Fröhlichkeit herrschte in den Straßen.

Doch der Tag des großen Triumphes war zugleich die Stunde der Vergeltung. Roger Joly, der als Angehöriger der Résistance damals noch in erbitterte Straßenkämpfe mit den abrückenden deutschen Truppen verwickelt war, sollte einen Augenblick dieses Tages nie mehr vergessen. Auf dem Hof der Polizeipräfektur begegnete er seiner früheren Schulkameradin Simone Touseau, aber er vermochte sie kaum wiederzuerkennen: Ihr Kopf war kahl rasiert, auf ihrer Stirn prangte eine Art Schandmal (»W« für Wehrmacht), aus ihren Augen sprachen Angst und Scham. »Ihr Anblick machte mich sehr verlegen«, erinnerte sich Joly. »Es war so einfach, eine schutzlose Frau vorzuführen, sie umherzuzerren, sie zu verprügeln und kahl zu scheren. Viel einfacher, als eine Waffe in die Hand zu nehmen und gegen die deutschen Besatzungssoldaten zu kämpfen. Da kam der ganze Bodensatz menschlicher Bosheit an die Oberfläche.«

Gleich nach dem Abzug der Deutschen hatte man Simone zusammen mit ihren Eltern in den Hof der Präfektur gebracht und ihr den Kopf kahl geschoren, um sie öffentlich als »Kollaborateurin« bloßzustellen. Etwa zwanzig Frauen aus Chartres, die sich mit den Deutschen »eingelassen« hatten, erging es in dieser Stunde der Abrechnung ebenso.

Doch der berechtigte Abscheu gegenüber der Maßlosigkeit des Volkszorns sollte nicht die Hintergründe vergessen lassen. »Die Frau und ihre Mutter standen im Verdacht, Menschen aus ihrer Nachbarschaft denunziert zu haben, die von der Gestapo ins Konzentrationslager eingeliefert wurden«, so Joly. »Zwei von ihnen kehrten nie wieder zurück. Wenn dieser Vorwurf wahr ist, dann schwindet mein Mitgefühl, dann war das ein Verbrechen. Wenn sie dafür wirklich die Verantwortung trug, dann war diese Strafe eher noch zu mild.«

Die Vorwürfe rührten aus den letzten Wochen der Besatzungszeit. Die Dreiundzwanzigjährige hatte als Dolmetscherin in einem Büro für die deutsche Verwaltung gearbeitet. Sie unterhielt eine Liebesbeziehung mit einem deutschen Soldaten und bekam ein Kind von ihm. Ihre Mutter war in der ganzen Stadt als »Schandmaul« bekannt. Als ausgerechnet ihre Untermieterin und eine Nachbarin von der Gestapo abgeholt wurden, stand für die öffentliche Meinung in Chartres fest, dass sie von ihr denunziert worden waren. Einen handfesten Beweis gab es allerdings nicht, eine gründliche Untersuchung fand nie statt. Ein provisorisches

DEUTSCHER SOLDAT

Erst jüngst wurde bekannt, wer der Vater des Kindes war. Recherchen des Historikers Gérard Leray aus Chartres ergaben, dass es sich um Erich Göz handelte, Sohn eines Oberamtsrichters aus Künzelsau. Göz sprach perfekt französisch, arbeitete in der deutschen Frontbibliothek in Chartres und hatte sich mit Simone sogar verlobt. Dass er Vater eines Kindes wurde, hat er vermutlich nie erfahren. Er wurde an die Ostfront versetzt und fiel im Juli 1944 in Polen.

Gericht verbannte die junge Frau später zusammen mit ihrer Mutter für zehn Jahre aus Chartres. Das »gesunde Volksempfinden« ersetzte eine fundierte Anklageschrift.

Die Stunde der Vergeltung war keine Sternstunde des Rechts. Die Abrechnung mit den mutmaßlichen Denunziantinnen verlief nicht weniger fragwürdig als das vorangegangene Kapitel der französischen Geschichte. Der rasche Vormarsch von Hitlers Truppen und der Waffenstillstand am 22. Juni 1940 hatten den Widerstandsgeist im Land gelähmt. Der flammende Aufruf zum Aufstand von Charles de Gaulle, der sich aus dem Exil zu Wort gemeldet hatte, verhallte weitgehend ungehört. Nicht nur die Kollaborationsregierung unter Marschall Pétain im freien Südteil des Landes setzte auf Zusammenarbeit mit den Deutschen. 300 000 Franzosen traten in deutsche Militärverbände ein. Neun Millionen arbeiteten, freiwillig oder gezwungen, für die Besatzungsmacht.

Erst als französische Zwangsarbeiter massenweise außer Landes gebracht wurden und die Wehrmacht 1942 auch im Süden des Landes einmarschierte, erhielten die Widerstandsgruppen regen Zulauf. Der Partisanenkrieg nahm an Schärfe zu. Untergrundkämpfer der Résistance und des Maquis liquidierten Landsleute, die sie für Kollaborateure hielten, und setzten die Besatzungsmacht mit Sprengstoffanschlägen mehr und mehr unter Druck. Mit Beginn der alliierten Invasion am 6. Juni 1944 kam es überall im Land zu Aufstandsversuchen, die von den deutschen Truppen mit grausamen Vergeltungsschlägen beantwortet wurden.

Eine Saat der Gewalt wurde gelegt. Nach all den Verhaftungen, Deportationen, Folterungen, Erschießungen und Repressalien war das Terrain hoch explosiv, das die alliierten Invasionstruppen befreiten. Im Machtvakuum nach dem Abzug der deutschen Besatzer vollzog sich eine der blutigsten Säuberungsaktionen der französischen Geschichte.

Besonderes Aufsehen erregte die öffentliche Zurschaustellung tatsächlicher oder vermeintlicher Kollaborateure. Die Opfer der archaisch anmutenden Ächtungsrituale waren meist Frauen, denen Beziehungen mit deutschen Besatzungssoldaten nachgesagt wurden. Mit kahl geschorenem Haupt, manchmal auch völlig entkleidet oder mit Hakenkreuzen aus Teer bemalt, wurden sie dem öffentlichen Hohn und Spott preisgegeben. Berechtigte Entrüstung über Denunziation oder Verrat mischte sich mit Missgunst wegen vormaliger Privilegien und mit moralisch-sittlicher Empörung.

Simone Touseau, deren Foto zum Sinnbild der Ächtung wurde, kehrte nach dem zehnjährigen Aufenthaltsverbot nach Chartres zurück. Dort verbrachte sie, weiterhin verfemt und gemieden, ihre letzten Jahre, bis sie 1966 mit Mitte vierzig starb. Ihre Tochter, die während ihrer Abwesenheit von einer Tante versorgt wurde, kehrte der Stadt später den Rücken und zog nach Paris. Bis heute lehnt sie jedes Gespräch über das Ereignis ab, das von ihrem ersten Lebensjahr an wie ein dunkler Schatten über ihr liegt. Der Tag der Befreiung – für sie ist er zeitlebens mit einem Fluch verbunden.

DIE BEFREIUNG

Paris (Frankreich)

26. August 1944

DIE BEFREIUNG

Es gibt viele berühmte Fotos, die uns große Geschichten erzählen – die Steine gegen die russischen Panzer während des Volksaufstands am 17. Juni beispielsweise oder der Kniefall von Bundeskanzler Willy Brandt am Warschauer-Getto-Mahnmal. Und es gibt Fotos, in denen tritt die große Story manchmal in den Hintergrund, weil in ihnen noch eine ganz andere, unbekannte Geschichte verborgen liegt – wie in diesem Foto.

Natürlich: Zunächst einmal zeigt das Bild den Triumph des Charles de Gaulle. Nach der französischen Niederlage im Juni 1940 hatte sich der Colonel im britischen Exil selbst zum »Chef der freien Franzosen« ernannt. Nach und nach war es ihm zunächst gelungen, einige französische Kolonien hinter sich zu versammeln. In Nordafrika kämpften seine Truppen bald Seite an Seite mit den Alliierten. De Gaulle konnte dann die Widerstandsgruppen, die sich im Mutterland selbst gebildet hatten, unter seiner Führung einigen: 1943 wurde ein »Résistance-Parlament« gegründet, in dem Widerstand, Parteien und Gewerkschaften gemeinsam repräsentiert waren. Dann installierte er in Algier die »Provisorische Regierung der Französischen Republik«. Jetzt hatte er nur noch ein Ziel vor Augen: seinen Einzug in Paris als Chef eines befreiten und souveränen Frankreichs.

Gut zweieinhalb Monate nach der alliierten Invasion in der Normandie war es so weit. Er paradierte unter dem Jubel einer riesigen Menschenmenge über die Champs-Élysées. »Ah, ein Meer!«, schrieb de Gaulle später. »In allen Fenstern dicht gedrängte Gruppen, umgeben von Fahnen … So weit mein Auge reicht: eine einzige brandende Menge, in der Sonne, unter der Trikolore.« Die Führungsrolle des ehrgeizigen Generals für das Nachkriegsfrankreich war in den Augen der Franzosen und der ganzen Welt endgültig bestätigt.

An der Spitze des Zug marschierten führende Repräsentanten des Widerstands und des Militärs mit de Gaulle durch die Stadt: links Georges Bidault, Chef des »Conseil National« der Résistance; rechts de Gaulles Generalsekretär Alexandre Parodi. Hinter ihm führende Generäle und Offiziere der französischen Armee.

Doch was hat der junge Schwarze ganz rechts eigentlich in dieser illustren Gesellschaft zu suchen? Zum zivilen weißen Hemd trägt er eine Militärhose, seinen offenbar verletzten rechten Arm hat er in einer Schlinge. Warum konnte er an so prominenter Stelle den Sieg über die Deutschen mitfeiern? Die Antwort auf diese Frage ist einfach: Er tat es einfach, weil er glaubte, das Recht dazu zu haben. Eingeladen hatte ihn niemand.

George Dukson, so hieß der junge Mann, stammte aus dem heutigen Gabun und hatte sich den Reihen der Résistance-Kämpfer im Pariser 17. Arrondissement angeschlossen, die in den Tagen vor der Befreiung von Paris mit Pistolen und Handgranaten bewaffnet den Aufstand gegen die deutschen Besatzer gewagt hatten. Seine Tapferkeit hatte ihn bald weit über sein Viertel hinaus bekannt gemacht – unter anderem, weil es ihm mit anderen Kämpfern gelang, einen deutschen Panzer zu erbeuten.

CONCEIL NATIONALE

Der »Conseil national de la Résistance« (CNR), zu Deutsch »Nationaler Widerstandsrat«, bildete ab 1943 das Spitzenorgan, das die unterschiedlichen Bewegungen und Gruppen der Résistance, illegaler Gewerkschaften und Parteien im besetzten Frankreich vereinte. Gemeinsames Ziel war der Kampf gegen die deutschen Besatzer sowie der Wunsch, das Nachkriegsfrankreich selbstbestimmt zu gestalten.

Aber ein Schwarzer in den vordersten Reihen der Siegesparade? Das passte nicht ins Bild, das die überwiegend weißen Franzosen in der Résistance an diesem Tag vermitteln wollten. Nach einigen hundert Metern wurde Dukson unsanft aus dem Zug befördert – genauso wie die vielen schwarzafrikanischen Soldaten, die ab 1942 den Grundstock von de Gaulles Freifranzösischer Armee gebildet hatten, in der Stunde des Sieges nicht erwünscht waren: An den Parisern zogen fast ausschließlich aus Weißen bestehende Einheiten vorüber.

DAS MASSAKER VON NEMMERSDORF

Kleiner

Nemmersdorf (Ostpreußen)

Ende Oktober 1944

DAS MASSAKER VON NEMMERSDORF

Auf einem Acker aufgereiht mehrere Leichen. Uniformierte stehen umher und betrachten die sterblichen Überreste. Wenige Tage zuvor ist eine sowjetische Vorhut zum ersten Mal über die ostpreußische Grenze vorgedrungen. Jetzt, nach der Rückeroberung des Ortes, bietet sich den Vertretern von Wehrmacht, SS und NSDAP ein Bild des Grauens. 26 tote Zivilisten sind nach dem Abzug der Russen zurückgeblieben – Frauen, Kinder und Greise. Zivilisten als Opfer von Kampfhandlungen – nichts Ungewöhnliches in einem Krieg, in dem allein die sowjetische Seite Dutzende von Millionen Toten zu beklagen hat. Der Name des kleinen Ortes geht dennoch als Fanal des Schreckens in die Geschichte ein: Nemmersdorf.

Im Lauf des Sommers 1944 hatten sich die Fronten des Krieges immer weiter an Ostpreußen herangeschoben, doch Gauleiter Erich Koch hatte eine Evakuierung der Bevölkerung als Defätismus abgelehnt. Auch als die Rote Armee Mitte Oktober 1944 eine neue Offensive startete, blieben Vorbereitungen zur Flucht mit drastischen Strafen belegt. So machte sich der Großteil der Dorfbewohner erst am 21. Oktober auf den Weg nach Westen, als schon die Kettengeräusche der herannahenden Panzer zu hören waren.

Was geschah danach in Nemmersdorf? Als die Deutschen den Weiler am nächsten Morgen zurückeroberten, fanden sie überall in den Häusern Tote: eine alte Frau auf ihrem Sofa – mit einem Kopfschuss getötet. Ein älteres Ehepaar – ebenfalls erschossen. Ein junges Mädchen mit gespaltenem Kopf. An einer Brücke lag neben der Leiche einer älteren Frau eine junge Mutter mit ihrem toten Säugling, der Schnuller daneben im Straßenstaub.

Die deutsche Propaganda reagierte sofort. Schon wenige Tage nach der Rückeroberung des Ortes wurden Ärzte und Reporter herbeigeschafft, darunter auch Journalisten aus neutralen Ländern wie Schweden und der Schweiz. Goebbels hatte begriffen, dass aus dem Überfall

Kapital zu schlagen war. Hatte man bislang detaillierte Schilderungen des Leidens und Sterbens deutscher Zivilisten tunlichst vermieden, wurde plötzlich nicht mehr an Einzelheiten gespart.

Goebbels' »Presseaufklärung« war jedoch weit entfernt von einer wahrheitsgemäßen Darstellung, vielmehr gekennzeichnet von Verzerrung und schamloser Inszenierung. Jedes Kind, jede Frau, jeder Greis wurde fotografiert beziehungsweise gefilmt: Gesicht, Körperhaltung, Geschlechtsorgane. Hanns-Joachim Paris, damals Kriegsberichterstatter, erinnerte sich später: »Man hatte mit dem Aufräumen gewartet, bis die ausländischen, neutralen Journalisten da gewesen waren und alles verzeichnet hatten.« Auf einem Acker liegend, wurden die Toten »öffentlichkeitswirksam« als Vergewaltigungsopfer präsentiert: Die Frauen mit entblößtem Unterleib, daneben tote Kinder und Greise.

Was ist nun die Wahrheit über Nemmersdorf? Fest steht: Die Rote Armee hat beim Überschreiten der deutschen Grenze in Ostpreußen und anderswo schreckliche Verbrechen gegen wehrlose Zivilisten verübt. Fest steht auch: Goebbels hat versucht, die grausame Wahrheit noch grausamer zu gestalten, Fakten bewusst zu verzerren, um so mehr Wirkung zu erzielen. Doch mit seiner Nemmersdorf-Kampagne hatte sich der Propagandaminister verrechnet: Statt den Widerstandswillen zu stärken, brach unter der Bevölkerung Panik aus. In den Wochen nach dem Überfall auf Nemmersdorf setzte in Ostpreußen eine unkontrollierte Fluchtbewegung ein, die alle Durchhalteparolen Lügen strafte.

DER GÖTTLICHE WIND

Unbekannter Fotograf
Manila (Philippinen)
26. November 1944

DER GÖTTLICHE WIND

Vor dem Todesflug ein Schluck des geweihten Getränks: Am 26. November 1944 schenkt General Kyoji Tominaga dem Leutnant der Kaiserlich Japanischen Armee, Leutnant Shigeo Naka, ein Glas Sake ein. Das feierliche Zeremoniell vor dem Abflug, bei dem die Krieger aus dem Land der aufgehenden Sonne den vom Kaiser gestifteten Reiswein erhalten, soll die Männer in eine feierliche Stimmung versetzen. Doch der Alkohol hat noch eine andere Aufgabe – er soll die Soldaten berauschen und ihnen die Angst vor dem Tod nehmen. Denn ihr Flug ist eine Mission ohne Wiederkehr.

Als »Kamikaze« sind die japanischen Todesflieger bei uns bekannt geworden, als »Tokkotai« wurden sie in Japan selbst bezeichnet. Der Name bedeutet »Göttlicher Wind« und erinnert symbolisch an die Taifune, die 1273 und 1279 die Landungsflotte des Mongolenführers Kublai Khan vernichtet und Japan gerettet hatten. Selbstmord-Angriffe als Teil einer Militärstrategie? Das hatte es auch in Japan zuvor noch nicht gegeben.

Doch im Jahr 1944 spitzte sich die militärische Lage des fernöstlichen Kaiserreichs immer mehr zu. Am 20. Oktober landete die U. S. Navy auf der von Japan besetzten Philippinen-Insel Leyte. Beim Versuch, die Invasion zu verhindern, erlitt die japanische Flotte schwere Verluste. Als Machtfaktor im Pazifikkrieg war sie damit ausgeschlachtet. Die Eroberung strategisch wichtiger Positionen durch US-Truppen auf den Philippinen trennte Japan von seinen Rohstoffquellen in Borneo und Indonesien. Der Nachschub der US-Marine rollte dagegen völlig unbehindert. Die US-Kriegsschiffe konnten drei Monate lang ununterbrochen auf See operieren.

Angesichts der herannahenden Niederlage setzten die Japaner ab Oktober 1944 Kamikaze-Flieger ein. Hunderte japanischer Piloten meldeten sich freiwillig, um sich mit ihren bombenbeladenen Flugzeugen auf die amerikanischen Kriegsschiffe zu stürzen. Am 25. Oktober griff eine Kamikaze-Einheit zum ersten Mal eine Gruppe amerikanischer Flugzeugträger vor den Philippinen an. Leutnant Seki, der Führer der Kamikaze-Formation, stürzte sich mit seinem Flugzeug auf den Geleitträger St. Lo, der durch sieben gewaltige Detonationen zerrissen wurde und die gesamte Besatzung mit sich in die Tiefe riss.

Hauptmann Rikihei Inoguchi erlebte als Stabsoffizier die Gründung der ersten Kamikaze-Einheiten mit: »In der Situation damals war es selbstverständlich, dass die japanischen Soldaten ihr Leben für Kaiser und Volk opferten. Ihre Vaterlandsliebe entsprang dem tief verwurzelten Glauben, dass die gesamte Nation, die Gesellschaft und sogar der Kosmos in der kaiserlichen Macht vereint seien. Und für diesen Glauben waren sie bereit zu sterben.«

Der Einsatz der Kamikaze brachte jedoch nicht die erhoffte Wende im Pazifikkrieg; frühzeitig durch Radar erfasst, wurden die meisten Flieger abgeschossen, bevor sie überhaupt in die Nähe amerikanischer Schiffe kamen. Wenn es den ohnehin schlecht ausgebildeten Piloten doch noch gelang, bis zu ihnen vorzudringen, empfing sie meist ein unüberwindliches Flak-Feuer. Die Versenkungserfolge blieben insgesamt gering.

Auch die Mission von Leutnant Shigeo Naka scheiterte: Er und seine Männer sollten keinen feindlichen Flugzeugträger angreifen, sondern als lebende Bomben einen US-Flugplatz auf Leyte attackieren. Am Abend des 26. November starteten sie von einem Flugfeld bei Manila. Zwei Stunden später traf ein Funkspruch ein, dass die Einheit im Zielgebiet angekommen war. Es war ihr letztes Lebenszeichen.

1945

MARLENE AN DER FRONT

Unbekannter Fotograf
Westfront
Januar 1945

MARLENE AN DER FRONT

Die Diva, umringt von Soldaten, irgendwo im feindlichen Deutschland: Die GIs stört es nicht, dass sie einen deutschen Namen trägt und ebensolcher Herkunft ist. Sie sind begeistert von der blonden Erscheinung, die zu ihnen an die Front gekommen ist. Und es stört sie auch nicht, dass führende Nazis – eben jene Männer, gegen die sie ins Feld ziehen mussten – ihre Begeisterung geteilt hatten. Goebbels zum Beispiel war hingerissen vom Potenzial dieser Frau. Sie zum Aushängeschild deutscher Filmkultur zu machen war der lang gehegte Traum des Propagandisten. Ein Traum, der nie Realität wurde: Marlene Dietrich wollte den Nazi-Ideologen um keinen Preis als Galionsfigur zur Verfügung stehen.

Schon 1930, am Tag der Premiere des *Blauen Engels,* war sie nach Hollywood gegangen. Nach Kriegsbeginn nahm sie die amerikanische Staatsbürgerschaft an und engagierte sich zugunsten ihrer neuen Heimat: Sie machte Werbung für Kriegsanleihen, tingelte für die Truppenbetreuung übers Land, besuchte Militärstützpunkte und Krankenhäuser. Doch der eher symbolische Kriegsbeitrag, den die Hollywoodstars leisteten, genügte Marlene nicht. »Ich werde hier nicht sitzen, still vor mich hinarbeiten und den Krieg an mir vorüberziehen lassen«, verkündete sie.

Sie wollte selbst ins Feld ziehen – als Entertainerin und Truppenbetreuerin für die United Service Organisation (USO). Im April 1944 bekam sie ihren Marschbefehl nach Übersee. Ihre Tochter Maria, die damals als Zwanzigjährige ebenfalls in der Truppenbetreuung arbeitete, schrieb später über das Engagement ihrer Mutter im Zweiten Weltkrieg: »Es war die beste Rolle, die sie jemals spielte. Und es war die Rolle, die sie am meisten liebte und mit der sie ihren größten Erfolg feierte. Sie sammelte Lorbeeren für heroische Tapferkeit, heimste Orden und Belobigungen ein, wurde verehrt und respektiert. Die Preußin war in ihrem Element; ihre deutsche Seele nahm mit ihrer ganzen makabren Sentimentalität die Tragödie des Krieges in sich auf.«

So tingelte sie im Winter 1944/45 durch Belgien, Südholland und Frankreich. In diesem Winterkrieg spielte Marlene Dietrich ihre Rolle weiter, tapfer und diszipliniert. In zerstörten Dörfern und kalten, rattenverseuchten Ruinen wurde täglich improvisiert. Katzenwäsche, rasches Umziehen, Auftritte in kalten Sälen wurden für Marlene Dietrich zur Routine, ebenso wie Frostbeulen, Filzläuse und Durchfall. Die Diva gab sich als »Frontschwein«, kleidete sich praktisch und stilecht in wollene Armeehosen, braune Pullover und eine pelzgefütterte Fliegerjacke. Doch auf der Bühne war sie das Geschöpf aus einer anderen Welt – im paillettenbesetzten Nichts von einem Kleid spreizte sie die Beine um ihre »Singende Säge« und spielte ihre Lieder. Sie kalauerte mit ihren Kollegen und sang mit klappernden Zähnen ihr Repertoire hoch und runter. Die Männer liebten sie dafür, dass sie zu ihnen kam und ihnen gleichzeitig die Illusion von Normalität und Zuhause vermittelte.

Und dann war sie wieder in Deutschland – zum ersten Mal seit über zehn Jahren. Ihr erster Eindruck war niederschmetternd. Sie sah das vollkommen zerstörte Stolberg, wenige Kilometer östlich von Aachen gelegen. Zwei Monate lang hatten Deutsche und Amerikaner sich hier gegenübergelegen und um die kleine Industriestadt gekämpft, über Wochen verlief die Frontlinie mitten durch Stolberg – was Marlene hier sah, war totale Verwüstung. Sie kommentierte Ende 1944 gegenüber dem amerikanischen Journalisten Frank Conniff lakonisch: »Ich hasse es, all diese Ruinen zu sehen, aber ich glaube, Deutschland hat alles verdient, was jetzt passiert.«

DIE GROSSE FLUCHT

Vinzenz Engel

Frisches Haff (Ostpreußen)

Januar 1945

DIE GROSSE FLUCHT

Eine letzte Kraftanstrengung, dann ist es geschafft: Die Pferde müssen den Schlitten noch eine Böschung hinaufziehen, dann haben sie wieder festen Boden unter den Füßen. Hinter ihnen liegt das Frische Haff, eine zwanzig Kilometer breite Meeresbucht, die in diesen kalten Januartagen 1945 fast vollständig zugefroren ist. Vor sich haben sie die Frische Nehrung, eine schmale Landzunge, die das Haff von der Ostsee trennt.

Dieser schmale Streifen Land war für viele Menschen im Januar 1945 zur letzten Hoffnung geworden. Oft waren sie wochenlang mit ihren Pferdewagen, ihren Handkarren und Schlitten umhergezogen: bei schneidender Kälte, ohne Ordnung, ohne Ziel, im Rücken die immer näher rückende Front. Am 12. Januar hatte der Sturm der Roten Armee auf Ostpreußen begonnen. Schon nach wenigen Tagen, am 23. Januar 1945, stießen sowjetische Panzer bei Elbing zur Küste des Frischen Haffs vor. Damit war die Landverbindung zwischen Ostpreußen und dem Reichsgebiet im Westen abgeschnitten – über zweieinhalb Millionen Menschen saßen in der Falle.

Flucht war nur noch mit dem Schiff über die Ostsee möglich. Der einzige Weg in die Hafenstädte Danzig oder Pillau führte nun über die Frische Nehrung. Doch um zur rettenden Landzunge zu gelangen, mussten die Flüchtlinge mit ihren Planwagen und Karren das Eis des Haffs überwinden. Es war für viele ein Wettlauf mit dem Tod – an manchen Stellen war die Eisfläche nur wenige Zentimeter dick. Ins Eis gesteckte Holzpfähle oder kleine Tannenbäume sollten den Weg für die Flüchtlinge markieren.

Eine gefährliche Überfahrt: Die gleißend weiße Fläche bot keinerlei Schutz vor sowjetischen Tieffliegerangriffen. Dort, wo Sprengbomben Löcher in das Eis gerissen hatten, bildete sich bei Temperaturen von bis zu minus zwanzig Grad schnell eine tückisch dünne Eisschicht, die aber kein Gewicht tragen konnte. Immer wieder brachen Wagen ein und zogen Mensch und Tier mit in die Tiefe.

Hildegard Rauschenbach aus dem Kreis Pillkallen war damals 19 Jahre alt. Ende Januar 1945 erreichte sie mit ihren Eltern die Küste bei Heiligenbeil. Die Flüchtlinge wurden angewiesen, nur Handgepäck mitzunehmen.

Alles andere mussten sie zurücklassen, die Wagen durften bei der Flucht über das brüchige Eis nicht zu schwer beladen sein. Binnen weniger Stunden türmte sich immer mehr Flüchtlingsgut am Straßenrand: Nähmaschinen, Tonnen mit gepökeltem Fleisch, Radios, Federbetten, Kisten mit wertvollem Porzellan und Familiensilber. Überall wimmelte es von Menschen, Kinder weinten vor Kälte und Angst, Schreie durchschnitten die eisige Luft – im herrschenden Chaos wurden Familienmitglieder voneinander getrennt, gingen Kinder verloren. Damit das Eis die Last tragen konnte, wurden die Wagen mit einem Abstand von mehreren Metern nacheinander auf die vorgesehene Strecke eingewiesen. Es kam zu langen Stauzeiten.

Viele versuchten, das Eis im Schutz der Dunkelheit zu überqueren. Nur nachts konnten sich die Flüchtlinge vor sowjetischen Jagdbombern sicher fühlen. Doch in der dunklen Eiswüste kamen viele vom Weg ab, stürzten in die Bombenkrater. Wer stehen blieb, lief Gefahr zu sinken. Schnell bildeten sich Wasserlachen um die Räder der Wagen, sackten riesige Eisschollen in die Tiefe. »Wir sind die ganze Nacht gefahren«, erinnerte sich Hildegard Rauschenbach. »Als dann der Morgen graute, sah ich diese endlos lange Schlange von Wagen, hörte dieses leise Knirschen der Räder im Schnee. Die Pferde schnaubten mit den Nüstern, und der Dampf vermischte sich mit der eisigen Winterluft. Dann ging die Sonne auf. Es war gespenstisch still. Nur das Schnauben der Pferde und die knirschenden Räder waren zu hören.« Hildegard Rauschenbach und ihre Eltern gelangten unbeschadet über das Eis des Frischen Haffs.

Mindestens zwei Millionen Flüchtlinge erreichten die Häfen der Danziger Bucht. In den letzten 115 Tagen des Kriegs wurden sie auf 700 Schiffen, Fähren und Schleppern im Pendelverkehr nach Westen evakuiert. Wie viele beim Ansturm auf die Schiffe zerquetscht und ins Wasser gedrängt wurden, weiß niemand. Tausende von Menschen ertranken bei Schiffsuntergängen in der eiskalten Ostsee.

UNTERGANG GUSTLOFF

Unter den vielen traurigen Geschichten jener Tage ragt eine besonders hervor – der Untergang der »Wilhelm Gustloff«. Am 30. Januar 1945, dem zwölften Jahrestag von Hitlers »Machtergreifung«, trafen drei Torpedos, abgefeuert von einem sowjetischen U-Boot, das zum Flüchtlingstransporter umfunktionierte Passagierschiff. Die »Gustloff« sank innerhalb kürzester Zeit. Mehr als 9000 Menschen kamen um. Über die Hälfte von ihnen waren Kinder. Es war, bedingt allein durch die Zahl der Opfer, wohl die größte Katastrophe in der Geschichte der Seefahrt. Die »Gustloff« – das war die deutsche »Titanic«.

Vieles wäre der Bevölkerung erspart geblieben, hätte man sie rechtzeitig evakuiert. Doch die offizielle Durchhaltepolitik hatte jede Vorbereitung zur Flucht mit schweren Strafen belegt – die Menschen durften ihre Dörfer und Städte nicht verlassen. Schließlich war es für eine halbwegs geordnete und geplante Flucht nach Westen zu spät. Doch dann gehörten die Statthalter der Partei, die die rechtzeitige Rettung verhindert hatten, oft zu den ersten, die ihre Haut retteten. »Ich wand mich durch die Fülle der Wagen und Menschen hindurch zur Kreisleitung der NSDAP«, berichtete Marion Gräfin Dönhoff. »Alle Türen standen offen, verkohltes Papier wirbelte in der Zugluft herum. Auf dem Boden lagen Akten. Alle Zimmer waren leer, ›Die sind natürlich als Erste weg, die Schweine‹, sagte ein Bauer, der gleich mir dort herumstöberte.«

Ein schlimmes Schicksal drohte oft denen, die gezwungen waren zurückzubleiben oder die von der Offensive der Roten Armee eingeholt wurden. Für sie folgten Monate fortwährender Plünderungen, willkürlicher Erschießungen und brutaler Vergewaltigungen. Angestachelt von den mörderischen Parolen eines Ilja Ehrenburg übten die Sowjets nun blutige Vergeltung an der deutschen Zivilbevölkerung. Von Stalingrad bis an die deutschen Grenzen waren sie den grausamen Spuren von Hitlers Vernichtungsfeldzug gefolgt. Nun zogen sie plündernd und mordend durch die deutschen Städte und Dörfer. Unter den Eroberern waren viele, deren Familienangehörige von den Deutschen gequält und ermordet, deren Familien nach Deutschland verschleppt, deren Angehörige obdachlos gemacht, die um Hab und Gut gebracht worden waren. Für sie kam nun die Stunde der Vergeltung.

Während in Ostpreußen, Pommern und Ostbrandenburg die Menschen um ihr Überleben kämpften, vollzog sich in Schlesien eine Tragödie anderer Art. Hier hatte Gauleiter Hanke die Hauptstadt Breslau zur »Festung« erklärt. Starke russische Kräfte sollten gebunden werden, um den Vormarsch der Roten Armee auf Berlin zu verzögern. Es war das Todesurteil für die Stadt. Wieder traf die überstürzte Flucht vor allem Frauen und Kinder. 18 000 Menschen starben auf dem »Todesmarsch der Breslauer Mütter«, die mit ihren Kindern im eisigen Schneesturm bei minus zwanzig Grad zu Fuß nach Westen zogen. Auch in Breslau fanden Zehntausende Menschen den Tod – nicht durch Feindbeschuss, sondern durch eigenen Fanatismus. Als die Stadt in einem Meer aus Blut und Tränen unterging, verschwand der Gauleiter per Flugzeug mit einem »Fieseler Storch«.

Hinter den sowjetischen Linien wurden bereits im März die ersten vollendeten Tatsachen für die Zeit nach dem Krieg geschaffen: Im Vorgriff auf die Westverschiebung Polens, die auf der Potsdamer Konferenz im Juli 1945 beschlossen werden sollte, kamen Masuren, Pommern und Schlesien unter polnische Verwaltung. Danzig folgte wenig später. Die Deutschen, die noch in diesen Gebieten lebten, mussten ab Ende Juni ihre Heimat verlassen. Flucht und Vertreibung – für 14 Millionen Deutsche war dies das traumatische Ereignis ihres Lebens. Deutsche Frauen, Kinder, alte Menschen sind zu Opfern geworden – am Ende eines Kriegs, der von deutschem Boden ausgegangen ist.

DAS LEID DER KINDER

Toni Frissell

London (Großbritannien)

Januar 1945

DAS LEID DER KINDER

Es ist ein Bild, das zu Tränen rührt: Ein kleiner Junge sitzt inmitten von Trümmern, in der Hand hält er sein Kuscheltier. Nur mühsam kann er die Tränen zurückhalten. »Abandoned Boy« – verlassener Junge – hat die amerikanische Fotografin **Toni Frissell** ihre Aufnahme genannt, die sie im Januar 1945 in London nach einem V2-Angriff gemacht hat. Die kleine heile Welt des Kinds ist zusammengebrochen – wie die von Millionen anderen Kindern von London bis Berlin, von Leningrad bis Tokio in diesem Krieg.

TONI FRISSELL

Wie ihre Kollegin Lee Miller war Toni Frissell (1907–1988) mit ihren Modefotografien vor allem für Harper's Bazaar bekannt geworden. Im Krieg meldete sie sich freiwillig als Fotografin zum US-amerikanischen Roten Kreuz. Bekannte Motive Frissells wurden Frauen im Kriegseinsatz und farbige Piloten der Luftwaffe – beides bis dahin eher stiefmütterlich behandelte Themen der Kriegsfotografie. Nach dem Krieg kehrte sie zurück in die Welt der Reichen, Schönen und Mächtigen und war unter anderem offizielle Fotografin der Hochzeit von Jaqueline Bouvier und John F. Kennedy.

Schicksale wie das des kleinen Jungen aus London kümmerten den »Führer« des Dritten Reichs nicht. Die sogenannten Vergeltungswaffen V1 und V2 sollten nach dem Willen Hitlers durch Luftterror die Wende des Kriegs erzwingen. »Vergeltung« war das Zauberwort der deutschen Propaganda des letzten Kriegsjahrs. Angesichts der alliierten Bombenangriffe auf das Reich empfanden viele Deutsche den Gegenschlag als Genugtuung. Am 12. Juni 1944 war die erste Flugbombe V1 in London eingeschlagen. »Der Tag, auf den 80 Millionen Deutsche sehnlichst gewartet haben, ist da«, titelte die Zeitung *Das Reich*. Schon zwei Wochen später flog die tausendste V1 gen London. Die angerichteten Schäden waren gewaltig: Die Flugbombe entwickelte beim Aufschlag eine gewaltige Druckwelle, die ganze Straßenzüge zerstören konnte. Bis Ende Juni waren 1700 Engländer getötet und weiter 10 700 verletzt worden.

Noch verheerender waren die Wirkungen der V2, einer Flüssigkeitsrakete, die mit fast 5500 Stundenkilometern ihr Ziel ansteuerte und fast eine Tonne Sprengstoff tragen konnte. Die angepeilten »Flächenziele«, wie es im Militärjargon hieß, waren Städte; für Punktziele reichte die

Genauigkeit der Steuerung nicht aus. Damit war die V2 eine reine Terrorwaffe gegen Zivilisten. Gegen die niedrig und verhältnismäßig langsam fliegende V1 hatte es noch Abwehrmöglichkeiten gegeben, den Angriffen mit V2-Raketen war die Bevölkerung schutzlos ausgeliefert. Eine militärische Verteidigung gegen diese »Wunderwaffe« war damals unmöglich.

Auf furchtbare Weise musste dies Antwerpen erfahren. Die Hafenstadt an der Schelde war für den alliierten Nachschub von allergrößter Bedeutung. Fast 450 Raketen schlugen im Stadtgebiet ein, noch einmal so viele im Umland. Mehr als 3000 Tote und fast 5000 Schwerverletzte waren zu beklagen, insgesamt 65 000 Häuser wurden zerstört oder beschädigt. Ende 1944 erlebte die Stadt zwei besonders tragische Angriffe: Am 27. November 1944 starben 126 Menschen auf einer belebten Kreuzung; am 19. Dezember tötete eine Rakete auf einen Schlag 567 Besucher eines voll besetzten Kinos.

Neben Antwerpen traf es wieder vor allem London. Insgesamt 1358 V2-Raketen wurden auf die britische Hauptstadt abgeschossen, etwa 2700 Zivilisten wurden getötet, 6500 verletzt. Doch was sind Zahlen angesichts jedes einzelnen schrecklichen Schicksals?

Der Junge auf dem Foto von Toni Frissell sitzt inmitten der Trümmer des Hauses, das einmal sein Zuhause war. »Man erzählte mir, er sei vom Spielen zurückgekehrt und habe sein Haus zerstört vorgefunden – seine Mutter, sein Vater und sein Bruder lagen tot unter dem Schutt begraben«, schrieb Frissell später. »Er schaute hoch zum Himmel, sein Gesicht drückte sowohl Bestürzung als auch Trotz aus. Durch diesen trotzigen Ausdruck wirkte er wie ein junger Winston Churchill.« Die Kamera habe, so wie ein Kind, häufig den Blick für das Wahre, so das Credo Frissells. Die Augen dieses Kindes sagen uns die Wahrheit über den Krieg.

DIE KONFERENZ VON JALTA

Unbekannter Fotograf

Jalta (Krim)

9. Februar 1945

DIE KONFERENZ VON JALTA

Da sitzen sie, die »Großen Drei« vor dem alten Zarenpalast Liwadija zu Jalta, nach ihren Verhandlungen über das Schicksal Europas. 90 Tage vor dem endgültigen Untergang des »Dritten Reichs« haben Churchill, Roosevelt und Stalin festgelegt, was mit Deutschland und den Deutschen zu geschehen habe. Es war höchste Zeit, denn der Tag war absehbar, an dem die alliierten Truppen auf deutschem Boden aufeinandertreffen würden. Die Rote Armee stand bereits an der Oder zwischen Frankfurt und Küstrin und die Westalliierten setzten zum Sprung über den Rhein an. Ein Treffen musste arrangiert werden. Seit Herbst 1944 drängte Roosevelt daher auf eine Konferenz der Alliierten.

Ein schwieriges Unterfangen, wie schon das nervenaufreibende Tauziehen um den Konferenzort bewies. Athen, die Riviera, Zypern, Konstantinopel, Malta oder Jerusalem: Stalin lehnte jeden Vorschlag ab. Listig entschuldigte er sich, nach der Konferenz von Teheran hätte er unter so starken Ohrenschmerzen gelitten, dass ihm seine Ärzte von jedem Klimawechsel abrieten. Leider könne er höchstens bis zum Schwarzen Meer reisen. Das klang nach einer Ausrede, zumindest war es ein vorgeschobener Grund, denn eines war offensichtlich: Stalin selbst wollte Ort und Zeitpunkt der Konferenz bestimmen.

Eilig hatte er es dabei nicht. Die Zeit arbeitete für ihn. Täglich rückten seine Armeen näher an Berlin heran, während Briten und Amerikaner an der Westfront nur mühsam vorwärtskamen. Als dann Polen erobert war, schlug er das entlegene Jalta an der Ostküste der Krim vor. Widerwillig stimmten Roosevelt und Churchill zu. »Und wenn wir zehn Jahre gesucht hätten«, grummelte der britische Premier, »wir hätten keinen schlechteren Platz finden können.« Roosevelt und Churchill reisten gemeinsam an. Der Aufwand war enorm: 25 von Jägern eskortierte Transportflugzeuge brachten 700 britische und amerikanische Teilnehmer von der Insel Malta auf die Halbinsel Krim.

Am Sonntag, dem 4. Februar, saßen sich um 17:10 Uhr Ortszeit im Ballsaal des Liwadija-Palasts zum zweiten Mal in diesem Krieg die drei Spitzenpolitiker der Alliierten gegenüber: Der 70-jährige Churchill, Premier eines vom Krieg geschwächten Landes, das aber immer noch weltweit Kolonien und Dominions besaß; der vom Tode gezeichnete 63-jährige US-Präsident Roosevelt, der nur noch zwei Monate zu leben hatte; und ein Stalin, der mit 65 Jahren als unumschränkter Herrscher einer aufstrebenden Großmacht auf dem Weg zum Höhepunkt seiner Macht war. Acht lange und beschwerliche Konferenztage standen dem mächtigen Trio bevor, acht Tage, in denen sich die Gespräche vorrangig um drei große Komplexe drehen sollten: die Zukunft Polens, die Teilung Deutschlands und die Gründung der Vereinten Nationen. Es gab weder Tagesordnungen noch offizielle Protokolle. Die Diskussion war langwierig, denn Simultanübersetzung war noch nicht gebräuchlich. Was aber gesprochen wurde, beeinflusste das Leben von Millionen.

Bereits in Teheran hatten die »Großen Drei« beschlossen, Deutschland zu zerstückeln. Aber erst die Konferenz von Jalta stellte ihre Pläne auf einen soliden Grund. Demnach sollte Deutschland innerhalb der Grenzen von 1937 vorläufig in vier Besatzungszonen aufgeteilt und unter Militärverwaltung gestellt werden. Neben Großbritannien, der Sowjetunion und den USA erhielt nun auch Frankreich, das in Jalta nicht vertreten war, auf Kosten der Briten und Amerikaner eine eigene Zone sowie Sitz und mögliche Stimme im 1944 beschlossenen »Alliierten Kontrollrat für Deutschland«.

Die »Großen Drei« bekräftigten ihre »unbeugsame Absicht«, den »deutschen Militarismus« zu zerschlagen, die Rüstungsindustrie zu beseitigen und den Nationalsozialismus auszumerzen. Stalin forderte von einem völlig entwaffneten Deutschland 20 Milliarden Dollar Reparationen, die Hälfte davon für sein Land. Doch Churchill und Roosevelt vertagten dieses komplexe Problem ebenso wie die Frage, wo genau Polens Westgrenze verlaufen sollte. Offiziell verlegten sich die Alliierten auf die vage Formulierung, »dass Polen im Norden und Westen einen beträchtlichen territorialen Zuwachs erhalten muss«. Was dies konkret bedeutete, stand bereits fest, blieb vorerst aber geheim. Polen sollte für seine von den Sowjets okkupierten Gebiete mit Pommern, Ostpreußen und Schlesien entschädigt werden.

Damit waren die Oder-Neiße-Grenze, ein Wunschkind Stalins, und die Zwangsumsiedlung von sechs Millionen Deutschen so gut wie beschlossen, obwohl Churchill skeptisch anmerkte: »Ich möchte die polnische Gans nicht so mästen, dass sie durch zu viel deutsches Futter Verstopfung bekommt.« Auch Roosevelt hielt sich zurück. Stalin nämlich hatte in Polen bereits vollendete Tatsachen geschaffen. Das »Lubliner Komitee« fungierte in Warschau als Marionette Moskaus. Der Westen sicherte zu, das kommunistische Komitee als »Regierung der nationalen Einheit« völkerrechtlich anzuerkennen, wenn einige Exilpolen darin aufgenommen würden. Außerdem sollten nach Kriegsende so bald wie möglich freie Wahlen abgehalten werden. Das waren Forderungen, die Stalin geschickt umging, indem er ein kommunistisches Satellitenregime installierte. Der »Rote Zar« hatte es geschafft: Ostpolen, die Beute aus der gemeinsam mit Hitler vorgenommenen »vierten Teilung« Polens, blieb sowjetisch.

Ohnehin hatte der geschwächte Roosevelt anderes im Sinn als das ihm fremde und komplizierte polnische Problem. Er wollte als Gründer der Vereinten Nationen in die Geschichte eingehen – und dafür brauchte er Stalin. Der aber sträubte sich gegen Roosevelts Traumgebilde. Ein friedenssicherndes »Direktorium der drei Großmächte« wäre ihm weitaus lieber gewesen als diese, wie er meinte, groteske Weltorganisation, in der ein Land wie Albanien gleiches Stimmrecht haben sollte wie Russland! Und man kam Stalin entgegen: Die Sowjetunion erhielt drei Stimmen in der UNO-Vollversammlung. Nach mühsamen Diskussionen fanden die »Großen Drei« doch noch einen kleinen gemeinsamen Nenner. In der letzten Plenarsitzung blieben Einwände gegen das Schlusskommunique aus.

Die Staatschefs nahmen noch ihr Mittagsmahl ein, da betraten die Sekretäre den Saal und legten die endgültigen Fassungen vor. Die drei räumten Teller und Gläser beiseite und unterzeichneten am Esstisch ein Dokument, mit dem sich die zähe Legende verbindet, es habe die Teilung Europas in einen sowjetischen und einen amerikanischen Block besiegelt. Tatsächlich fassten Churchill, Roosevelt und Stalin auf der Krim keinen einzigen Beschluss. Es blieb bei Absichtsbekundungen.

Dennoch, mit diesem Ergebnis der Konferenz waren die Verhandlungspartner durchaus zufrieden: Stalin hatte seinen Einfluss in Europa ausgedehnt; Churchill wertete es als Erfolg, Frankreich wieder als Großmacht und Stabilitätsfaktor in Europa etabliert zu haben; und Roosevelt trat die Heimreise mit der Zusage Stalins an, nach dem Kriegsende in Europa an der Seite der USA gegen Japan zu kämpfen. Geradezu euphorisch stimmte den Präsidenten die bevorstehende Gründung der UNO. Mit ihr, so glaubte er, könne der Frieden dauerhaft gesichert werden. Doch Roosevelt gab sich Illusionen hin. Stalin sollte mit seiner düsteren Prognose recht behalten: »Einigkeit unter Verbündeten im Krieg zu bewahren ist nicht schwer. Die Schwierigkeiten kommen immer erst danach.«

DER UNTERGANG VON DRESDEN

Walter Hahn

Dresden

15. Februar 1945

DER UNTERGANG VON DRESDEN

Es ist ein Bild des Grauens: Dort, wo eine Woche zuvor noch das pulsierende Herz einer fast friedensmäßig anzuschauenden Großstadt war, liegen jetzt Berge von Leichen. Uniformierte schichten sie zu Stapeln auf, übergießen sie mit Benzin, zünden sie stoßweise an. Der Fotograf **Walter Hahn** hält diese apokalyptische Szenerie auf dem Dresdener Altmarkt für die Nachwelt fest.

WALTER HAHN

Walter Hahn (1889–1969) wurde vor allem mit seinen Landschaftsaufnahmen aus der Sächsischen Schweiz bekannt, die er im eigenen Postkartenverlag vertrieb. Daneben porträtierte er immer wieder seine Heimatstadt Dresden, auch während des Zweiten Weltkriegs. Die Leichenverbrennungen auf dem Altmarkt fotografierte er trotz eines ausdrücklichen Verbots. Nach eigenen Angaben wurde er daraufhin von der SS verhaftet, später aber wieder entlassen und mit einer nachträglichen Genehmigung ausgestattet. Offenbar wollte man die Aufnahmen für die Propaganda gegen die Alliierten verwenden.

Der Name der Stadt an der Elbe ist seit dem 13. Februar 1945 Symbol für die Maßlosigkeit des Schreckens, den der Zweite Weltkrieg noch in seinen letzten Wochen erreichte. Nie zuvor war eine Stadt innerhalb von nur vier Stunden derartig verwüstet worden, nie zuvor waren in einer einzigen Nacht so viele Menschen umgekommen.

Drei Viertel der wichtigsten deutschen Städte waren zu Beginn des Jahres 1945 größtenteils zerstört. Dresden dagegen gehörte zu den Orten, die bis dahin noch verschont geblieben waren. Die Schönheit der Stadt mit ihren architektonischen und kunsthistorischen Schätzen sei es, die Briten und Amerikaner von einem Angriff absehen ließen, redeten sich die Dresdener ein. In Dresden wohne eine Verwandte Winston Churchills, munkelte man. Keine These war zu abenteuerlich, um nicht geglaubt zu werden, zumal das Kriegsende doch absehbar schien. Kaum noch 100 Kilometer war die Front im Februar 1945 von Dresden entfernt.

Trotz der alarmierenden Nachrichten, die aus den anderen deutschen Städten eintrafen, war Dresden denkbar schlecht auf einen großen

Bombenangriff vorbereitet. Der Luftschutz war sträflich vernachlässigt worden. Schon für ihre eigenen Einwohner bot die Stadt keine Sicherheit, zudem war sie in diesen letzten Kriegswochen von Flüchtlingen, vor allem aus Schlesien, überfüllt. In Dresden, so dachten sie, würden sie das Schlimmste erst einmal hinter sich haben.

Doch am 13. Februar 1945 um 22:09 Uhr zerschlugen sich alle Hoffnungen, die Stadt könne den Krieg schadlos überstehen. »Achtung!«, verkündete der Rundfunksprecher. »Feindliche Bomberverbände haben ihren Kurs geändert und befinden sich jetzt im Anflug auf das Stadtgebiet!« Vier Stunden später gab es kein Dresden mehr.

»Wir hatten unseren Job zu machen. Es war ein völlig normales Ziel«, so Fred Hulance vom britischen Bomber Command. Tatsächlich unterschied sich die Bombardierung Dresdens technisch kaum von den vorangegangenen Angriffen, sie verlief nur perfekter. Der Flieger gehörte zur zweiten großen Angriffswelle von 529 Bombern, die Dresden gegen 1:30 Uhr nachts erreichte. Die Bombenlast, die diese Flugzeuge abwarfen, trafen ein flammendes Inferno – ein grotesk erleuchtetes Ziel, in dem nur noch wenige Areale dunkel, das heißt unbeschadet schienen.

Bereits die erste Angriffswelle hatte ganze Straßenzüge binnen weniger Minuten in eine Hölle verwandelt, durch die ein orkanartiger Feuersturm wirbelte, der Eisenbahnwaggons umstürzte, Menschen von den Füßen riss und durch die Straßen schleuderte. Haushohe Stichflammen schossen aus den Häusern. Der Asphalt brannte. Löschfahrzeuge verglühten auf dem Pflaster. In den Kellern erstickten und verbrannten Menschen. Wer dem Brand entrinnen konnte, hastete in panischer Flucht in Richtung der wenigen unbebauten Flächen der Stadt, vor allem in den Großen Garten und die Elbwiesen. Eben diese Parkanlagen waren es, über denen jetzt der Bombenhagel der zweiten Bomberstaffel niederging.

Diejenigen, die am nächsten Tag – es war Aschermittwoch – durch Dresden gingen, standen fassungslos vor dem, was noch 24 Stunden zuvor ihre Stadt gewesen war. Das Viertel, in dem Gerhard Baum und seine Familie wohnten, war weitgehend verschont geblieben. Das Bild, das sich ihm bot, als er den Hauptbahnhof erreichte, hat er bis heute nicht vergessen. »Ich sehe es jedes Mal, wenn ich nach Dresden komme, jedes Mal wenn ich am Bahnhof aussteige«, berichtet er. »Die großen Haufen von Leichen, die von Luftminen die Lungen zerrissen hatten, diese Haufen von Menschen, Kindern, Frauen. Die Stadt nach dem Angriff ist für mich eine Stadt voller toter Menschen, voller Leichen, Trümmer. Viele waren nicht mehr Herr ihrer Sinne, liefen verstört umher und in ihren Augen stand das blanke Entsetzen.«

Viele Bewohner flohen aus dieser Todeszone, deren Fassadenskelette noch immer die Hitze des verheerenden Brandes abstrahlten. Andere blieben in der Stadt, suchten in den qualmenden Straßenzügen nach Verwandten oder Freunden. Und noch einmal heulten die Sirenen auf, diesmal kamen die Amerikaner. Wieder wurden auch Wohngebiete getroffen, wieder starben Menschen. Wer auch diesen Angriff erlebte, musste sich von den alliierten Fliegern ganz persönlich verfolgt fühlen.

Am 15. Februar war das alte Zentrum Dresdens Geschichte: Die Semperoper, das Schloss, die barocken Bürgerhäuser – das alles lag in Schutt und Asche. Die Frauenkirche stürzte nach dem verheerenden Brand zusammen. Diese völlige Vernichtung eines unwiederbringlichen kulturellen Erbes ist es auch, die der Zerstörung Dresdens einen so prominenten Platz in der historischen Wahrnehmung eingeräumt hat. Für jeden Einzelnen, der die Verwüstung Dresdens miterlebte, war diese Nacht auch das Ende eines Lebensabschnitts, dessen Bedeutung sich für viele bis heute nicht relativiert hat. »Es war ein totaler Zerstörungsakt, der da stattgefunden hat«, sagt Gerhard Baum. »Für mich ist eine Welt zusammengebrochen, meine Welt.«

Warum Dresden? Warum noch einmal ein derartiger Zerstörungsakt, wo der Ausgang des Kriegs doch absehbar war? Diese Frage haben Betroffene und Historiker seit 1945 immer wieder gestellt. Der britische Historiker Max Hastings ist sich sicher: »Mit dem Beschluss, Dresden anzugreifen, wollten die Westalliierten den Russen beweisen, dass sie ihnen jede mögliche Hilfe würden zukommen lassen. Ein Bombardement nahe der russischen Front sollte den Russen zeigen, wozu das Bomber Command fähig war.« Es ging wohl weniger darum, die Russen in einem Vorgriff auf den Kalten Krieg einzuschüchtern, wie oft behauptet wird. Eher wollten die Westalliierten die Rote Armee entlasten, die die Hauptlast der Kampfhandlungen in dieser Region trug.

Ungeachtet aller Strategiefragen: Das Schicksal Dresdens ist vor allem ein Beleg dafür, dass auch das Vorgehen der Alliierten spätestens zu diesem Zeitpunkt jedes Augenmaß für die Verhältnismäßigkeit der Mittel verloren hatte. Selbst Winston Churchill distanzierte sich von

»seinem« Marschall Arthur Harris, den er bis dahin fraglos unterstützt hatte. »Mir scheint der Moment gekommen«, ließ er in einem freilich später zurückgezogenen Memorandum verlautbaren, »wo die Frage der Bombardierung deutscher Städte einfach zur Steigerung des Terrors, jedoch unter anderem Vorwand, zu überprüfen wäre. Sonst werden wir ein total zerstörtes Land übernehmen. Die Zerstörung von Dresden hinterlässt einen ernsten Zweifel an der Art der alliierten Bombardierung. Ich halte präzisere Konzentration auf militärische Ziele wie Öl und Verbindungswege hinter der unmittelbaren Kampflinie für notwendiger als bloße Terrorakte und blinde Zerstörung, so eindrucksvoll sie sein mögen.« Für mindestens 25 000 Menschen, die bei der Zerstörung Dresdens starben, kam diese Einsicht zu spät. Insgesamt 6865 von ihnen wurden auf dem Altmarkt verbrannt.

OPFERZAHLEN

Die genaue Zahl der beim Angriff auf Dresden getöteten Menschen lässt sich nicht mit allerletzter Sicherheit feststellen. Neueste wissenschaftliche Untersuchungen gehen von höchstens 25 000 Toten aus. Doch es kursieren auch weitaus höhere Ziffern – von bis zu 350 000 Opfern ist die Rede. Diese Angaben basieren jedoch auf stark übertriebenen Zahlen, die aus Goebbels' Ministerium an die Auslandspresse lanciert wurden, um das Ausmaß des Schreckens ins Unermessliche zu steigern – an die amtlichen Meldungen wurde einfach eine Null angehängt.

STERNE ÜBER IWO JIMA

Joe Rosenthal

Iwo Jima (Japan)

23. Februar 1945

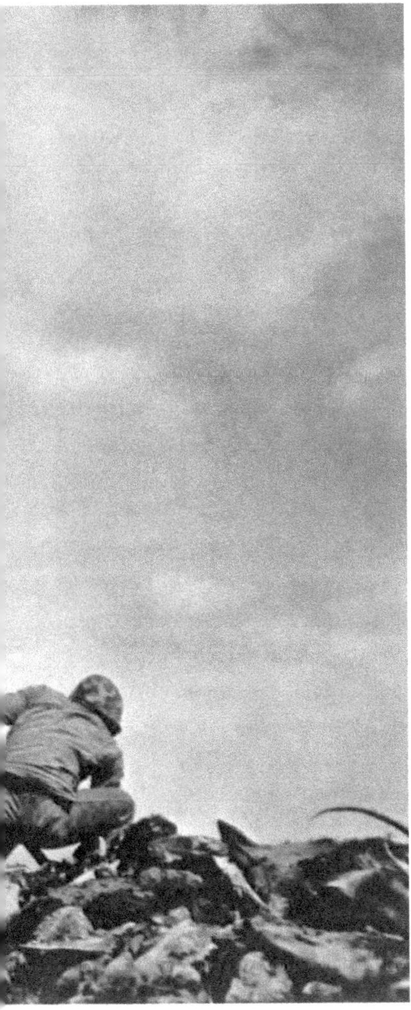

STERNE ÜBER IWO JIMA

Das Bild, das an einen der blutigsten Tage im Zweiten Weltkrieg erinnert, ist mehr als nur ein Foto – zumindest in den Vereinigten Staaten. Es ist ein Dokument des Sieges, das in »Gottes eigenem Land« zur patriotischen Ikone, zur Legende in Schwarzweiß wurde: Sechs GIs hissen auf dem höchsten Gipfel der Pazifikinsel Iwo Jima, dem Mount Suribachi, das Sternenbanner. Ein historischer Augenblick, den der Kriegsfotograf **Joe Rosenthal** mit seiner Kamera festgehalten hat. Ein flüchtiger Moment in der Geschichte, der ihm über Nacht Ruhm, Geld und später sogar den Pulitzerpreis einbrachte.

JOE ROSENTHAL

Der Sohn russisch-jüdischer Emigranten (1911–2006) berichtete während des Zweiten Weltkriegs für die Nachrichtenagentur AP von den Kämpfen im Pazifikraum. Das Bild aus Iwo Jima machte ihn auf einen Schlag berühmt. Das Foto erschien auf Briefmarken; Butter, Eiscreme und selbst Würstchen wurden nach dem Motiv gestaltet, es wurde in Sandstein gehauen und eine Statue von ihm schließlich für ein über 100 Tonnen schweres Bronzemonument auf dem Soldatenfriedhof Arlington gemeißelt. Reich geworden ist Rosenthal mit seinem Bild nicht: Die Rechte blieben bei der Agentur.

Kriegsfotografie ist der Gebrauch, den man von ihr macht. Was Amerika zum Ende des Zweiten Weltkriegs dringend brauchte, waren Helden. Gefragt war nicht die schmutzige, blutige Wirklichkeit des Kriegs, sondern ein heroisches Gemälde, das Gefühle wecken sollte: nicht Trauer, sondern Freude und Triumph.

Den Soldaten auf dem Bild nutzte ihr Heldenstatus wenig: Drei fielen im Krieg; einer, der Indianer Ira Hayes, trank sich zu Tode. Es ist ein Foto mit tragischem Hintergrund. Bevor Rosenthal das berühmte Bild schoss, hissten die wahren Helden, die den Berg erobert hatten, eine weitaus kleinere, etwas mickrige Fahne, die für Legenden nicht taugte. Diese Soldaten feierte niemand. Die Optik obsiegte über die historische Wahrheit. Und die war im Pazifikkrieg von einer beispiellosen Grausamkeit.

Am 24. November 1944 hatten amerikanische Langstreckenbomber, die »Fliegenden Festungen«, zum ersten Mal Tokio bombardiert. Doch der Erfolg des Unternehmens blieb hinter den Erwartungen zurück, zumal auf dem Rückflug nach China die Bomber den japanischen Jägern fast schutzlos ausgeliefert waren. Japanische Verbände hatten ihren »Rachefeldzug« von der Insel Iwo Jima aus gestartet. Auf dem 1000 Kilometer südlich von Tokio gelegenen Eiland befanden sich drei Start- und Landebahnen, von denen große Gefahr für die amerikanischen Bomber ausging.

Die Amerikaner entschlossen sich daher, den Japanern Iwo Jima zu entreißen. 17 Flugzeugträger mit 1170 Flugzeugen, Schlachtschiffe, Kreuzer und Zerstörer nahmen Kurs auf die Vulkaninsel. Geplant war, Iwo Jima »sturmreif« zu schießen und erst dann mit zwei Marinedivisionen zu landen. Am Morgen des 19. Februar näherten sich Minensucher und Kampfschwimmer der Amerikaner dem Strand von Iwo Jima, wo sie das unerbittliche Abwehrfeuer der japanischen Truppen erwartete. Entgegen den Erwartungen der amerikanischen Militärs waren die japanischen Stellungen selbst nach 72-tägigem Bombardement nur geringfügig beschädigt worden. Jetzt durchpflügten die Geschosse der japanischen Granatwerfer und Artillerie den Strand. Zehn Kanonenboote wurden außer Gefecht gesetzt, eines sank sofort.

Während amerikanische Flugzeuge die versteckten Stellungen unter Beschuss nahmen, gelang es der ersten Welle zu landen. Es war ein waghalsiges Himmelfahrtskommando, denn die steil ansteigende Küste und der tiefe vulkanische Sand erschwerten es den GIs, vorwärtszukommen. Nahezu schutzlos waren die Marines dem Trommelfeuer der Japaner ausgeliefert. Das Schlimmste musste befürchtet werden: Die Landung drohte zu scheitern.

Den Amerikanern fiel es zusehends schwerer, auf der Insel Fuß zu fassen. Leichen versperrten den Weg, in den wenigen Buchten, die halbwegs Schutz vor dem Granatfeuer der Japaner boten, versorgten Ärzte notdürftig die Verwundeten. Das Blutbad am Strand von Iwo Jima überstieg die Vorstellungskraft der Marines bei Weitem. Joe Rosenthal, der in einem der Boote saß, schildert: »Ich ging mit 15 Boys an Land, die meisten waren gerade 19, 20 Jahre alt. Das waren Jungs, die hatten noch nicht einmal richtig gelebt.«

»Stars and stripes« auf dem Mount Suribachi. Dieser historische erste Akt des Fahnen-Dramas geschah um 10:20 Uhr Ortszeit. Als Rosenthal den Gipfel des erloschenen Vulkans erklommen hatte, wimmelte es

DIE BILANZ DER KÄMPFE

Am 15. März übermittelte Generalleutant Kuribayashi der japanischen Militärführung seine letzte Lagemeldung sowie drei selbst verfasste Gedichte. Anschließend nahm er sich das Leben: Harakiri. Von 21 000 japanischen Soldaten auf der Insel gingen nur 216 in Gefangenschaft, alle anderen waren gefallen. Auf amerikanischer Seite waren 6836 Tote zu beklagen, mehr als 19 000 Soldaten lagen verwundet in den Lazaretten. Bei keiner anderen Schlacht im Zweiten Weltkrieg war der Blutzoll der amerikanischen Streitkräfte so hoch wie bei den Kämpfen um Iwo Jima.

dort oben von Marines. Die einen zogen Kabel für Nachrichtenverbindungen, andere posierten für Erinnerungsfotos, und ein paar ganz Schlaue holten gerade die kleine Flagge vom Mast, schnitten sie in Stücke und verteilten diese als Souvenirs.

Was dann geschah, schildert der Augenzeuge Richard Wheeler: »Es war ungefähr drei Stunden, nachdem die erste Flagge gehisst worden war, als Colonel Johnson entschied, sie auszutauschen, denn die Flagge konnte man aus größerer Entfernung nur mit dem Feldstecher erkennen … Der Anblick einer Siegesflagge ist für die Moral der kämpfenden Truppe wichtig und Johnson fühlte, dass wir eine größere Fahne brauchten.« So ließ er eine deutlich größere Flagge besorgen und auf den Gipfel bringen.

Das geschah im selben Augenblick, als auch Joe Rosenthal die Bergspitze erreichte. Er sah gerade, wie ein Marine die große Flagge (»acht Fuß lang und vier Fuß acht Inches hoch«) entfaltete. »Ich dachte ursprünglich an eine Aufnahme von beiden Flaggen, wie die eine eingeholt wird und die andere hochgeht, aber ich wollte diese Situation nicht künstlich stellen. Da beschloss ich, nur zu fotografieren, wie die zweite Flagge aufgezogen wird, und postierte mich in 35 Fuß Entfernung. Ich häufte ein paar Steine an, legte einen japanischen Sandsack darauf und stellte mich auf diesen künstlichen Hügel, denn ich bin nur fünf Fuß fünf Inches groß. Dann wartete ich auf den Augenblick des Flaggenhissens.«

Dann begannen fünf Marines und ein Seemann, die Fahne aufzupflanzen. Sie wuchteten die Fahnenstange – es war immer noch dieselbe – mit dem vaterländischen Stoff in einen Steinhaufen. »Da hob ich meine Kamera und schoss die Szene.«

Neun Tage später landete Joe Rosenthal in Guam und ging ins Pressebüro. Dort gratulierte man ihm überschwänglich: »Was für ein großartiges Foto, Joe. Hast du's nachgestellt?« – »Natürlich«, sagte Rosenthal. Er dachte an ein anderes Bild: das Gruppenbild mit Fahne, auf dem zwei

Dutzend Marines unter der schon aufgepflanzten Flagge ihre Helme und Gewehre schwenkten. Doch dann sah Rosenthal zum ersten Mal, was er da aufgenommen hatte: »Oh, ist das gut. Aber das hab ich nicht nachgestellt. Ich wünschte, ich wäre so gut gewesen, aber leider hab ich nur ganz einfach draufgehalten.«

»So ein Foto kann man nicht nachstellen. Hätte ich's versucht, dann hätte ich's verdorben. Es hat einfach alles gestimmt: Der Wind wehte in die richtige Richtung, die Bewegungen der Männer stimmten, und es war der richtige Moment. Ich wiederhole: Es war reiner Zufall.«

JOE ROSENTHAL

ORDEN FÜR EIN KIND

Unbekannter Fotograf
Lauban (Schlesien)
9. März 1945

ORDEN FÜR EIN KIND

Der Marktplatz von Lauban, einer kleinen Stadt in Niederschlesien östlich von Görlitz, am 9. März 1945. Nach tagelangen Kämpfen mit sowjetischen Truppen ist der Ort noch einmal in die Hände der deutschen Wehrmacht gefallen. Die Propaganda feiert die Rückeroberung wie ein Fanal für die Wende des Kriegs. Vor der Kulisse ausgebrannter Bürgerhäuser und zerschossener Fassaden sind auf dem Kopfsteinpflaster die »Befreier« der Stadt angetreten, stramm in Reih und Glied; ihre verhärmten Mienen zeigen eine Mischung aus Stolz und Schicksalsergebenheit.

Der »Reichsbevollmächtigte für den totalen Kriegseinsatz«, Propagandaminister **Joseph Goebbels**, ist in die Stadt gekommen, hält eine Rede, bellt seine Durchhalteparolen über den Platz. Dann schreitet er mit seinem Tross die Garde der Krieger ab – Händeschütteln und anerkennende Worte. Bei diesem Anlass entsteht ein Foto, das den ganzen Wahnsinn des Endkampfs zum Ausdruck bringt: eine bittere Anklage gegen diesen Krieg. Denn der Soldat mit dem Eisernen Kreuz auf der stolzgeschwellten Brust, dem Goebbels mit Handschlag und Schulterklopfen zu der Auszeichnung gratuliert, ist ein Kind.

JOSEPH GOEBBELS

Wenn Hitlers Macht als Mischung aus Verführung und Gewalt verstanden werden kann, war er für die »Verführung« zuständig: Propagandaminister Joseph Goebbels. Auf seine Zeitgenossen wirkte er so abstoßend wie faszinierend. Je näher das Ende rückte, desto mehr half nur die verdeckte Lüge, um das Volk auf Kurs zu halten. Die gläubigsten Opfer fand der Rattenfänger zuletzt unter jenen, die in ihrem Leben nie andere Botschaften gehört hatten. Er hetzte Kindersoldaten in den sicheren Tod und zog seine eigenen Kinder mit ins Grab: »Das Totalste ist gerade total genug!«

Die Uniform ist viel zu groß für ihn, und unter dem schweren Stahlhelm kommen die weichen Gesichtszüge eines 16-jährigen zum Vorschein. Der kleine Junge im Feldgrau der Wehrmacht, mit dem Kriegsorden dekoriert und Zuversicht im Blick – ein Hoffnungsträger ganz nach dem Geschmack des Propagandachefs. »Dieser sechzehnjährige Hitlerjunge, Wilhelm Hübner, hat sich bei der Zurückeroberung von Lauban hervorragend bewährt«, trommelte der Wochenschausprecher später in die Ohren der Nation. »Er erhielt vor wenigen Stunden das Eiserne Kreuz.«

Es war eine Zeit, in der das Absurde normal erschien. Auf den Mauerresten zerschossener Hausruinen verkündeten Parolen noch den »Endsieg«. Als mutig galt, wer mit der Panzerfaust auf der Schulter eine heranrückende Armee aufhalten wollte. Unter denen, die so verheizt wurden, waren viele noch nicht einmal achtzehn Jahre alt. Ihr Geländespiel war tödlich und hieß »totaler Krieg«. Als letztes Aufgebot von der Schulbank an die Front geholt, sollten sie dazu beitragen, das Ende des Schreckens hinauszuzögern. Der Rattenfänger Goebbels stilisierte das sinnlose Blutvergießen zu einem pathetischen Heldenepos.

Wilhelm Hübner lebte später in Landshut; der Orden bekam einen Ehrenplatz in seiner Wohnung. Für ihn hatte das nichts mit Kriegsverherrlichung zu tun: »Für mich war das damals einer der Höhepunkte meines Lebens. Jedes Mal, wenn ich diese Szene in Lauban wiedersehe, in einer Zeitschrift oder im Fernsehen, dann berührt mich das immer wieder.« Wie aber kam es zu der Auszeichnung?

»Dass ich zum Einsatz kommen würde, das war eigentlich gar nicht vorherzusehen«, so Hübner. »In den Wochen davor hatten wir von der Hitlerjugend nur lockere Verbindung zur Wehrmacht und waren für den Panzerwarndienst zuständig. Als die Front bis an die Stadtgrenze von Lauban herankam, wurde der größte Teil der Hitlerjugend ungefähr zwanzig Kilometer zurückverlegt, aber ich bin dageblieben. Ich habe mich beim Kampfgruppen-Kommandanten gemeldet und ihm den Vorschlag gemacht, dass ich doch irgendwie als Melder behilflich sein könne, da ich doch selbst aus der Gegend sei und die Stadt kenne. Ansonsten waren ja nur ortsfremde Einheiten da. Er hat meinen Vorschlag akzeptiert, und zusammen mit den Meldern der Wehrmacht, alle älter als ich, wurde ich dann in einer Schule einquartiert.«

Aber um im Kreis der älteren Soldaten auch wirklich dazuzugehören, musste erst einmal das äußere Erscheinungsbild den neuen Gegebenheiten angepasst werden. Aus einer verlassenen Kaserne besorgte er sich eine Wehrmachtuniform und einen Stahlhelm – jeweils die kleinste Größe – und brachte die Schulterstücke der HJ an: »Und schon war ich ein richtiger Soldat.« So ging für den Jungen ein sehnlicher Wunsch in Erfüllung, Genugtuung für jahrelange Zurücksetzung. »Ich war von Haus aus ziemlich klein, und wenn wir bei der Hitlerjugend zum Exerzieren antraten, stand ich sozusagen immer hinten im letzten Glied. Und jetzt auf einmal unter richtigen großen erwachsenen Soldaten an der Front zu stehen, das war natürlich ein überwältigendes Gefühl.«

Er gehörte mit dazu; ein kleines Rädchen in der großen Kriegsmaschine. »Die alten Soldaten, die schon einige Feldzüge hinter sich hatten«, erinnerte sich Wilhelm Hübner, »haben mich ab und zu in meinem Übereifer etwas gebremst und gesagt: ›Bubi, halt dich zurück. Viel können wir jetzt sowieso nicht mehr machen.‹« Doch der Junge, ganz Feuer und Flamme, hörte nicht auf sie. Die Begeisterungsfähigkeit der Jugend war ein fruchtbarer Boden für die eingängigen Botschaften des Dritten Reichs. Ihre Idole waren die Helden der Kriege, ihre Ideale aus nationalem Holz geschnitzt. Du bist nichts, dein Volk ist alles – so sah die Welt in den Köpfen vieler Hitlerjungen aus. Eine gläubige und aufopferungsbereite Reserve sollten sie sein, leicht lenkbar für die, die an den Fäden zogen. Zur enthusiastischen Hingabe kam eine gehörige Portion Karl-May-Romantik.

HITLERJUNGE

In der Hitlerjugend waren in der Zeit des »Dritten Reichs« nahezu alle Jugendlichen organisiert – sämtliche anderen Jugendverbände wurden verboten. »Diese Jugend«, hatte Hitler 1938 mit fast schon spöttischem Unterton verkündet, »die lernt ja nichts anderes als deutsch denken, deutsch handeln.« Mit zehn Jahren, so der Diktator, gehöre sie ins Jungvolk, mit 14 in die Hitlerjugend, dann in die Partei und in den Arbeitsdienst. »Und nach der Wehrmacht nehmen wir sie sofort wieder in die SA, SS und so weiter. Und sie werden nicht mehr frei, ihr ganzes Leben.« Keine andere Generation davor oder danach wurde vom Staat derart vereinnahmt.

Doch Anfang März 1945 wurde das Kriegsspiel von der Wirklichkeit abgelöst. Wilhelm Hübners Heimatort geriet zum Schlachtfeld. Der fanatische Nazigeneral Ferdinand Schörner trieb seine Truppen in Schlesien noch einmal gegen die vorrückende Rote Armee. In Lauban, das bis dahin weitgehend vom Krieg verschont geblieben war, wurde jetzt erbittert um jedes Haus gekämpft. Und mittendrin, in einem Gewitter von Granateinschlägen und Maschinengewehrsalven, schlug sich der Hitlerjunge über die vertrauten Schleichwege zur Kommandostelle durch, um seine Meldungen zu überbringen.

Einmal rissen die Geschosse einer Stalinorgel direkt neben ihm Krater in den Schulhof, ein anderes Mal krachten MG-Schüsse knapp über seinem Kopf in einen Zaun. Es waren Zufälle, die ihm das Leben retteten. Hat er zu dieser Zeit in seinem Einsatz noch einen Sinn gesehen?

»Damals habe ich das schon geglaubt. Zumindest, dass die Kämpfe noch einen Zeitaufschub bringen würden, um die Frauen und Kinder, die auf der Flucht waren, retten zu können, wie mir die Soldaten damals sagten. Außerdem hatte ich im Stillen immer noch die Hoffnung, dass eine Wunderwaffe oder sonst etwas Gewaltiges kommt, das den Umschwung bringt.«

Statt der prophezeiten Wende sollte es später für viele ein böses Erwachen geben, als mit dem Ende des Dritten Reichs auch die Indoktrination ihre narkotisierende Wirkung verlor. Doch dem Hitlerjungen Wilhelm Hübner erschien die Wirklichkeit zunächst eher wie ein Traum. »Als Held habe ich mich damals nicht gefühlt«, sagte er später. »Aber ich war natürlich stolz darauf, dass ich für meinen relativ geringen Einsatz als Melder so eine Auszeichnung bekam.«

Wenn er sich an jene Zeit erinnerte, dann dachte er am liebsten ungetrübt an den kleinen Jungen, dem der Krieg ein einziges Abenteuer war. Später, ja natürlich, später sei ihm schon bewusst geworden, dass seine Begeisterung missbraucht wurde. Aber daran denkt er nicht gern. Ganz gewiss zählte Wilhelm Hübner nicht zu jenen vielen seines Jahrgangs, die sich um ihre Jugend betrogen fühlten. Damals hat man ihn benutzt, »na gut«. Doch habe er auf diese Weise wenigstens Geschichte gemacht – einmal im Leben.

HITLER AM ENDE

Franz Gayk

Berlin

20. März 1945

HITLER AM ENDE

Mit hochgeschlagenem Mantelkragen steht er da, in gebeugter Haltung, mit leerem Blick, die Hände hinter dem Rücken verborgen, um ihr starkes Zittern nicht zu zeigen. Der Mann, der einst Millionen Deutsche in seinen Bann geschlagen hat, ist in diesen letzten Kriegstagen nur noch ein körperliches Wrack.

FÜHRERBUNKER

Der gesamte Komplex der unterirdischen Katakomben umfasste sechs Bunker, die durch ein Labyrinth verwinkelter Gänge verbunden waren. Im Zentrum der Anlage stand der »Führerbunker« mit 18 Räumen. In den Katakomben herrschte eine ungewohnte Enge. Dunkle, niedrige Räume, muffige, kahle Verbindungsgänge verstärkten die düstere Stimmung. In dieser gespenstischen Atmosphäre lebten rund 20 Personen. Es war eine beklemmende Szenerie.

Schon in früheren Jahren hatte in den Hautquartieren eine merkwürdig surreale Atmosphäre geherrscht. Nun, im **Bunker** der Reichskanzlei, bewegte sich der Diktator vollends in einer düsteren Scheinwelt. Tobsuchtsanfälle wechselten mit Phasen tiefster Depression. Nach klaren Augenblicken tauchte Hitler wieder ab in die Tiefen seiner Visionen. Der Unterschied zwischen Tag und Nacht verschwamm, die letzte Lagebesprechung endete meist erst gegen sechs Uhr morgens. Vernünftige Ratschläge zur militärischen oder politischen Situation nahm er längst nicht mehr entgegen. War eine deutsche Abwehrlinie durchbrochen, kannte er hierfür nur einen Grund: Verrat, wie auch die ganze Ostfront nur durch Verrat zusammengebrochen sei.

Die Abfolge der verheerenden Niederlagen, das verzweifelte Ankämpfen gegen das Unvermeidliche hatten Hitler schwer gezeichnet. »Er bot körperlich ein furchtbares Bild. Er schleppte sich mühsam und schwerfällig, den Oberkörper vorwärtswerfend, die Beine nachziehend, von seinem Wohnraum in den Besprechungsraum des Bunkers«, beschrieb ein Generalstabsoffizier den Anblick Hitlers. »Ihm fehlte das Gleichgewichtsgefühl; wurde er auf dem kurzen Weg aufgehalten, musste er sich auf eine der hierfür an beiden Wänden bereitstehenden Bänke setzen oder sich an seinem Gesprächspartner festhalten. Er hatte die Gewalt über den rechten Arm verloren, die rechte Hand zitterte ständig.

Die Augen waren blutunterlaufen; obgleich alle für ihn bestimmten Schriftstücke mit dreimal vergrößerten Buchstaben auf besonderen ›Führerschreibmaschinen‹ geschrieben waren, konnte er sie nur mit einer scharfen Brille lesen. Aus den Mundwinkeln troff häufig der Speichel – ein Bild des Jammers und des Grausens.«

Nur noch selten verließ der Diktator sein selbst gewähltes Refugium unter den Trümmern der Reichskanzlei, wie an diesem 20. März 1945, an dem der geschlagene Kriegsherr sein letztes Aufgebot empfing – Halbwüchsige, als Frontsoldaten verkleidet, darunter auch Wilhelm Hübner aus Lauban: »Das war eigentlich der Wunsch eines jeden Hitlerjungen, wenigstens einmal bei irgendeinem Aufmarsch oder öffentlichen Auftritt den ›Führer‹ sehen zu können. Und ihm dann sogar persönlich gegenüberzustehen und ihm die Hand zu geben, das war einfach das Höchste, was es damals überhaupt gab«, so Hübner.

Aus der Nähe betrachtet, erwies sich das Idol freilich als aufgedunsene, greisenhaft anmutende Gestalt. Hübner war enttäuscht: »Nachdem diese ganze Vorstellung beendet war und wir uns wieder etwas beruhigt hatten, da begannen wir natürlich zu diskutieren. Und da hat man schon mehr oder weniger gesagt: ›Na ja, der Adolf ist schon alt und gebrechlich geworden.‹ Aber wir haben das natürlich darauf zurückgeführt, dass der Krieg ihm eben schwer zu schaffen gemacht hatte. Das war unsere Einstellung.«

Doch Hitler war noch immer der Dreh- und Angelpunkt des »Dritten Reiches«. Obgleich sich im Angesicht der Niederlage die Eigenmächtigkeiten seiner Paladine häuften, hielt er die Zügel noch immer in der Hand. Solange er den Willen dazu hatte, wurde weitergekämpft. Niemand in seiner engeren Umgebung hatte den Mut, offen gegen diesen Wahnsinn zu rebellieren. Keitel, Jodl, Goebbels und Bormann setzten Hitlers Befehle bis zum Schluss um und hielten die Maschinerie in Gang.

DER KINDERSOLDAT

John Florea

Rechtenbach (Hessen)

29. März 1945

DER KINDERSOLDAT

Es ist ein Foto, das wie kein anderes für das bittere Erwachen einer verführten Jugend steht – das Bild jenes 15, 16 Jahre jungen Flaksoldaten, der nach seiner Gefangennahme im Frühjahr 1945 hemmungslos weint. So wie ihm ging es damals vielen: Aufgewachsen in der fürsorglichen Belagerung durch die Hitlerjugend kannten die Kinder des Dritten Reichs nur den begeisterten Dienst für »Führer, Volk und Vaterland«. Umso schockierender erlebten sie das Kriegsende und die deutsche Niederlage.

Schon seit Mitte der 1960er-Jahre gab es zu dem Gesicht auch einen Namen. In der DDR-Zeitschrift *Freie Welt* schrieb Hans-Georg Henke aus Finsterwalde: »Ich war damals nicht etwa ein sogenannter Flakhelfer, sondern ein richtiger Soldat der Luftwaffen-Flak. Ein knappes halbes Jahr nach meinem 16. Geburtstag, im November 1944, wurde ich einberufen.« Im Februar 1945 sei seine Einheit an die Ostfront verlegt worden, habe dann jedoch überstürzt vor der Roten Armee nach Westen fliehen müssen. Das weltberühmte Bild sei in den ersten Maitagen in der Nähe von Rostock entstanden. »Wir übernachteten in einer Scheune – etwa 120 Mann. Morgens, kurz vor fünf, fuhren wir aus dem Schlaf. In der Nähe wurde geschossen. Alle brüllten durcheinander. Wir stürzten aus der Scheune und liefen direkt in einen Angriff der sowjetischen Infanterie hinein. Wahnsinnig vor Angst rannten wir über ein freies Feld, die Mütze flog mir vom Kopf.« Dies sei der Moment gewesen, da er fotografiert wurde, wahrscheinlich von einem sowjetischen Fotografen.

Hans-Georg Henke war bald ein gefragter Mann in der DDR, der immer dann auftrat, wenn Wortmeldungen gegen »Faschisten« und »Revanchisten« in der Bundesrepublik gefragt waren. Ein Jahr vor dem Ende der DDR machte man ihn dann sogar zum Titelhelden des Dokumentarfilms *Zwei Deutsche.* Henke, der nach dem Krieg in die SED eingetreten war und nach Ost-Lesart damit die richtigen Lehren aus der Geschichte gezogen hatte, wurde dem im Westen lebenden Wilhelm Hübner gegenübergestellt, der noch immer voller Stolz das von Goebbels verliehene Eiserne Kreuz herzeigte.

Doch kann Henkes Geschichte stimmen? Nach eigener Aussage wurde er von Sowjets gefangen genommen, aber das Foto stammt unzweifelhaft von **John Florea**, einem Fotografen. Ein Amerikaner in russischen Diensten? Wohl kaum. Vielleicht aus diesem Grund war später von der Gegend um Magdeburg als Ort des Geschehens die Rede. An der Elbe waren Russen und Amerikaner in den letzten Kriegstagen bekanntermaßen aufeinandergetroffen. Doch die 9. US-Panzerdivision, die Florea begleitete, war hier gar nicht im Einsatz. Der junge Soldat auf Floreas Foto kann also nicht Henke sein. Ob er bewusst gelogen hat, zu seinen Aussagen gezwungen wurde oder aber selbst tatsächlich an seine Geschichte glaubte, muss offen bleiben – Henke ist 1997 gestorben.

JOHN FLOREA

Florea (1916–2000) arbeitete als Fotograf in Hollywood, ehe er von der U.S. Army als Kriegsberichter akkreditiert wurde und vom pazifischen und europäischen Kriegsschauplatz berichtete. In Deutschland fotografierte er unter anderem die Befreiung des KZ Mittelbau-Dora. Nach dem Krieg reüssierte er als Fotograf der Stars und Sternchen in Hollywood und stieg dann selbst ins Filmgeschäft ein. Als Produzent war er neben zahlreichen anderen für die TV-Serie *Bonanza* verantwortlich.

Doch welche Story steckt dann hinter dem Foto? Die Spur führt nach Rechtenbach bei Gießen. Nach heftigen Kämpfen hatten die Amerikaner am 29. März 1945 hier 30 Gefangene in eine geschlossene Hofreite gebracht, darunter auch den jungen Luftwaffensoldaten. »Er stand mitten in unserem Hof, zitterte, wimmerte vor sich hin und weinte sogar«, berichtete der Hofbesitzer Friedrich Hofmann später. »Plötzlich kam ein amerikanischer Offizier mit einem Fotoapparat, kniete vor dem jungen Luftwaffensoldaten nieder und knipste ihn ganz aus der Nähe.« Andere Fotos aus der Serie, die den Jungen vor einer Mauer sitzend zeigen, beweisen eindeutig, dass die Bilder tatsächlich hier entstanden – die Ziegelwand sieht heute noch genau aus wie damals. Wer aber der in Tränen aufgelöste Kindersoldat war, wird wohl ein Rätsel bleiben.

Ich habe
mit den
Bolschewiken
paktiert

DAS STANDGERICHT

Unbekannter Fotograf

Wien

8. April 1945

DAS STANDGERICHT

Es war ein fast alltäglicher Anblick in der Endphase des Kriegs: Von einem Standgericht der Wehrmacht verurteilte Soldaten – als abschreckendes Beispiel für ihre Kameraden und die Zivilbevölkerung vor aller Augen hingerichtet. »Gegen Marodeure und feige Drückeberger«, hatte OKW-Chef Wilhelm Keitel schon im Herbst 1944 als Marschroute ausgegeben, »ist mit Standgerichten an Ort und Stelle schärfstens vorzugehen und angesichts der Soldaten sofort zur Abschreckung zu vollstrecken. Nur äußerste Rücksichtslosigkeit wird diesen die Heimat bedrohenden Verfall der Kriegsmoral aufhalten; durch Waffenanwendung in jeder Form muss hier aufgeräumt werden.«

Gerade in den letzten Kriegsmonaten wurde diese Vorgabe immer häufiger in die Tat umgesetzt. Gründe, als Wehrmachtsangehöriger oder als Zivilist von einem Standgericht verurteilt zu werden, gab es viele: Tatsächliche oder nur vermeintliche Drückebergerei, Befehlsverweigerung, Feigheit, Fahnenflucht, Plünderung oder aber Kollaboration mit dem Feind – wie im Fall von Karl Biedermann. Er wurde am 8. April 1945 gemeinsam mit zwei anderen Offizieren in Wien erhängt. Auf eine Tafel, die dem Toten um den Hals baumelt, haben die Henker geschrieben: »Ich habe mit den Bolschewiken paktiert.«

Gemeinsam mit einem Kreis von Verschwörern hatte Biedermann, Major der Wehrmacht und Kommandeur der Heeresstreifenabteilung Groß-Wien, verhindern wollen, dass die alte österreichische Hauptstadt in den letzten Kriegswochen noch zum Kampfgebiet wurde. Denn die Rote Armee rückte fast unaufhaltsam in Richtung Wien vor, nachdem im März 1945 in Ungarn die letzte deutsche Offensive im Süden der Ostfront gescheitert war. Hitlers Befehle in dieser Situation waren die gleichen wie andernorts: Halten um jeden Preis, Kampf bis zur letzten Patrone, als letztes Mittel vor dem Heranrücken des Feinds dann Zerstörung jeglicher Infrastruktur – Bahnhöfe, Brücken, Gas- und Elektrowerke, Lebensmittellager.

Im Wiener Wehrkreiskommando wollten sich einige führende Militärs mit dem geplanten Untergang ihrer Stadt nicht abfinden – und waren dafür sogar bereit, mit den Sowjets zu kollaborieren: Die »Operation Radetzky« nahm Gestalt an. Die Pläne sahen vor, der Roten Armee eine »Schleuse« nach Wien zu öffnen – im Westen der Metropole, wo niemand den Angriff erwartete, während im Süden und Osten stärkere Kampfverbände der Waffen-SS standen.

Doch durch ein abgehörtes Telefonat zwischen Biedermann und Carl Szokoll, dem Kopf der Verschwörung, bekam die SS Wind von der Sache. Szokoll konnte untertauchen, Biedermann aber wurde umgehend verhaftet, vor ein Standgericht gestellt und wegen »Landesverrats« zum Tode verurteilt – ebenso zwei andere Offiziere, die wie Biedermann während der Operation hätten strategisch wichtige Punkte in der Stadt sichern sollen.

Am 8. April wurden die Urteile auf der Hauptstraße des Wiener Vororts Floridsdorf vollstreckt. Als Erster kam Biedermann an die Reihe, dann folgten die beiden anderen Männer. »Der Offizier wurde von zwei SS-Männern zu der Säule der Autobusbahnhaltestelle geführt, wo der erste Strick befestigt war«, berichtete ein Zeuge, der Volkssturmmann Ferdinand Huschka, später. »Der Leutnant schrie ›Hoch!‹, die zwei Henkersknechte hoben ihn hoch und der Leutnant zog den Kopf in die Schlinge. Die Knechte zogen dann auf Befehl an.« Nach 20 Minuten war der Spuk vorbei. Die Leichen aber bleiben noch tagelang zur Abschreckung hängen.

Biedermann war zwar kein lupenreiner Demokrat, aber ein österreichischer Patriot, der für sein Land lieber einen Neuanfang unter sowjetischer Ägide wollte als einen heroischen Untergang. Genau das wurde ihm zum Verhängnis.

DAS KIND VON BUCHENWALD

Alfred Stüber

Buchenwald

Mitte April 1945

DAS KIND VON BUCHENWALD

Viele Fernsehzuschauer kennen die zu Herzen gehende Szene in Kodachrom: Nach der Befreiung des KZ Buchenwald filmen US-Kameraleute neben Leichenbergen und halb verhungerten Häftlingen auch einen kleinen Jungen. Vielleicht vier Jahre ist er alt, auf seinem Mäntelchen prangt ein rotes Dreieck – mit einem »P« für »Pole«. In der Hand hält er einen Roller, schüchtern lächelt er in die Kamera: Er hat das Grauen überstanden. Ein Kind im Konzentrationslager – das war kein Einzelfall. Auch der Junge auf dem Foto gehörte zu jenen unschuldigen jüngsten Insassen in Buchenwald. Sein Name: Stefan Jerzy Zweig.

Ein Dreivierteljahr zuvor war Zweig mit seinem Vater Zacharias, einem jüdischen Rechtsanwalt aus Krakau, ins Lager gekommen – und auch ihm war es gelungen, bis zur Ankunft der amerikanischen Truppen am 11. April 1945 zu überleben. Wie – das konnte ab Ende der 1950er Jahre jedermann nachlesen: Der Roman *Nackt unter Wölfen* des DDR-Autors Bruno Apitz – selbst Buchenwald-Überlebender – erzählte die heroische Geschichte der Rettung des »Kinds von Buchenwald« durch selbstlose kommunistische Häftlinge. **Nackt unter Wölfen** wurde in der DDR zur Pflichtlektüre für Schüler und auch international ein Bestseller. Die DEFA-Verfilmung fünf Jahre später mit Erwin Geschonneck und Armin Müller-Stahl in den Hauptrollen gehört zu den Klassikern des ostdeutschen Kinos.

Doch die wahre Geschichte ist komplizierter: Zwar kümmerten sich tatsächlich politische Häftlinge rührend um den kleinen Stefan, doch vor der SS versteckt

NACKT UNTER WÖLFEN

Vor allem aus westlicher Perspektive wurde der Roman von Bruno Apitz mitunter als plattes Propagandamachwerk bezeichnet. Wie man heute weiß, hat er tatsächlich einige Passagen – zum Beispiel den Schluss – nach den Vorgaben der SED umgeschrieben. Doch das Buch war alles andere als ein Auftragswerk der Partei: Dass es überhaupt erscheinen konnte, glich einem kleinen Wunder: Apitz' Romanhelden waren längst als »Abweichler« verschrien, die gegen die Parteidisziplin verstoßen hätten. Apitz selbst hat zudem nie behauptet, einen Tatsachenbericht geliefert zu haben – die Geschichte des »Kinds von Buchenwald« kannte er nur vom Hörensagen.

werden, wie im Roman behauptet, musste er nicht: Zweig hatte eine offizielle Häftlingsnummer, nahm sogar an Appellen teil. Dass sein Vater, der in einem anderen Bereich des Lagers eingepfercht war, ihn regelmäßig besuchen konnte, fehlt bei Apitz ebenso wie der wahre Grund für das Überleben des Jungen: Als er im September 1944 gemeinsam mit 200 anderen Jugendlichen nach Auschwitz geschickt werden sollte, wurde sein Name gestrichen. Statt seiner ging der 16-jährige Sinti-Junge Willy Blum ins Gas. Wer die Ersetzung vorgenommen hat und warum, ist bis heute umstritten – ebenso, wie man den Vorgang nennen darf: Als von einem »Opfertausch« die Rede war, fühlte sich Zweig brüskiert und ging vor Gericht: Der Begriff stellte für ihn die Kausalitäten auf den Kopf – als träfe die Opfer eine Schuld an ihrem Schicksal. Es sind Wunden, die bis heute schmerzen.

Auch ein anderer Mythos, den der Roman feierte, bröckelte in den letzten Jahren: der Mythos von der heldenhaften Selbstbefreiung des Lagers. Anfang April 1945 waren noch fast 50 000 Menschen in Buchenwald gefangen. Als dann rund die Hälfte in andere Lager geschickt wurde, bereiteten die Häftlinge tatsächlich den Aufstand vor. Zum offenen Kampf kam es aber nicht mehr. Angesichts der rasch vorstoßenden amerikanischen Truppen zogen sich die SS-Wachen aus dem Lager zurück. Als am Nachmittag des 11. April die ersten GIs in Buchenwald eintrafen, waren die Wachtürme in der Hand der Häftlinge. Sie begrüßten die Befreier an jenem Tor, das die zynische Aufschrift »Jedem das Seine« trug.

Freiheit – in der Erinnerung Stefan Jerzy Zweigs ist das ein Gefühl: zu schweben. »Einer Nussschale gleich schaukelte das Kind über den wogenden Köpfen«, lauten die letzten Worte im Roman von Bruno Apitz. »Im Gestau quirlte es durch die Enge des Tores, und dann riss es der Strom auf seinen befreiten Wellen mit sich dahin.« Mit ihm konnten noch 903 andere Kinder und Jugendliche bis 17 Jahren aus Buchenwald dieses Glück teilen.

DIE FRAU VON SIEGBURG

Troy A. Peters

Siegburg

13. April 1945

DIE FRAU VON SIEGBURG

Es ist eine Sache von Sekunden: Als US-Sergeant Troy A. Peters am 13. April 1945 durch Siegburg läuft, hastet am Marktplatz eine Frau an ihm vorbei. Vielleicht 45 Jahre ist sie alt, sie trägt einen Pullover, darüber eine Kittelschürze, das Kopftuch hat sie nicht im Nacken, sondern nach der Mode der Zeit auf dem Kopf gebunden. Mit sich schleppt sie ein paar Habseligkeiten: Teppiche, einen verschnürten Persil-Karton. Peters reißt die Kamera hoch und drückt auf den Auslöser. In sein Notizbuch trägt er ein: »Deutsche Frau flieht aus brennendem Gebäude in Siegburg, Feuer von einem Nazisaboteur gelegt.«

Es war die Stunde null zwischen Nazizeit und Besatzungsregime. Der Krieg war hier schon zu Ende. Man hatte überlebt, das war die Grundstimmung. Erleichtert war man, weil das Schießen und Bomben aufhörte, weil das Töten und Sterben um einen herum vorbei war. Zugleich aber zerbrachen mit dem Einmarsch die letzten Hoffnungen auf eine Kriegswende, an die sich viele geklammert hatten.

Besonders die Jüngsten hatten den Parolen der NS-Propaganda bis zuletzt Glauben geschenkt. Im Angesicht der Niederlage führten einige von ihnen als »Werwölfe« im Rücken des Feindes einen gnadenlosen Kleinkrieg. Sabotageakte gegen die Alliierten waren genauso vorgesehen wie der Kampf gegen deutsche »Verräter« – Menschen etwa, die trotz scharfer Verbote weiße Tücher aus den Fenstern ihrer Häuser und Wohnungen hängten.

Auch in Siegburg gab es drei Tage nach der Eroberung durch die Amerikaner noch immer vereinzelte Widerstandsnester, explodierten in der Stadt Granaten. Ob es sich dabei um die Taten von »Werwölfen« handelte oder nur von versprengten deutschen Soldaten, lässt sich heute nicht mehr klären – der Frau auf unserem Foto dürfte das auch egal gewesen sein: Sie hatte ihr Obdach verloren, als der Frieden schon zum Greifen nah schien.

Militärisch relevant war der »Werwolf« zu keinem Zeitpunkt. Trotzdem bewirkte allein die Legende einer solchen Untergrundarmee, dass die Alliierten verstärkten Argwohn gegen die Zivilbevölkerung hegten. Leutnant Demetri »Dee« Paris, der damals am Rhein kämpfte: »Ich hatte ein persönliches Gefühl der Bitterkeit gegenüber der ganzen deutschen Nation. Schon deswegen, weil wir nicht einmal zwölfjährigen Jungen trauen konnten, die als Hitlerjungen ausgebildet und indoktriniert waren. Einer meiner Kameraden wurde von einem solchen Kind getötet. Er war überhaupt nicht darauf gefasst, aber plötzlich stand dieser Junge vor ihm und feuerte mit einer Panzerfaust, ein fanatischer Hitlerjunge, dem man eingetrichtert hatte, er müsse sein Heimatland verteidigen.«

Zuweilen allerdings beschlich die Sieger ein mulmiges Gefühl, wenn sie die zerbombten deutschen Städte betraten. Die anfängliche Genugtuung über die wohlverdiente Strafe, die das deutsche Volk für seinen Eroberungs- und Vernichtungsfeldzug durch halb Europa erhalten hatte, verrauchte angesichts des Elends der deutschen Zivilbevölkerung in den Ruinen ihrer Städte. In den Trümmern kam es trotz Fraternisierungsverbots zu ersten Begegnungen zwischen Siegern und Besiegten. Viele Deutsche im Westen waren froh, von Briten und Amerikanern besetzt zu werden. Willkürliche Erschießungen, Verschleppungen und Massenvergewaltigungen, wie sie aus den von der Roten Armee besetzten Gebieten gemeldet worden waren, gab es hier nicht.

Was aus der Frau wurde, die Sgt. Peters am 13. April 1945 in Siegburg fotografiert hatte, ist nicht bekannt. Vor einigen Jahren startete die örtliche Zeitung einen Suchaufruf, doch niemand meldete sich. Ihr Schicksal bleibt ungeklärt.

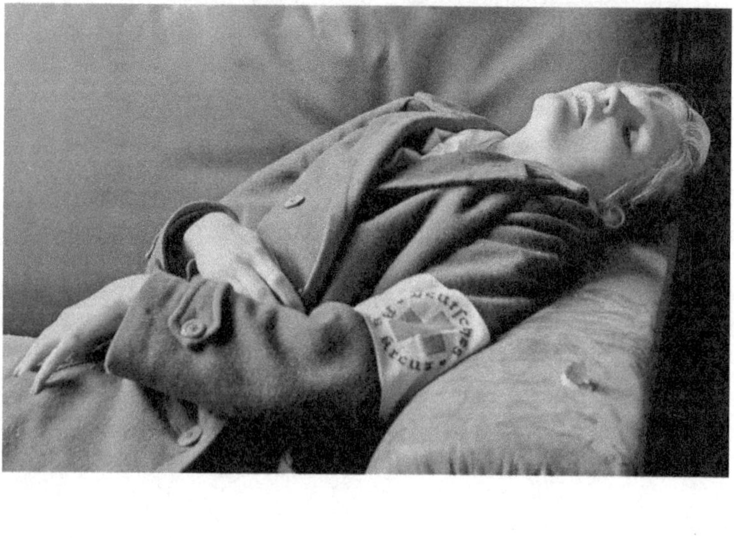

DER SELBSTMORD

Margaret Bourke-White/
Lee Miller
Leipzig
19./20. April 1945

DER SELBSTMORD

Der Kalender auf dem Schreibtisch zeigt Freitag, den 13. Doch das Unglück, das den Leipziger Stadtkämmerer Ernst Kurt Lisso und seine Familie traf, kam nicht plötzlich und unerwartet. Kurz bevor amerikanische Truppen die Eroberung der Messestadt abgeschlossen hatten, brachte sich Lisso gemeinsam mit seiner Frau und seiner Tochter in seinem Dienstzimmer im Rathaus um.

Der Selbstmord hoher NSDAP-Funktionäre und Wehrmachtführer in den letzten Tagen des Kriegs war nichts Ungewöhnliches. So töteten sich acht der 41 Gauleiter, ebenso zehn Prozent der Heeresgeneräle. Aber auch ganz normale Bürger des untergehenden Dritten Reichs legten Hand an sich: Allein im April 1945 gab es in Berlin 3881 amtlich registrierte Suizide – fünfmal mehr als sonst üblich. Es waren nicht nur fanatische Nazis, die den Freitod wählten: Die von der Goebbels-Propaganda eingeimpfte Furcht vor der blutigen Vergeltung insbesondere durch die Rote Armee ließ vor allem im Gebiet der herannahenden Ostfront die Selbstmordraten nach oben schnellen.

Ungewöhnlich an den Freitoden im Leipziger Rathaus war lediglich, dass hier eine ganze Reihe Spitzenfunktionäre Harakiri beging: Neben Lisso und seiner Familie hatten sich auch Oberbürgermeister Alfred Freyberg mit Frau und Tochter sowie drei Volkssturmführer umgebracht.

Ungewöhnlich war auch, dass unabhängig voneinander gleich zwei Top-Fotografinnen aufseiten der Alliierten den Schauplatz ablichteten. Da war zum einen Margaret Bourke-White, die bekannte *Life*-Reporterin. »Am frühen Morgen des 20. April, eines Freitags, stürzte mein *Life*-Kollege Bill Walton zu mir herein«, berichtete sie später. »›Fahren Sie schnell zum Rathaus, ehe sie es aufräumen‹, sagte er. ›Da drin sieht es aus wie in Madame Tussauds Wachsfigurenkabinett!‹ … Wir standen in einem überladen eingerichteten Büro, mit sentimentalen Landschaftsbildern an den Wänden und schweren Möbeln, wie sie die Deutschen im neunzehnten Jahrhundert für luxuriös hielten. Auf den massiven Ledermöbeln lehnte eine Familiengruppe, die so intim und lebendig wirkte, dass man kaum glauben konnte, dass diese Menschen nicht mehr am

Leben waren. Am Schreibtisch saß Dr. Kurt Lisso, den Kopf in die Hände gelegt, als ob er ausruhen wollte. Auf dem Sofa lag seine Tochter und in dem dick gepolsterten Armsessel saß seine Frau. Die Ausweise und Dokumente der ganzen Familie waren ordentlich auf dem Schreibtisch ausgebreitet, daneben stand die Flasche Pyrimal, mit dem sie sich offensichtlich umgebracht hatten.«

Bereits zuvor war die schöne **Elizabeth »Lee« Miller** nach Leipzig gekommen, die erst als Model, dann als Fotografin für die amerikanische *Vogue* gearbeitet hatte. Sie inszenierte die makabre Szenerie im Rathaus fast schon wie ein Modeshooting – insbesondere die blonde Tochter des Stadtkämmerers hatte es ihr angetan: Auf den Bildern wirkte sie in ihrer adrett-sauberen Rotkreuzuniform wie ein wächserner, schlafender Engel, der mit seinen leicht geöffneten Lippen gleichsam auf den Kuss des Prinzen wartete, der sie wieder zum Leben erwecken würde.

Auf einem Foto platzierte Lee Miller zudem ein Hitlerporträt gegenüber dem Schreibtisch, um den symbolischen Gehalt der Aufnahme noch zu erhöhen. Bourke-White, die genau dieselbe Bildeinstellung wählte, wären solche Kniffe wohl nie in den Sinn gekommen. Als journalistischer Profi wahrte sie mehr Distanz zum Geschehen.

LEE MILLER

Die ewig gleichen Rituale des Moderummels langweilten sie bald. Ende der 20er Jahre ging Lee Miller (1907–1977) nach Europa und tauchte ins turbulente Leben der künstlerischen Avantgarde ein. Sie war die Muse von Man Ray, wurde von Picasso porträtiert, war mit Jean Cocteau befreundet und schuf selbst hochartifizielle Fotoarbeiten. Ihr Kriegseinsatz wurde dann zum kompletten Kontrastprogramm ihres vorherigen Bohemelebens: »Während ungefähr eines Jahres, mit einigen wenigen Ausnahmen, glich sie einem ungemachten Bett von zweifelhafter Sauberkeit, bekleidet mit einer olivgrünen Uniform, und die Füße steckten in schmutzigen Soldatenstiefeln«, schrieb ihr Fotografenkollege David Scherman.

DER HÄNDEDRUCK

Unbekannter Fotograf

Torgau

26. April 1945

DER HÄNDEDRUCK

Es ist eine symbolische Geste: Das Hitlerreich steht kurz vor dem Zusammenbruch, da reichen sich amerikanische und sowjetische Soldaten auf den Trümmern der Torgauer Elbbrücke die Hände. Es sind ziemlich ungleiche Waffenbrüder, die sich hier zum ersten Mal begegnen, die Kaugummi kauenden GIs aus dem Land der unbegrenzten Möglichkeiten und die Rotarmisten aus Stalins Reich. Doch danach fragt in dieser Stunde keiner. Wichtig ist das Zeichen: Soldaten der Anti-Hitler-Koalition aus dem Westen und dem Osten geben sich die Hand – mitten in Feindesland. Sinnbild für das Ende des Zweiten Weltkriegs in Europa. Das Foto geht um die Welt. »Yanks meets Reds« (Yankees treffen auf die Roten) lautet die schmissige Schlagzeile der amerikanischen Soldatenzeitung *Stars and Stripes*.

Doch war es wirklich der erste »Link up« von Sowjets und Amerikanern oder wurde hier wie so oft bei historischen Symbolfotos getürkt? Die Spur führt nach Amerika. Einer der Männer, die auf dem historischen Bild abgelichtet wurden, war Delbert E. Philpott, später Professor bei der NASA – er ist der GI in der Mitte. Und tatsächlich: »Keiner der Männer auf dem Foto hat jemals behauptet, beim ersten Händedruck dabei gewesen zu sein«, so Philpott freimütig, »nur in den Medien und in etlichen Büchern wurde dieser Eindruck erweckt. Die Aufnahme entstand mehr oder weniger zufällig.« Das berühmte Bild also eine Fälschung?

Ja und nein: »Ein Fotograf kam auf uns zu und sagte, er wolle das Zusammentreffen der Russen und Amerikaner rekonstruieren«, berichtete Philpott später. »Er suchte ein paar Freiwillige. Ich erklärte mich bereit mitzumachen. Einer von uns, der ein paar Brocken Russisch konnte, sprach einige Soldaten der Roten Armee an, ob sie auch mit aufs Foto wollten; so kam die bunt gemischte Runde zusammen. Immerhin gehörten wir ja alle zu Einheiten, die bei den ersten ›Link-ups‹ mit dabei waren.« Nur eine halbe Fälschung also.

Offenkundig ist die Inszenierung oft einprägsamer als die Wirklichkeit – zumal wenn beim tatsächlichen ersten Augenblick gerade keine

Kamera zur Hand ist. So ist die Entstehung unseres Fotos nicht, wie oft behauptet, auf den 25. April zu datieren. Da wurde gefeiert, nicht fotografiert. Der Fotograf war erst am nächsten Tag dabei.

Dass es zwei Fotos vom Händedruck bei Torgau gibt, die sich täuschend ähnlich sind, fällt nur bei genauem Hinsehen auf. »Das lag daran, dass einige Anläufe nötig waren, bis wir die richtige Pose eingenommen hatten. Der Fotograf gab ständig Anweisungen: ›Nein, nicht die Hand geben – nur einander entgegenstrecken, bitte.‹ Der Soldat neben mir auf dem Bild, ich glaube, Metzger hieß er, wollte immerzu in die Kamera schauen. ›Nein‹, rief der Fotograf, ›schaut die Sowjets an.‹ Dann schoss er das erste Foto – wir blickten brav zu den Sowjets. Zur Sicherheit wollte er noch eine zweite Aufnahme machen. Jetzt hielt es Metzger nicht mehr aus: Als der Auslöser klickte, starrte er in die Kamera.« Das Foto mit »Blick auf die Sowjets« wurde am nächsten Tag in *Stars and Stripes* veröffentlicht, aber auch das andere – »mit Blick in die Kamera« – ging um die Welt. In einschlägigen Geschichtsbüchern tauchen beide Bilder auf.

Bill Robertson und Alexander Silwaschko hießen die Männer, die sich tatsächlich als erste auf der Torgauer Elbbrücke die Hände reichten. »Eigentlich hatten wir gar nicht die Erlaubnis, bis an die Elbe heranzufahren«, erinnerte sich Bill Robertson. »Die beiden Streitkräfte hatten vereinbart, dass die US-Armee nicht ganz bis zum Fluss vorrückt. Es sollte eine Pufferzone bleiben, um zu vermeiden, dass es versehentlich zu Feuergefechten zwischen uns und den Sowjets kam.

Der Vormarsch der US-Armee wurde aber nicht nur gestoppt, um einen Korridor zu schaffen. Die große Politik war mit im Spiel. Längst standen die Grenzlinien der künftigen Besatzungszonen fest. Um die Russen nicht vor den Kopf zu stoßen, trat General Eisenhower auf die Bremse. Schon am 20. April waren seine Truppen in Magdeburg und Leipzig eingerückt. Bei Lauenburg hatten die Briten die Elbe überschritten und weite Teile von Westmecklenburg besetzt. Der britische Oberbefehlshaber, Feldmarschall Montgomery, wäre gern weitermarschiert, Richtung Berlin, doch Eisenhowers »No« war unwiderruflich. Der General pfiff sogar US-Einheiten wieder zurück, um der Roten Armee Platz zu machen. Die Sowjets wollten selbst die Reichshauptstadt erobern – ihre Siegesbeute. Gleichzeitig drangen sie bis zur Elbe vor.

Bill Robertson wollte es dennoch auf einen Versuch ankommen lassen, Kontakt mit den Sowjets aufzunehmen. Mit blauem und rotem Pulver aus einer Apotheke malte er ein Sternenbanner auf ein Laken und schwenkte es vom Turm des Schlosses Hartenfels am Westufer der Elbe. Die Sowjets antworteten erst einmal mit MG-Feuer und Kanonen, doch dann erkannten sie, wen sie am anderen Flussufer vor sich hatten. »Als ich die Uniformen der US-Armee erkannte, fasste ich den Entschluss, den amerikanischen Kameraden entgegenzugehen«, so Alexander Silwaschko. »Das waren spannende Minuten. Und dann kam der große Augenblick: Mitten auf der Brücke reichten wir uns die Hände. Es war ein erhebendes Gefühl.«

Die wahren Helden von Torgau feierten das Ereignis noch am gleichen Tag – mit Wodka, Sekt und Schnaps in Hülle und Fülle. »Viel geredet haben wir nicht, dafür aber umso mehr gesungen«, so Robertson. Es war eine überschwängliche Party – überall US-Boys und Sowjetsoldaten, die sangen, lachten und tanzten.

Nach seiner Rückkehr jedoch bekam Robertson wegen seines eigenmächtigen Vorgehens den geballten Zorn seines Vorgesetzten zu spüren und wurde mit anderen GIs unter Arrest gestellt. Aber er hatte Glück. Vom Korpskommandeur General Hoggis wird berichtet, er habe ganz euphorisch auf die Nachricht aus Torgau reagiert: »Welche Neuigkeit! Ich bin glücklich, meine herzlichsten Glückwünsche! Ich bin froh, dass ihr's geschafft habt!« Als schließlich der Oberkommandierende der Westalliierten, Dwight D. Eisenhower, davon erfuhr, gab es kein Halten mehr: »Lasst sie sofort raus!« So wendete sich das Blatt und die Begegnung zwischen Robertsons Patrouille und Silwaschkos Vorposten wurde von den Oberbefehlshabern der Alliierten offiziell zum ersten Zusammentreffen erklärt. Das Foto, dass ein Army-Fotograf aus diesem Anlass schoss, wurde aber nicht halb so berühmt wie die Aufnahme mit Delbert E. Philpott auf der Brücke.

Doch das ist immer noch nicht die ganze Geschichte: Das allererste »Link-up« fand in Wahrheit nicht in Torgau statt. Schon Stunden vor Bill Robertson hatte Leutnant Albert Kotzebue (ein Urenkel des deutschen Dramatikers aus dem 19. Jahrhundert) am Westufer der Elbe eine Begegnung mit sowjetischen Soldaten – in der Nähe des Städtchens Strehla. Mit einem Boot setzte die US-Patrouille über den Fluss, um die Nacht bei den Sowjets zu verbringen. Das brachte sie um ihren Ruhm.

In der Tat: Die ganze Welt sprach von Torgau und nicht von Strehla. Am 26. April fand auf den Torgauer Elbwiesen die offizielle Feier statt. Die Bilder vom Tage, überwiegend gestellte Posen, sind bekannt: der Aufmarsch der Kommandeure, das Schulterklopfen der Soldaten, das gemeinsame Tänzchen mit polierten Militärstiefeln. Es herrschte Harmonie zwischen »Yanks« und »Reds«, als sei die Allianz durch nichts zu erschüttern – vom Kalten Krieg war noch nichts zu spüren.

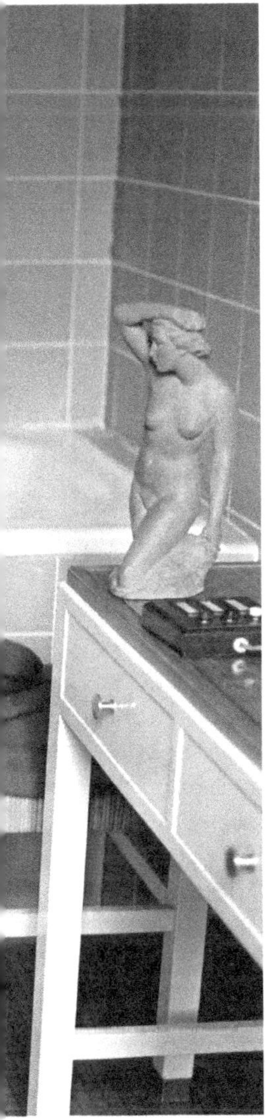

IN HITLERS BADEWANNE

David Scherman

München

1. Mai 1945

IN HITLERS BADEWANNE

In einer Badewanne sitzt eine Frau. Davor stehen ihre schmutzigen Stiefel, auf einem Hocker liegen ihre Kleider. Der Hausherr ist nicht zugegen – er hat sich am Vortag fernab im Bunker unter der Berliner Reichskanzlei umgebracht. Auf dem Rand der Wanne steht sein Bild: Adolf Hitler. Während die Nachricht vom Tod des »Führers« um die Welt geht, inszenieren die amerikanischen Fotografenfreunde Lee Miller und David Scherman im Badezimmer seiner Privatwohnung am Münchner Prinzregentenplatz einen symbolischen Akt der Inbesitznahme – eine Entweihung der besonderen Art.

Am Vormittag hatten sie Dachau gesehen. Das erste große Konzentrationslager der Nazis war auch eines der letzten, das befreit wurde. Das Ausmaß des Schreckens in dieser Hölle traf die Befreier wie ein Schock. Sie sahen einen Güterzug, achtlos abgestellt auf einem Nebengleis – voller Leichen. Wie sich später herausstellte, die Überreste eines Transports aus Buchenwald. Ohne Nahrung und Wasser waren die Häftlinge in den Waggons einfach zugrunde gegangen. Sie sahen die Leichenberge im Krematorium. Und sie gingen in die Baracken, in denen die meisten Häftlinge apathisch auf den Pritschen lagen – viele entkräftet, todgeweiht. »In den wenigen Minuten, die ich brauchte, um meine Fotos zu machen, wurden zwei tote Männer gefunden, wenig würdevoll herausgeschleppt und auf den Leichenhaufen außerhalb des Blocks geworfen«, schrieb Miller an ihre Verlegerin. »Das schien außer mir niemanden zu stören … Die Leichen werden einfach hinausgeworfen, damit ein Wagen, der jeden Tag seine Runde macht, sie einsammeln kann wie Müll.«

Es waren Bilder des Grauens, die sie zeit ihres Lebens verfolgen sollten – und die ihren Hass auf die Deutschen verstärkten. »Der Anblick der blau-weiß gestreiften Lumpen, die den bestialischen Tod von so vielen verhungerten und verstümmelten Männern und Frauen umhüllten, ließ uns nach frischer Luft und Gewalt verlangen«, so Miller, »und wenn München, der Geburtsort dieses Grauens, fiel, wollten wir dabei helfen.«

Viel zu tun für sie gab es allerdings nicht mehr: Die »Hauptstadt der Bewegung« leistete den Amerikanern kaum noch Widerstand. Und so besetzten Miller und Scherman mit einer Handvoll GIs kurzerhand die Wohnung Hitlers, die dieser freilich seit Jahren nicht mehr benutzt hatte. Miller begutachtete und fotografierte die Räume mit dem geübten Blick der *Vogue*-Mitarbeiterin – gewissermaßen eine Homestory ohne Hausherr. »Nichts deutete darauf hin, dass jemand mit höheren Ansprüchen als ein Kaufmann oder ein Pfarrer im Ruhestand dort gewohnt hatte«, ätzte Miller. Die Wohnung habe »weder Charme noch Eleganz, nichts Intimes, aber auch nichts Prachtvolles« besessen.

Doch die Gewöhnlichkeit dieser Bleibe war es gleichzeitig, die sie zutiefst verunsicherte. All die Jahre sei Hitler ihr nicht wie ein Mensch aus Fleisch und Blut, sondern wie ein »teuflisches Maschinenmonster« erschienen – bis sie die Orte besucht habe, an denen er gelebt hatte, und mit Menschen gesprochen habe, die ihn gekannt hatten. »Dadurch, dass er manche fast menschliche Gewohnheiten hatte, verlor er das Legendenhafte und wurde dafür umso schrecklicher.« Womöglich, so Miller, habe jeder so eine dunkle Seite in sich, die einen ganz normalen Menschen zum skrupellosen Verbrecher machen könne.

Und die Inszenierung in der Badewanne? Sie verband den praktischen Zweck mit der symbolischen Geste: »Ich habe mir den Dreck aus Dachau in seiner Wanne abgewaschen«, sagte Lee Miller. Zugleich war sie subtile Siegespose: Die schöne Frau in der Höhle des besiegten Löwen verdeutlichte den ganz privaten Triumph über die Macht des Diktators.

DIE ROTE FAHNE AUF DEM REICHSTAG

Jewgenij Chaldej

Berlin

2. Mai 1945

DIE ROTE FAHNE AUF DEM REICHSTAG

JEWGENIJ CHALDEJ

Er ist bis heute einer der bekanntesten sowjetischen Kriegsfotografen: Jewgenij Chaldej (1917–1997). 1148 Tage lang war er den Truppen gefolgt, hatte 30 000 Kilometer zurückgelegt, das Auge stets am Sucher, den Finger stets am Auslöser: in Kertsch und Sewastopol, in Belgrad, Budapest und Wien. Das Bild von der roten Fahne auf dem Reichstag hatte für den Juden Chaldej, dessen Mutter 1918 bei einem Pogrom getötet worden war und dessen Vater und drei Schwestern in Donezk von Deutschen ermordet wurden, noch eine eigene Bedeutung. Es war Symbol für seinen ganz persönlichen Triumph: »Das hätte Hitler wohl nicht gedacht, dass ein Jude diese Flagge näht und ein zweiter Jude sie auf dem Reichstag hisst!«

Jewgenij Chaldej nahm sich Zeit. Lange suchte er auf dem Dach des Reichstags nach der richtigen Komposition für sein Bild – er wollte besser sein als seine Konkurrenten. »Es waren viele Fotografen und Flaggen auf dem Reichstag«, erinnerte er sich an den Morgen jenes Tages. Die beiden Rotarmisten, die dem Kriegsfotografen gezeigt hatten, wie man auf das Dach der Reichstagsruine kommen konnte, halfen ihm auch hier oben. Gemeinsam suchten sie nach dem günstigsten Standort. Dann nahm einer der Soldaten die rote Fahne und schwenkte sie vor der Kulisse der Berliner Ruinenlandschaft. Chaldej bekam endlich sein Bild.

Es war der 2. Mai 1945. Der TASS-Fotograf war am Vortag in Berlin eingetroffen, um den endgültigen Sieg der Roten Armee über Hitlers Wehrmacht in wirkungsvollen Bildern festzuhalten. Die Schlacht um Berlin war geschlagen: An jenem Tag streckten die Deutschen in der Reichshauptstadt die Waffen.

Der Profi Chaldej überließ nichts dem Zufall. Als erfahrener Kriegsfotograf wusste er, dass die gewünschten symbolträchtigen Triumphbilder sorgfältig inszeniert werden mussten. Eine Rote Fahne war dafür im Sowjetreich unverzichtbar. Am Abend vor seiner Abreise aus Moskau hatte er deshalb aus der TASS-Agentur einige rote Tischtücher mitgehen lassen. Die brachte er noch in der Nacht zu seinem Freund Israel Israelitsch Tjeschitzer, einem jüdischen Schneider. Der nähte stundenlang und versah die roten Tücher mit Hammer und Sichel. Perfekt mit einer Leica-Kamera und seinen Requisiten ausgerüstet traf Chaldej am 1. Mai in Berlin ein. Sofort ging er auf Motivsuche.

Am Flughafen Tempelhof hisste er vor den Ruinen des Empfangsgebäudes seine erste Flagge und fotografierte. Am nächsten Tag folgte der zweite Versuch: Morgens um sieben ließ er eine Fahne auf dem Brandenburger Tor flattern. Doch sein geschultes Auge war noch nicht überzeugt. Eine Stunde später stand er in Begleitung zweier Rotarmisten auf dem Dach des brennenden Reichstags und drückte den Auslöser. Chaldej war zufrieden – er wusste, dass die inszenierten Bilder, die er hier schoss, genau das waren, was er gesucht hatte.

Die Aufnahme, die in den folgenden Tagen um die Welt ging, hatte nur einen Schönheitsfehler: Auf den Abzügen, die zunächst verbreitet wurden, sah man am Handgelenk eines Rotarmisten, der seinen fahnenschwenkenden Kameraden stützt, zwei Armbanduhren. Das war politisch unkorrekt – ein siegreicher Sowjetsoldat durfte nicht als »Uhrendieb« verewigt werden. So wurden die ohnehin gestellten Aufnahmen noch einmal retuschiert, schließlich veröffentlichte man Bilder aus der Serie, auf denen nur ein Mann zu sehen ist. Erst in dieser offiziell abgesegneten Form geriet die »Rote Fahne auf dem Reichstag« zu einer der bekanntesten fotografischen Ikonen des Zweiten Weltkriegs.

Das konnten die Sergeanten Militon Kantarija und Michail Jegorow am 2. Mai 1945 natürlich noch nicht ahnen. Sie waren jene beiden Männer, die Chaldej auf dem Reichstag ablichtete. Dass gerade sie zu diesem Heldendienst ausgewählt worden waren, hatte natürlich auch seinen tieferen Sinn. Jegorow gehörte dazu, weil ein Russe halt immer dabei sein musste; und Kantarija als Georgier wie der »Woschd«, Väterchen Stalin aus Tiflis.

Immerhin gehörten die beiden tatsächlich zur Aufklärungsabteilung der Einheit, die am 30. April um 10:30 Uhr den verlustreichen Sturm auf den Reichstag begann. Kantarija erinnerte sich an den Auftrag, den er und Jegorow bekamen: »Unser Kommandeur war Oberst Sintschenko. Am 30. April rief er uns zu sich und sagte: ›Burschen, stürmt den Reichstag, hisst die Fahne, und dann meldet euch bei mir.‹« Keine leichte Aufgabe: Das Gebäude war von starken deutschen Kräften besetzt, das freie Gelände vor dem Reichstag war von Drahtverhauen versperrt und vermint. Die Verteidiger hatten freies Schussfeld auf jeden, der sich dem Gebäude näherte.

Die ersten Angriffe der sowjetischen Schützenkompanien blieben im mörderischen Kreuzfeuer der Deutschen liegen. Erst gegen 18 Uhr schafften es die Angreifer, sich bis zu den Stufen des Gebäudes vorzuarbeiten. Im Gebäude entbrannten auf allen Stockwerken Nahkämpfe. Oberst Sintschenko, Kommandeur des angreifenden Regiments, berichtete über die Kämpfe im Inneren des Gebäudes: »Granaten explodierten. MP-Salven dröhnten in den Räumen. Im ersten Stock richtete ich den Gefechtsstand ein. Ich befahl der Kompanie Sjanow, sich den Weg bis zur Kuppel zu bahnen. Um 20:50 Uhr war es dann so weit. Über dem Reichstag flatterte das Banner des Sieges.«

Über die entscheidenden Minuten berichtet Militon Kantarija: »Erst steckten wir die Fahne überm Haupteingang aus einem Fenster, und am Abend gegen neun Uhr hissten wir sie auf der Kuppel. Während ringsherum noch getötet und gekämpft wurde, war wie so oft kein Fotograf in der Nähe. Niemand hielt für die Geschichte fest, dass die rote Fahne auf dem Reichstag wehte.« Der Kampf um Berlin hatte seinen dramatischen Höhepunkt erreicht und neigte sich Schritt für Schritt dem Ende zu. Straße um Straße, Stadtviertel um Stadtviertel hatten sich die Rotarmisten an das Machtzentrum des Dritten Reichs herangekämpft.

An jenem 30. April besiegelte ein zweites Ereignis das Ende des NS-Regimes. Während sowjetische Soldaten den Reichstag stürmten, zog ein paar hundert Meter weiter südlich Adolf Hitler resigniert die Bilanz seines Rassen- und Vernichtungskriegs gegen die Sowjetunion: Das deutsche Volk habe sich »als das schwächere erwiesen«, vertraute er, wie schon so oft, seiner noch verbliebenen Umgebung im Führerbunker unter der Reichskanzlei an, »dem stärkeren Ostvolk« gehöre nun »ausschließlich die Zukunft«. Dann nahm sich Hitler gemeinsam mit Eva Braun das Leben. »Ich selbst und meine Gattin wählen, um der Schande der Absetzung oder der Kapitulation zu entgehen, den Tod«, schrieb er in seinem politischen Testament.

Die Rote Armee hatte den Sieg über Hitler und seine Wehrmacht teuer erkauft. Nun sollte die Welt sehen, dass die Sowjetunion triumphierte, dass die Opfer, die man seit 1941 gebracht hatte, nicht vergeblich gewesen waren. Die Einnahme der Reichshauptstadt besiegelte zumindest symbolisch den Untergang des »Dritten Reichs«. Und die rote Fahne auf dem Dach des Reichstags begeisterte die Kämpfer der Roten Armee wirklich, daran wollten sie die Welt teilhaben lassen.

Aber warum musste es der Reichstag sein? Der Wallot-Bau von 1894 stand im Jahr 1945 längst schon leer. Seit dem Reichstagsbrand von 1933 war er Hitlers erste richtige Ruine. Einen regulären Reichstag hatte es im sogenannten »Dritten Reich« bekanntlich nie gegeben. Streng genommen schwenkten die Sowjetsoldaten ihre Rote Fahne auf dem längst geschändeten Symbol der deutschen Demokratie. Doch das störte Militon Kantarija, Michail Jegorow und den Fotografen Jewgenij Chaldej am 2. Mai 1945 nur wenig. Und die Zeitungen, die das Bild druckten, kümmerten sich nicht um symbolische Feinheiten oder deutsche Sensibilitäten. Sie wollten ein Bild, das alles aussagte, was es im Mai 1945 über den Zweiten Weltkrieg zu sagen gab – und genau das hatte ihnen Chaldej geliefert: ein Bild mit einer roten Fahne, genäht von einem jüdischen Schneider.

DIE KAPITULATION
Unbekannter Fotograf
Berlin
8. Mai 1945

DIE KAPITULATION

Er war gekommen, um mit seiner Unterschrift die Waffen in Europa zum Schweigen zu bringen. Und obwohl er mit der Unterzeichnung der Kapitulationsurkunde die totale Niederlage der deutschen Wehrmacht besiegelte, wirkte sein Auftritt wie der eines Siegers. Generalfeldmarschall Wilhelm Keitel, der Chef des Oberkommandos der Wehrmacht, demonstrierte Haltung – die Brust ordengeschmückt, im Auge das Monokel, in der rechten Hand den Marschallstab.

Als er am späten Abend des 8. Mai 1945 das Kasino der Festungspionierschule in Berlin-Karlshorst betrat, begrüßte er die Wartenden: Die Hand, die den Marschallstab hielt, schnellte in Schulterhöhe kurz vor, um dann flink wieder zurückgezogen zu werden. Doch der Gruß des Marschalls mit dem Insignium verwehter Macht beeindruckte hier niemanden mehr. Die Geste des Mannes, der in den Augen der Sieger längst als Kriegsverbrecher galt, wirkte seltsam unangemessen. Der sowjetische Marschall Georgi Schukow, der US-Luftwaffengeneral Carl Spaatz, der britische Luftmarschall Arthur W. Tedder und der französische General Jean Lattre de Tassigny blieben auf ihren Plätzen sitzen und ignorierten Keitels selbstbewussten Gruß.

Der Saal, eher bescheiden mit den vier Fahnen der Siegermächte geschmückt, war voller uniformierter Zuschauer. Offiziere und Kriegsberichterstatter wollten miterleben, wie das Ende des Kriegs in Europa offiziell besiegelt wurde. Die Fotografen empfingen die deutsche Delegation mit einem Blitzlichtgewitter, Männer mit Kameras und Blitzgeräten rangelten um die besten Plätze – voller Einsatz für Aufnahmen, die ein Stück Geschichte festhalten sollten. Keitel und seine Begleiter, General Stumpff als Vertreter der Luftwaffe und Generaladmiral von Friedeburg, der die Marine repräsentierte, nahmen an dem kleinen Tisch, der für sie bereitstand, Platz. Die drei Adjutanten der Generäle postierten sich steif hinter ihren Stühlen.

Dann übernahm der Sieger der Schlacht um Berlin, Marschall Schukow, die Regie. Ohne die Deutschen anzuschauen, ließ er seinen Dolmetscher die Wehrmachtsdelegation fragen, ob sie sich mit dem Wortlaut der Urkunde, die sie unterzeichnen sollten, vertraut gemacht hätten. Keitel fixierte aufmerksam den sowjetischen Marschall, dem er sich nun unterwerfen musste, und bejahte. Daraufhin erfolgte die entscheidende Frage: »Sind die Vertreter des Oberkommandos der Wehrmacht einverstanden, die **Urkunde** über eine totale und bedingungslose Kapitulation zu unterzeichnen?« – »Jawohl«, antwortete Keitel.

Nach deutscher Sommerzeit war es schon 0:16 Uhr am 9. Mai, als die Füllfederhalter über das Papier der Dokumente kratzten – die Vertreter der Siegermächte unterschrieben zuerst. Der sowjetische Kriegsberichterstatter Konstantin Simonow beobachtete die deutsche Delegation in diesem entscheidenden Moment: »Während sie unterschreiben, verändert sich Keitels Gesicht schrecklich. In Erwartung der Sekunde, da er an der Reihe ist, zur Feder zu greifen, sitzt er steif und starr da; der große Offizier, der in strammer Haltung, die Hände an der Hosennaht, hinter seinem Sessel steht, weint, ohne dass sich in seinem Gesicht ein Muskel regt. Keitel sitzt gerade da, dann streckt er die Hände aus und ballt sie auf dem Tisch zu Fäusten. Den Kopf legt er immer weiter zurück, als wolle er die Tränen, die hinter den Lidern hervorzubrechen drohen, nach hinten drängen.«

KAPITULATIONSURKUNDE

Der erste Absatz des Dokuments lautete: »Der Unterzeichnete, handelnd im Namen des deutschen Oberkommandos, erklärt hiermit die bedingungslose Kapitulation aller Streitkräfte zu Lande, zu Wasser und in der Luft, welche sich in diesem Augenblick unter deutscher Kontrolle befinden, gegenüber dem Obersten Befehlshaber der Alliierten Expeditionsstreitkräfte und gleichzeitig gegenüber dem Oberkommando der Sowjettruppen.« Dies war ein zentraler Punkt der Vereinbarung: Ab dem 8. Mai um 23:01 Uhr mitteleuropäischer Zeit, das hieß ab Mitternacht deutscher Sommerzeit, sollten in Europa die Waffen ruhen.

Als Keitel an der Reihe war, bemühte sich niemand, ihm die Urkunde vorzulegen. Barsch befahl Schukow: »Sie sollen zum Unterschreiben herkommen.« Keitel musste sich erheben und an der schmalen Seite des Tischs, an dem die Vertreter der Siegermächte saßen, Platz nehmen. Dann unterschrieb auch er – in fünffacher Ausfertigung. Ihm folgten nacheinander Stumpff und von Friedeburg. Nachdem alle drei wieder zu ihren Plätzen zurückgekehrt waren, beendete eine kurze Anweisung Schukows die Zeremonie: »Die deutsche Delegation kann den Saal verlassen.«

Der Krieg, der Europa in Schutt und Asche gelegt und 40 Millionen Europäer das Leben gekostet hatte, war damit offiziell beendet. Das

Deutsche Reich war besiegt, besetzt, zerstört und schon unter den Siegermächten aufgeteilt. Deutsche hatten diesen Krieg begonnen und in seinem Windschatten einen unvorstellbaren Völkermord begangen, dem sechs Millionen Juden zum Opfer gefallen waren. Am 8. Mai 1945 vollstreckten die Sieger das Urteil gegen die Verantwortlichen: Mit der bedingungslosen Kapitulation sollte das »Dritte Reich« liquidiert werden.

Doch der große Moment, der den Schlusspunkt unter die mörderischste Phase der europäischen Geschichte setzte, war eine Inszenierung, ein Spektakel, das seinen Wert vor allem aus seiner hohen Symbolkraft bezog: In Berlin streckte die Wehrmacht vor der Roten Armee, die nach unvorstellbaren Opfern schließlich auch die Reichshauptstadt erobert hatte, die Waffen. Die Zeremonie in Karlshorst sollte der Welt vor Augen führen, dass es in erster Linie die Sowjetunion war, die das Nazi-Reich niedergerungen hatte.

Aber wirklich kapituliert hatte die Wehrmacht schon einen Tag zuvor. Und es war nicht die Führung der Roten Armee, die diese Kapitulation entgegennahm, sondern der Oberbefehlshaber der Alliierten Expeditionsstreitkräfte in Europa, General Dwight D. Eisenhower. In seinem Hauptquartier, einem Schulgebäude im französischen Reims, war am frühen Morgen des 7. Mai um 2:41 Uhr von Generaloberst Alfred Jodl das entscheidende Dokument unterzeichnet worden, das dann bei der Zeremonie in Berlin lediglich »ratifiziert« wurde.

Die Kapitulation vor Eisenhower hatte Stalin erzürnt: »Die Deutschen haben heute in Reims die bedingungslose Kapitulation unterzeichnet. Da aber die Hauptlast des Krieges das Sowjetvolk und nicht die Alliierten getragen haben, müssen die Deutschen vor dem Obersten Kommando aller Länder der Anti-Hitler-Koalition und nicht bloß vor dem Oberkommando der Verbündeten kapitulieren«, war seine Reaktion auf den Waffenstillstand von Reims. Ihm ging es um die Weltordnung nach dem Krieg, in der die Sowjetunion eine herausragende Rolle spielen sollte. Deshalb fand in Berlin für die Weltöffentlichkeit die Zeremonie noch einmal statt. Die Russen kamen zu ihrem Recht, jetzt hatte alles seine wohlkalkulierte Ordnung.

Da störte es wenig, dass Eisenhower nicht anwesend war – er persönlich hätte den Sowjets wohl die Ehre erwiesen, aber politische Berater taten die Zeremonie als Propagandaveranstaltung ab und legten ihm nahe, seinen Stellvertreter zu schicken. Also flog der britische Luftmarschall

Tedder am 8. Mai nach Berlin-Tempelhof. Auch ein Amerikaner sollte in Berlin anwesend sein – die Wahl fiel auf den Oberbefehlshaber der US-Luftstreitkräfte in Europa, General Spaatz. Mit den Winkelzügen hinter den Kulissen vermittelte die Inszenierung von Berlin-Karlshorst einen Vorgeschmack auf das, was sich in den folgenden Jahren zum »Kalten Krieg« ausweiten sollte.

Die Deutschen erlebten jenen Tag eher in gedrückter Stimmung. Weniger Aufbruch stand ihnen in diesem Moment vor Augen als vielmehr der totale Zusammenbruch. Bedrängt von der Sorge ums tägliche Überleben, ahnten sie nicht, was die Unterschrift in Karlshorst auch einleiten sollte: die längste Friedenszeit, die Deutschland je erlebt hat. Am Ende der Nacht vom 8. auf den 9. Mai 1945 dämmerte ein neuer Morgen für Europa.

DER RAKETENMANN

Louis Wintraub

Oberjoch (Allgäu)

3. Mai 1945

DER RAKETENMANN

Im Nadelstreifenanzug und Ledermantel, den linken Arm nach einem Autounfall geschient, steht er im Matsch der bayerischen Berge und begibt sich in amerikanische Gefangenschaft: Wernher von Braun, der Raketenmann. Kurz vor dem Kriegsende war er mit seinem Team von Peenemünde nach Süddeutschland evakuiert worden – als Faustpfand der SS für Verhandlungen mit den Alliierten. Die SS-Bewacher verschwanden und von Braun und seine Leute warteten nur noch auf die nächstbeste Gelegenheit zum Überlaufen.

Am Morgen des 2. Mai 1945 – tags zuvor hatte der Rundfunk den Tod Hitlers gemeldet – schickte Wernher von Braun seinen jüngsten Bruder Magnus los, um Kontakt zu den nächsten US-Truppen zu knüpfen. Von Braun rechnete bei den Amerikanern mit den besten Bedingungen für ihn und seine Mitstreiter. Die Rechnung ging auf. Längst war das Interesse der Amerikaner an von Brauns Raketen geweckt.

Der Ingenieur stand an vorderster Front der Rüstungsindustrie in Hitlers Deutschland. Er war SS-Mann und Konstrukteur der »Wunderwaffe« V2. Dic Rakete sollte die Wende bringen, als der Untergang des »Dritten Reiches« längst schon offenkundig war. Er stellte sich in Hitlers Dienste, weil er von ihm die Mittel bekam, um seine Träume zu verwirklichen. Gewiss, er träumte von ziviler Raumfahrt, von bemannten Expeditionen zu Mond und Mars – doch dem Raketenmann war früh bewusst, dass das Regime allein an der militärischen Nutzung seiner Forschung interessiert war.

1942 stieg der erste Prototyp der A-4-Rakete auf, der späteren »Vergeltungswaffe« V2; sie erreichte vierfache Schallgeschwindigkeit und war imstande, die Hauptstädte Westeuropas zu erreichen. Hitler war begeistert, die V2 ging in die Massenproduktion. 3170 abgeschossene Raketen forderten über 5000 Menschenleben. Doch noch mehr Opfer forderte der Bau der Raketen selbst. Bei der Produktion der vermeintlichen »Wunderwaffe« im unterirdischen Werk »Dora-Mittelbau« in Thüringen starben mehr als 10 000 Zwangsarbeiter und KZ-Insassen – Folge von katastrophalen Arbeitsbedingungen und mangelhafter Ernährung.

Nach dem Krieg wollte Wernher von Braun sich daran kaum erinnern: Er bedauerte stets die unmenschliche Behandlung der Zwangsarbeiter, wies aber jede persönliche Mitverantwortung dafür zurück. Braun sah sich selbst als puren Techniker, der es »bis Ende 1943 erfolgreich vermied, in das politische Netz hineingezogen zu werden«. Er habe keine Möglichkeit gehabt, die deprimierende Lage der Zwangsarbeiter zu ändern.

Dieser Schutzschild hielt Jahrzehnte. Die Amerikaner waren nur an den Fähigkeiten der Raketenbauer interessiert und stellten keine allzu unbequemen Fragen. Braun wurde in den USA zum entscheidenden Protagonisten des US-Raumfahrt- und Mondlandeprogramms. Der emigrierte Raketenmann entwickelte die Saturn 5, die die ersten Menschen Richtung Mond flog.

Brauns früher Tod mit 65 Jahren ersparte ihm die schonungslose Auseinandersetzung mit seiner Vergangenheit. Studien jüngerer Historiker belegten: Die »saubere« Raketenforschung in Peenemünde und die Verbrechen des Regimes in Dora-Mittelbau geschahen nicht in parallelen Universen – sie waren aufs Engste miteinander verknüpft: auch in der Person Wernher von Brauns. Ihn als »Schreibtischtäter« zu bezeichnen mag überspitzt erscheinen. Doch er war kein Wissenschaftler im Elfenbeinturm. Der Drang des Machers, seine Vision um jeden Preis zu verwirklichen, machte ihn zum Opportunisten. Der Nichtnazi Braun ließ sich in ein Regime verstricken, das ihm alle Mittel bot für einen verhängnisvollen Preis. Es war ein Pakt, der sein ganzes Leben belasten sollte.

DAS ENDE DES »DRITTEN REICHS«

Unbekannter Fotograf
Flensburg
23. Mai 1945

DAS ENDE DES »DRITTEN REICHS«

Wie jeden Morgen trat das Kabinett zusammen. Gerade wollte der Außenminister die Sitzung eröffnen, da flog die Tür auf und schwer bewaffnete Soldaten stürmten in den Raum. Von draußen ertönte das Rasseln von Panzerketten. Das Gebäude war umstellt. Als die Minister mit erhobenen Händen aus dem Gebäude traten, ging ein Blitzlichtgewitter auf sie nieder. Eine Dreiviertelstunde lang lichteten 70 Bildreporter den demütigenden Abgang der letzten deutschen »Reichsregierung« ab. Die Bilder gingen um die Welt: Reichspräsident Karl Dönitz, Produktionsminister Albert Speer und OKW-Chef Alfred Jodl mit gesenkten Köpfen; ein britischer Posten hat das Maschinengewehr im Anschlag. Das Flensburger Possenspiel war beendet. Das »Dritte Reich« hatte aufgehört zu existieren.

KARL DÖNITZ

Dass Hitler ausgerechnet ihn zum Nachfolger machte, hatte seinen tieferen Sinn: Karl Dönitz (1891–1980), Oberbefehlshaber der Kriegsmarine und überzeugter Nationalsozialist. In seiner Sehnsucht nach dem »starken Mann« hatte Dönitz Hitler für den Inbegriff des Retters gehalten, dem bedingungslos zu folgen sei. Er war ein Mann der U-Boot-Waffe und konnte anfangs spektakuläre Erfolge vorweisen, doch als die Triumphe sich in die schrecklichste Bilanz aller Waffengattungen verkehrten, focht ihn das nicht an: »Kämpfen heißt opfern.« Er war Vollstrecker gnadenloser Militärjustiz und verheizte junge, unzureichend ausgebildete Marinesoldaten als letztes Aufgebot. In Nürnberg wurde er zu zehn Jahren Haft verurteilt.

Vor seinem Selbstmord hatte der »Führer« Großadmiral Dönitz zu seinem Nachfolger im Amt des Reichspräsidenten ernannt. Dieser übernahm bereitwillig die Rolle des Nachlassverwalters des »Tausendjährigen Reichs«. Als Regierungssitz hatte er Flensburg gewählt. Auch nach der Kapitulation am 8. Mai residierte er dort, im roten Backsteinbau der Marineschule Mürwik, als Chef einer geschäftsführenden Regierung. Eine Regierung ohne Volk, dafür mit ungebrochener Kontinuität zum braunen Unrechtsstaat. Preußisch korrekt schickte der stets in makelloser Uniform auftretende Großadmiral den Generälen Eisenhower und Montgomery eine vorläufige

Kabinettsliste. Die Alliierten straften den Vorschlag mit Nichtbeachtung. Noch interessierten sie sich nicht für das absurde Schauspiel, das in Mürwik gespielt wurde.

Sosehr sich der Großadmiral Dönitz um die zügige Gesamtkapitulation und die Rettung Tausender von Ostflüchtlingen verdient gemacht hatte, so lächerlich hilflos wirkte sein Bemühen, dem Flensburger Kabinett staatsmännische Größe zu verleihen. Morgen für Morgen setzte sich Dönitz in seinen gepanzerten Mercedes – ein Geschenk des »Führers« – und ließ sich die 500 Meter von seiner Wohnung zum Regierungssitz in die Marineschule fahren. Punkt 10 Uhr eröffnete Außenminister Schwerin von Krosigk dort die tägliche Kabinettssitzung in einem früheren Schulzimmer. Albert Speer erinnert sich später: »Wir verfassten Denkschriften ins Leere, versuchten unserer Unwichtigkeit durch eine Scheintätigkeit entgegenzuwirken. Wir waren auf dem besten Weg, uns lächerlich zu machen, oder vielmehr, wir waren es schon.«

Alle Verbindungen zur Außenwelt waren gekappt. Der Sender Flensburg, über den die Dönitz-Regierung noch zu Beginn verfügte, schwieg seit dem 8. Mai. Dönitz, in Offizierskreisen früher oft als kritikloser »Hitlerjunge Dönitz« belächelt, befahl am 11. Mai allen Soldaten, das goldene Ehrenzeichen der Partei abzulegen. Zumindest optisch sollte das Band zum Nationalsozialismus durchschnitten werden.

In der zweiten Maiwoche begann die ausländische Presse, sich für die deutsche Regierung zu interessieren. Der *New York Herald Tribune* sprach von einer grotesken Komödie und fragte, warum Dönitz noch nicht eingekerkert sei. Die Antwort gab Churchill im kleinen Kreis: »Wollen sie einen Stock haben, mit dem sie dieses besiegte Volk lenken können, oder wollen sie ihre Hände lieber in einen aufgescheuchten Ameisenhaufen stecken?«

Dönitz malte den bolschewistischen Teufel an die Wand und wollte damit einen Keil zwischen Sowjets und Westalliierte treiben. Doch er pokerte zu hoch. Als er am 22. Mai zusammen mit den Generälen Jodl und von Friedeburg den Befehl erhielt, am nächsten Morgen vor der Kontrollkommission zu erscheinen, wusste der Großadmiral Bescheid. Er ließ die Koffer packen. »Heute starb das Dritte Reich«, fasste die *New York Times* lakonisch das Geschehen am folgenden Tag zusammen.

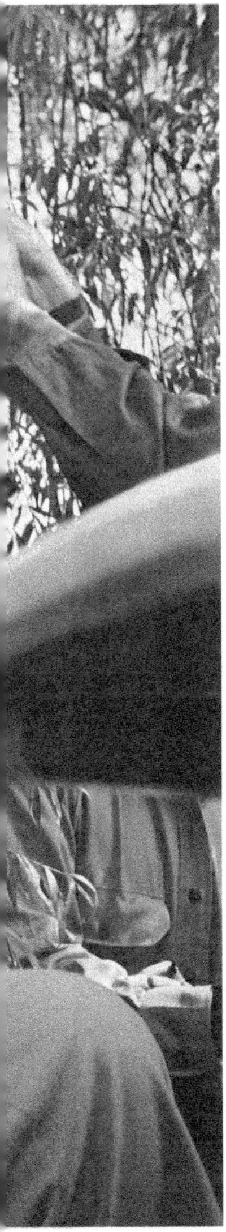

DER ZWEITE MANN

Unbekannter Fotograf
Augsburg
11. Mai 1945

DER ZWEITE MANN

Beraubt aller Orden und Ehrenzeichen, in einer einfachen hellblauen Uniform, sitzt er da. Es ist heiß an diesem dritten Tag nach Kriegsende, der Schweiß rinnt ihm in Strömen herunter. Ihm ist unwohl: Eigentlich hatte er – »von Marschall zu Marschall« – mit dem Oberkommandierenden der alliierten Streitkräfte in Europa, General Eisenhower, sprechen wollen. Jetzt sieht er sich unvermittelt einer Meute von Fotografen und Reportern gegenüber, die ihn ungeniert ablichten und mit Fragen bestürmen: Hermann Göring, ehemaliger »Reichsmarschall« und zweiter Mann des Dritten Reichs – nun Gefangener der Amerikaner.

Noch einmal gibt er sich staatsmännisch und nutzt die Gelegenheit, den 50 anwesenden Journalisten seine Sicht der Dinge darzustellen: Bormann habe gegen ihn intrigiert, Hitler habe kein einziges schriftliches Wort hinterlassen, dass Dönitz der Nachfolger des »Führers« werden sollte. Er selbst sei immer gegen den Russlandfeldzug gewesen. Als er nach den Vernichtungslagern befragt wird, leugnet er jedes Mitwissen: »Ich war niemals in so engem Kontakt zu Hitler, dass er mit mir über diese Sache gesprochen hätte.« Doch die internationale Öffentlichkeit glaubt ihm kein Wort: »Hermann Göring ist ein für alle Mal ein böser, grausamer Mörder, der vor Gericht gehört«, ist tags darauf im Londoner *Chronicle* zu lesen. »Nur weil er dick ist, ist er noch nicht gutmütig, auch wenn er lacht, kennt er keine Barmherzigkeit; und aufgrund seiner Vergangenheit ist er ein Verbrecher.«

»Hermann wird entweder ein großer Mann oder ein Krimineller«, hatte bereits seine Mutter orakelt. Wie kaum ein Zweiter trug er dazu, Hitler salonfähig zu machen und den Demagogen in die Höhen unumschränkter Macht zu hieven. Der hochdekorierte Fliegerheld des Ersten Weltkriegs war Hitlers Steigbügelhalter und bald sein mächtigster Paladin. Wie ein Krake streckte er nach der »Machtergreifung« seine Fangarme in fast alle Bereiche des Dritten Reichs aus, häufte Amt um Amt, Würde um Würde auf seine Person, bis er unbestritten als der »zweite Mann« hinter Hitler galt.

Sosehr er Hitler bewunderte, in der Außenpolitik tat Göring sich im Laufe der Jahre immer schwerer, seinem »Führer« zu folgen. Er war alles andere als ein Pazifist, doch im Gegensatz zu Hitler auch kein Hasardeur. Zu sehr fürchtete er die Risiken der kriegerischen Ausdehnung des Hitlerreichs und vor allem den Zweifrontenkrieg. Es war nicht Friedensliebe, die den »zweiten Mann des Dritten Reichs« mit dem Verratsgedanken spielen ließ, sondern die berechtigte Besorgnis, dass die aggressive Expansion das »Dritte Reich«, von dem er doch so profitierte, kippen würde. Doch Göring saß in der Loyalitätsfalle. Offene Rebellion war für ihn undenkbar. Und so gebärdete er sich nach dem Sündenfall als eifrigster und aggressivster Paladin von allen, erwies sich als der aufgeblasene Popanz, den die schwedischen Ärzte schon Mitte der zwanziger Jahre in ihm diagnostiziert hatten.

Doch als sein Werk, die Luftwaffe, im Krieg versagte, war es aus mit ihm. Der »parfümierte Nero«, Inbegriff von Machtmissbrauch und Korruption, versank in seiner Sucht und seinen Leidenschaften. Von seiner Rolle blieb am Ende nur der Schein erhalten. Obwohl er längst in Misskredit gefallen war, hielt Hitler dennoch an ihm fest. Aus Sicht des Diktators wäre es einem Offenbarungseid gleichgekommen, »den korrupten Morphinisten« inmitten der Niederlagen zu entlassen. »Es ist entsetzlich, welche Winkelzüge man machen muss, um Görings Prestige nicht zu lädieren, andererseits aber das für den Krieg dringendst Notwendige zu tun«, jammerte Hitlers Propagandachef Goebbels Ende 1944: »Der Führer hat Göring in guten Zeiten zu groß werden lassen; jetzt in schlechten Zeiten hängt er ihm wie ein schweres Bleigewicht am Bein.«

Zum letzten Mal traf Göring seinen »Führer« an dessen 56. Geburtstag im Berliner Bunker unter der Reichskanzlei. »Kaum war die Lagebesprechung beendet, die Generäle verabschiedet, als sich Göring verstört an Hitler wandte«, berichtete Albert Speer später die denkwürdige Abschiedsszene: »Er habe in Süddeutschland dringendste Aufgaben zu erledigen, er müsse noch in der gleichen Nacht Berlin verlassen. Hitler sah ihn geistesabwesend an. Mit gleichgültigen Worten gab er Göring die Hand, ließ sich nicht anmerken, dass er ihn durchschaute. Ich stand wenige Schritte von beiden entfernt und hatte das Gefühl eines historischen Augenblicks: Die Führung des Reiches ging auseinander.«

Während die Rote Armee in die Vororte Berlins einrückte, erwartete Göring in seinem Landhaus auf dem Obersalzberg in sicherer Entfernung das unaufhaltsame Ende des Dritten Reichs. Als er davon hörte, dass Hitler in Berlin die Beherrschung verloren habe und sich eine Kugel in den Kopf jagen wolle, sah er endlich seine Stunde gekommen, die Nachfolge des »Führers« anzutreten. Ein entsprechender Funkspruch wurde jedoch von Görings Intimfeind Bormann abgefangen und Hitler vorgelegt. In der hitzigen und hoffnungslosen Atmosphäre des Berliner Bunkers wurde der Abwesende zum willkommenen Sündenbock, der die ganze Schuld für den Untergang des Reichs auf sich laden sollte.

In seinem politischen Testament rechnete Hitler mit seinem einstigen zweiten Mann ab: »Ich stoße vor meinem Tode den früheren Reichsmarschall Hermann Göring aus der Partei aus und entziehe ihm alle Rechte, die sich aus dem **Erlass vom 29. Juni 1941** sowie aus meiner Reichstagserklärung vom 1. September 1939 ergeben könnten.« An Görings Stelle ernannte Hitler Großadmiral Dönitz, den Oberbefehlshaber der Kriegsmarine, zum Reichspräsidenten und obersten Befehlshaber der Wehrmacht. Einen Tag später setzte Hitler seinem Leben ein Ende.

HITLERS ERLASS VOM 29. JUNI 1941

»Wenn ich in meiner Handlungsfreiheit beschränkt sein oder durch irgendwelche Ereignisse ausfallen sollte, so ist der Reichsmarschall Hermann Göring mein Stellvertreter bzw. Nachfolger in allen Ämtern von Staat, Partei und Wehrmacht.«

Nun bemühte sich Göring bei Dönitz um seine Rehabilitierung. Noch einmal betonte er seine Loyalität gegenüber Hitler und beklagte, Auslöser für alle gegen ihn unternommenen Schritte sei eine Intrige Bormanns gewesen, gegen die er sich nicht mehr habe wehren können. Der entmachtete Reichsmarschall, der sich für den international beliebtesten Nazi-Führer hielt, bot Dönitz an, im Gespräch mit Eisenhower eine geeignete Atmosphäre für die offiziellen Verhandlungen zu schaffen. Als Dönitz nicht reagierte, bemühte er sich direkt um eine Unterredung mit Eisenhower. Doch dazu sollte es nicht mehr kommen. Am 7. Mai wurde er in Österreich von den Amerikanern gefangen genommen. Bevor er in den Wagen einstieg, raunte er einem der umstehenden Offiziere zu: »Wenigstens zwölf Jahre lang anständig gelebt.«

Göring wurde in Nürnberg im Kriegsverbrecherprozess angeklagt. Einen Tag vor der geplanten Vollstreckung des Todesurteils zerbiss er in seiner Zelle eine ins Gefängnis geschmuggelte Zyankalikapsel. So fand er schließlich seinen Tod als »Nazi Number One«, der er schon lange nicht mehr war – gefangen in der Illusion, die Nachwelt werde ihm Gerechtigkeit erweisen: »Ihr werdet unsere Knochen einst in Marmorsärge legen«, hatte er dem amerikanischen Gerichtspsychologen Gilbert prophezeit, der ihn in seiner Nürnberger Zelle untersuchte. Die Knochen sind verbrannt, die Marmorsärge blieben aus. Gäbe es ein Grab, müsste auf ihm als Inschrift das Wort des britischen Historikers Lord Acton stehen: »Macht neigt zur Korruption. Absolute Macht führt zu absoluter Korruption.«

HIROSHIMA

Unbekannter Fotograf

Hiroshima (Japan)

nach dem 6. August 1945

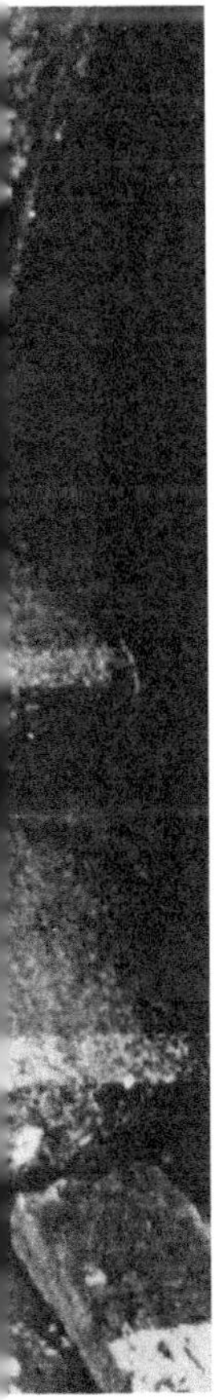

HIROSHIMA

Ein Schatten auf dem Asphalt, das ist alles, was von einem Menschen übrig blieb. In der Hitze des 5000 Grad heißen Feuerballs hat er sich in nichts aufgelöst, die inneren Organe sind verdampft. Gleich ihm hat das Inferno des brodelnden Atompilzes an jenem Tag in Hiroshima schlagartig über 70 000 Leben ausgelöscht.

Die Bombe traf Hiroshima völlig unvorbereitet. Zwar hatte es am Morgen dieses 6. August einen Luftalarm gegeben, doch da die Menschen nur drei Flugzeuge am Himmel sahen, ignorierten sie die Warnung. Sie ahnten nicht, dass die gefährlichste Waffe sie bedrohte, die je von Menschenhand geschaffen wurde.

Unter Leitung von Robert Oppenheimer hatten in den USA Hunderte von Physikern und Technikern im Rahmen des »Manhattan Project« die erste Atombombe der Welt entwickelt, unter ihnen auch viele Wissenschaftler, die vor den Nazis aus Europa geflohen waren. Schon 1939 hatte der Physiker Albert Einstein Präsident Roosevelt davor gewarnt, dass die Nationalsozialisten an einer Atombombe arbeiten könnten. Um den Deutschen zuvorzukommen, wurde sofort ein entsprechendes Forschungsprogramm aufgelegt und zwischen 1942 und 1945 für zwei Milliarden Dollar in der Wüste von Los Alamos die Bombe gebaut.

Am 16. Juli 1945 um 5:29 Uhr explodierte sie schließlich auf einem Testgelände in New Mexico vor den Augen ihrer faszinierten »Väter«. Für den Einsatz gegen Deutschland kam sie zu spät – zum Bedauern einiger Politiker, die wenig moralische Bedenken gehabt hätten, sie über jenem Land abzuwerfen, von dem der Zweite Weltkrieg und der Völkermord an Millionen ausgegangen waren. Dafür war ein Atombombenangriff auf Japan jetzt nur noch eine Frage der Zeit.

Es wäre ein Fehler anzunehmen, dass das Schicksal Japans von der Atombombe entschieden wurde. Japans Niederlage war schon sicher, ehe die erste Bombe fiel, und war durch die überwältigende Seemacht seiner Feinde herbeigeführt worden … Japans Schifffahrt war bereits völlig vernichtet.

WINSTON CHURCHILL

Präsident Harry Truman nahm gerade an der Potsdamer Konferenz der Siegermächte des Kriegs gegen Deutschland in Berlin teil, als er die Nachricht vom geglückten Experiment bekam. Er hoffte, dass ihm die Erfolgsmeldung gegenüber seinem Verhandlungspartner Stalin den Rücken stärken werde. Doch der zeigte sich nach außen hin nur mäßig beeindruckt. Er war über den Stand der Dinge bestens unterrichtet, denn zu den Wissenschaftlern, die in der Wüste die Bombe gebaut hatten, gehörte auch der deutsche Emigrant Klaus Fuchs – als »Atomspion« stand er seit 1941 in Diensten der Sowjetunion.

Den Amerikanern ging es im Sommer 1945 in erster Linie darum, die Japaner ohne Kompromisse zur Kapitulation zu zwingen. Es galt, eine verlustreiche Invasion des japanischen Festlands um jeden Preis zu vermeiden. Truman: »Die Japaner hatten gezeigt, dass sie sich nicht ergeben und bis zum Tode kämpfen würden … Es war zu erwarten, dass der Widerstand in Japan, mit der Bindung an ihr Zuhause, sogar noch stärker wäre. Es schien mir also ziemlich notwendig zu sein, sie mit einem Schock zum Handeln zu zwingen.« Truman wusste zu diesem Zeitpunkt, dass der japanische Kaiser Hirohito am 12. Juli eine Beendigung des Kriegs in Betracht gezogen hatte: »Seine Majestät wünscht von ganzem Herzen, den Krieg zu einem raschen Ende zu bringen … Solange jedoch Amerika und England auf einer bedingungslosen Kapitulation bestehen, hat unser Land keine andere Wahl, als ihn um der Ehre des Vaterlandes willen bis zum Ende durchzustehen.«

Aber die Alliierten sahen einzig in der bedingungslosen Kapitulation die Möglichkeit, den aggressiven japanischen Militarismus zu zerschlagen. In der Potsdamer Erklärung vom 26. Juli erläuterten sie daher noch einmal präzise ihre Forderung. Die Japaner reagierten mit ablehnender Verachtung. Nun sollte die Atombombe den US-Forderungen Nachdruck verleihen. Wohlgemerkt: Der Befehl zum Abwurf der Bombe wurde nicht erteilt, weil Japan sich weigerte zu kapitulieren, sondern

POTSDAMER KONFERENZ

In Potsdam trafen sich im Juli 1945 die »Großen Drei«, um über die Zukunft Deutschlands und Europas nach dem Krieg zu beraten. Stalin, Churchill und Truman trugen Einmütigkeit zur Schau, doch die Interessenlage der Beteiligten konnte unterschiedlicher nicht sein. Während Stalin die Anerkennung seiner Eroberungen erreichen wollte, fürchtete Churchill einen zu großen Einfluss der Russen. Truman träumte zwar nicht – wie sein Vorgänger – den Traum von der »einen Welt«, doch auch er war davon überzeugt, Moskau für eine Zusammenarbeit im Interesse des Weltfriedens gewinnen zu können. Das Potsdamer Abkommen war in Wirklichkeit das Eingeständnis der Unfähigkeit zu Einigung, die auch Deutschland spalten sollte.

weil es sich weigerte, bedingungslos zu kapitulieren. Die Amerikaner wollten die Bombe bewusst gegen Zivilisten einsetzen – eine barbarische Kriegsführung, die im Verlauf des Zweiten Weltkriegs freilich auf allen Seiten zur fragwürdigen Normalität geworden war.

Die Japaner waren Angriffe auf zivile Ziele gewöhnt. US-Bombergeschwader hatten Tokio im März 1945 durch Brandbomben zerstört. 86 000 Menschen waren bei dem Feuersturm ums Leben gekommen. Auch die meisten anderen großen Städte Japans waren bereits schweren Bombenangriffen ausgesetzt worden. »Um die Wirkung der Bombe richtig einschätzen zu können«, rechtfertigte der militärische Leiter des Atombomben-Projekts, General Leslie Groves, das Vorhaben, »sollten die Ziele nicht schon durch Luftangriffe beschädigt sein. Erwünscht war, als erstes Ziel einen Ort von solcher Größe zu wählen, dass die ganze Zerstörungszone sich innerhalb des Ortes befände und wir so die Gewalt der Bombe näher bestimmen könnten.« Das Experiment am »lebenden Objekt« wurde dann am 6. August 1945 durchgeführt.

Um 8:13 Uhr Ortszeit sah Bombenschütze Thomas Ferebee Hiroshima im Fadenkreuz. Keine Wolke trübte den Himmel. Optimale Bedingungen für den Abwurf. Im Zentrum der Stadt lag die Aioi-Brücke über dem Fluss Ota. Die Mannschaft setzte sich Schutzbrillen auf und aktivierte das Zündsystem der Bombe. Der Bombenschacht öffnete sich und die Atombombe glitt aus dem Bauch des Flugzeugs. Um 8:15 Uhr explodierte »Little Boy« 579 Meter über dem Hof des Shima-Krankenhauses. Die Druckwelle war so gewaltig, dass sie noch in der Flugzeugkanzel deutlich zu spüren war. »Die Stadt«, beschrieb Oberst Paul Tibbets, »lag unter dieser furchtbaren Wolke verborgen …, die aufbrodelte, sich wie ein Pilz ausbreitete, schreckenerregend und unglaublich groß.«

250 Meter entfernt vom Hypozentrum warteten an diesem Morgen mehrere Menschen vor der Sumitomo Hiroshima Bank auf die Öffnung des Bankschalters, als sie der grelle Blitz der Atomexplosion blendete und Sekundenbruchteile später ihre Existenz im wahrsten Sinne des Wortes auslöschte. Als die Person, die ihren **Schatten** auf den Stufen der Bank hinterlassen hat, wurde später Mitsuno Ochi identifiziert – eine 42-jährige Mutter, die sich Geld auszahlen lassen wollte.

Wer die Katastrophe überlebte, war für sein Leben gezeichnet. »Die Leute hatten alle die Haut schwarz verbrannt. Sie hatten alle keine Haare mehr, und auf den ersten Blick konnte man nicht erkennen, ob man sie von vorn oder von hinten sah«, berichtete ein Überlebender. »Viele von ihnen starben am Straßenrand. Ich habe das Bild immer noch vor Augen … Sie sahen nicht aus wie Menschen von dieser Welt. Sie hatten eine ganz besondere Art zu gehen – sehr langsam. Ich selbst war einer von ihnen.«

SCHATTEN

Als »Human Shadow Etched in Stone« sind die Steinstufen des in den 1970er Jahren abgerissenen Bankgebäudes heute ein Ausstellungsstück des Friedensmuseums in Hiroshima. Im Lauf der Jahre ist der Schatten allerdings immer mehr verblasst.

Am 6. August verbrannte Hiroshima, am 9. August wurde Nagasaki atomar ausgelöscht. Dort zählte man 70 000 Opfer, bis 1950 waren es 140 000. In Hiroshima stieg die Zahl der Opfer bis 1950 auf 200 000 an. Die Bomben hatten durch die freigesetzte Radioaktivität eine tödliche Langzeitwirkung.

Der Doppelschlag gegen die Japaner zeigte Wirkung. Japan machte ein Kapitulationsangebot, das Washington am Morgen des 10. August erreichte. Vier Tage später vernahmen die amerikanischen Truppen im Pazifik die Nachricht von der unmittelbar bevorstehenden Kapitulation Japans. Der Eintritt ins Atomzeitalter hatte dem Krieg im Pazifik und dem Zweiten Weltkrieg ein abruptes Ende bereitet. Hunderttausende von Menschen in Hiroshima und Nagasaki aber waren die Bauernopfer dieses Friedens.

BOND

DER SIEGERKUSS

Alfred Eisenstaedt
New York (USA)
14. August 1945

DER SIEGERKUSS

Es ist ein Augenblick glückstrunkener Hochstimmung. Ein Foto, das mehr aussagt als ein ganzes Buch. Ein unbekannter Seemann küsst, so scheint es, eine zufällig daherkommende Krankenschwester. In einer leidenschaftlichen, fast akrobatischen Umarmung drückt er seinen Siegerkuss auf ihre Lippen, zupackend und überschwänglich. In einer einzigen Sekundenszene wird die Erleichterung der Welt über das Ende des allgegenwärtigen Sterbens anschaulich.

Es war am 14. August 1945 – Victory Day! Ganz Amerika geriet in einen Taumel, ungehemmter noch als hundert Tage vorher, als am 8. Mai der Krieg in Europa zu Ende ging. Jetzt erst wussten die Mütter und Frauen, dass ihre Söhne und Männer nicht mehr sterben mussten für ein offenkundig so banales Kriegsziel wie die Invasion von Japan: Frieden!

Hunderttausende strömten zwischen Boston und Los Angeles auf die Straßen und ließen ihrer Freude freien Lauf: Die größte Party, die Amerika je erlebt hatte. Das Küssen nahm epidemische Ausmaße an. Keine Frau in »Gottes eigenem Land« war sicher vor einem unverhofften Schmatz vergnügter Soldaten oder Matrosen. Es war wie ein Fieber, ausgelöst durch die unendliche Erleichterung darüber, dass nun das Töten und Sterben ein Ende hatte und man wieder an das Leben denken durfte. Der ungeheure Druck, unter dem die Menschen jahrelang gestanden hatten, war mit einem Schlag gewichen und machte einer überschäumenden Freude Platz. Die Welt gehörte den Siegern – wenigstens für einen Tag.

Der Taumel dieses Tags war nicht besser in Szene zu setzen. Regie führten Zufall und Glück – und der wache Blick des Fotografen **Alfred Eisenstaedt**. »Ich

ALFRED EISENSTAEDT

Alfred Eisenstaedt (1898–1995) wuchs in Berlin auf und machte sich als »Bildberichter« für die *Berliner Illustrierte* und die Agentur AP Ende der 20er-Jahre einen Namen, für die er unter anderem Prominente wie Gerhart Hauptmann und Marlene Dietrich porträtierte. 1935 emigrierte der preußische Jude nach New York und wurde einer der fotografischen Gründerväter des Magazins *Life*. Tausende Reportagen hat er bebildert, darunter über neunzig Titelfotos. In seinen Bildern verraten ein paar Stirnfalten hier, ein hochgezogener Mundwinkel dort oft mehr über die Porträtierten, als es wohlgesetzte Worte vermocht hätten.

erhielt von *Life* den Auftrag, zum Times Square zu gehen und die Feiern dort abzulichten«, so Eisenstaedt. »Dort bot sich eine enorme Szenerie von Tausenden und Abertausenden von Leuten, die herumrannten, vor allem von Seeleuten, die überall Küsse verteilten. Alle waren ein bisschen berauscht, und ich fotografierte unentwegt. Ich weiß gar nicht mehr, wie viele Filme ich verschoss. Dann sah ich, wie ein Matrose die Straße runterlief und jedes weibliche Wesen küsste, das ihm über den Weg lief, und auf einmal sah ich, wie er sich etwas Weißes schnappte. Ich wusste nicht einmal, wonach er griff, ob das Mädchen dick oder dünn, klein oder groß war – aber ich löste viermal aus. Dann rannte ich weiter. Eine Reporterin, die mit mir unterwegs war, konnte nicht einmal die Namen der Leute notieren. Um acht Uhr abends brachte ich meine Filme zum Entwickeln. Und am nächsten Tag sagte der Redakteur: ›Eisie, welch ein wunderbares Foto!‹«

Wer aber waren die zwei auf dem berühmten Bild? Diese Frage bewegt Amerika seit Jahrzehnten. »Who is the kissing sailor?«, fragte *Life*. Nicht weniger als 26 Männer sagten: »Das bin natürlich ich!« Zwei heiße Kandidaten blieben letztlich übrig: George Mendonça aus Newport, Rhode Island, und Glenn McDuffie aus Houston, Texas. Beide gaben Gutachten in Auftrag, die ihnen amtlicherseits bestätigten, dass allein sie der küssende Matrose gewesen sein konnten. Ähnlich die Lage auf der Seite der Krankenschwester. Auch hier blieb umstritten, ob Eisenstaedt Edith Shain aus Los Angeles abgelichtet hat oder Greta Friedman aus Maryland, die als Jüdin 1938 aus Österreich emigrieren musste.

Letztlich wird sich die wahre Identität des küssenden Paares nicht mehr mit letzter Sicherheit klären lassen. Es bleibt Eisenstaedts Foto, das den symbolischen Gehalt dieses Augenblicks in genialer Weise einfängt und deshalb bis heute nicht nur eines der meistveröffentlichten Fotos von *Life* ist, sondern viel mehr: eine fotografische Ikone des 20. Jahrhunderts.

1947

DIE HEIMKEHR

Ernst Haas

Wien (Österreich)

12. September 1947

DIE HEIMKEHR

Modefotos hatte er aufnehmen sollen vor der Kulisse der Trümmerlandschaft Wiens, so die Legende – unbeschwerte Bilder der neu erwachenden Lebensfreude nach dem verheerenden Krieg. Doch statt der Mannequins fesselten andere Frauen die Aufmerksamkeit des jungen Fotografen Ernst Haas. Zu Tausenden strömten sie zum Wiener Südbahnhof, wo der erste Transport mit Heimkehrern aus russischer Kriegsgefangenschaft ankommen sollte: Mütter, die seit Jahren auf ihre Söhne warteten; Frauen, die ihre Männer und Verlobten, die ihre Brüder suchten oder sich auch nur ein Lebenszeichen von ihnen erhofften.

Hier entstand das berühmte Foto: Eine wartende Mutter hält einem Heimkehrer voller Hoffnung das Bild ihres Sohnes entgegen – der »Bub« in Uniform, aufgenommen im Atelier vor dem Ausrücken an die Front: »Hast du ihn gesehen? Lebt er noch?« Doch der Mann achtet nicht auf die bittere Verzweiflung und den schmalen Hoffnungsschimmer im Gesicht der Frau. Achtlos eilt er vorüber, glücklich lächelnd, weil der Krieg für ihn endlich vorbei ist, weil er in der Menge vielleicht seine Angehörigen entdeckt hat. Der frohgemute Heimkehrer kann die Vergangenheit abstreifen und hat die Zukunft vor sich. Für die alte Frau dagegen bleibt das Vergangene übermächtig; ihre Zukunft sieht düster aus.

Am Ende eines Kriegs, der von deutschem Boden ausging, waren elf Millionen Soldaten der Wehrmacht und Waffen-SS in Gefangenschaft der Anti-Hitler-Koalition. Etwa zehn Millionen von ihnen kehrten heim. Die ersten – ganz alte, sehr junge oder todkranke Gefangene – kamen oft schon in den Wochen nach der Kapitulation nach Hause; die letzten erst elf Jahre später – nach einer Zeit des Hungers, der Entbehrungen, der Zwangsarbeit.

Das schlechteste Los traf diejenigen, die in sowjetische Gefangenschaft geraten waren. Hatte dieses Schicksal bis zur Schlacht von Stalingrad nur wenige Zehntausend Soldaten betroffen, so stiegen die Zahlen nach dem Zusammenbruch der 6. Armee rasch an. Viele der drei Millionen Wehrmachtsoldaten, die im Osten bis Kriegsende gefangen genommen wurden, überlebten schon den Marsch in die Lager nicht.

Die Rache der Sieger traf aber auch Hunderttausende deutsche Zivilisten, die in den letzten Kriegs- und ersten Friedenstagen von sowjetischen Sonderkommandos aufgegriffen wurden. Nach wochenlanger Fahrt erreichten die Verschleppten ihre Bestimmungsorte: Arbeitslager in der Ukraine, im Kaukasus und im Ural, in Sibirien, Kasachstan oder Usbekistan. Viele der Verschleppten waren junge Frauen und Mädchen. Gleichsam als lebende Reparationsleistungen mussten sie für jene Verbrechen büßen, die von Deutschen und in deutschem Namen in der Sowjetunion begangen worden waren. Wie in den Lagern der Kriegsgefangenen war auch in den Arbeitslagern des Archipels GUPVI der Tod allgegenwärtig – ob durch Hunger, Krankheit oder Verzweiflung. Viele der Gefangenen und Verschleppten kehrten nicht zurück; manche gelten bis heute als vermisst.

Alles andere als traumatisch waren dagegen in der Regel die Erfahrungen der Deutschen, die als Angehörige der Kriegsmarine oder des Deutschen Afrikakorps ab 1941 in britische oder amerikanische Kriegsgefangenschaft gerieten. Eingesetzt als Hilfskräfte in militärischen Einrichtungen oder der Landwirtschaft in den USA, in Kanada, Südafrika oder gar Australien, ging es ihnen so gut wie in keinem anderen Gewahrsam. Die Genfer Konvention, derzufolge Kriegsgefangene genauso unterzubringen und zu ernähren waren wie die eigene Truppe, wurde weitgehend eingehalten. Erst gegen Ende des Kriegs, mit der Entdeckung des Grauens der Konzentrationslager, änderte sich die Situation.

Eine Gefangenschaft der anderen Art erlebten dann auch jene Soldaten der Wehrmacht, die bei Kriegsende in Westdeutschland in amerikanische Hände gerieten. Von April bis Juni 1945 pferchten US-Truppen entlang dem Rhein fast eine Million Landser in riesigen Camps unter freiem Himmel zusammen. Zelte gab es nicht, Stacheldraht umschloss morastige Wiesen. Wer die Kraft dazu hatte, grub sich mit bloßen Händen Erdlöcher als Schutz vor Wind und Regen. Täglich wurden Massengräber ausgehoben. In drei Monaten starben 4500 Soldaten.

Als im Sommer 1945 im Südwesten Deutschlands die französische Besatzungszone eingerichtet wurde, übernahm die vierte Siegermacht Hunderttausende Gefangene der US-Armee. Die Erinnerung an die demütigende Besatzung war noch gegenwärtig, und so behandelten die Franzosen die ehemaligen Okkupanten rigider als Briten und Amerikaner. Hunderttausende Gefangene drohten zu verhungern. Erst nachdem die Männer zur Feldarbeit nach Frankreich geschickt wurden, änderte sich das Bild. Auf den Bauernhöfen entwickelten sich hier und da schon erste deutsch-französische Bande.

Die Gefangenen in französischem, ebenso britischem und amerikanischem Gewahrsam konnten bis 1948 nach Hause zurückkehren. Zu diesem Zeitpunkt wurden noch Hunderttausende ihrer Kameraden in den Lagern Stalins festgehalten. Wie zuvor sowjetische Zwangsarbeiter in Hitlers Reich, so mussten nun auch die deutschen Kriegsgefangenen und Zivilinternierten jahrelange Zwangsarbeit leisten – in Kohlegruben und Steinbrüchen genauso beim Wiederaufbau der zerstörten Städte. Noch 1949 wurden Zehntausende Gefangene in sogenannten »Minuten-Prozessen« als »Kriegsverbrecher« zu langjährigen Haftstrafen verurteilt: Stalin wollte sie als Geiseln für die Verhandlungen mit dem Westen zurückhalten. Erst 1955 kehrten die letzten Gefangenen nach Deutschland zurück.

Etwa anderthalb Millionen deutsche Kriegsgefangene sind gestorben. Ihre Spuren haben sich verloren – wie die von ebenso vielen Millionen Soldaten, die bis heute vermisst sind. Während es für einige lange getrennte Familien ein Happy End gab, hofften viele Mütter vergebens auf eine Rückkehr ihrer Söhne, Frauen vergebens auf ihre Männer. Manche warteten noch Jahrzehnte – bis zu ihrem eigenen Tod.

»Ich wollte die Frau als den wirklichen unbekannten Soldaten zeigen«, sagte Haas über sein Foto der bangenden Mutter. »Sie leidet im Krieg am meisten und niemand berichtet über sie oder ehrt sie mit Feierlichkeiten. Stets bleibt sie im Hintergrund.« Er sei noch mehrmals zu Ankünften von Heimkehrertransporten gegangen. Gesprochen habe er aber nie mit einer der wartenden Frauen. »Wenn man mit ihnen redet, kommt es einem zu nahe.«

Insgesamt hatte der Krieg allein in Europa mehr als 19 Millionen Soldaten auf beiden Seiten das Leben gekostet. Die Zahl der Opfer unter der Zivilbevölkerung erreichte mit nahezu 18 Millionen ebenfalls bislang unbekannte Dimensionen. Insgesamt verloren im Zweiten Weltkrieg mehr als 50 Millionen Menschen das Leben; weite Teile Europas lagen in Trümmern. 14 Millionen Deutsche verloren durch Flucht und Vertreibung ihre Heimat, zwei Millionen von ihnen das Leben. Sie waren Opfer, die für den Wahnsinn des NS-Regimes bezahlen mussten.

Aly, Götz:
»Endlösung«. Völkerverschiebung und der Mord an den europäischen Juden. Frankfurt/Main 1998.

Angrick, Andrej:
Besatzungspolitik und Massenmord: Die Einsatzgruppe D in der südlichen Sowjetunion 1941–1943. Hamburg 2003.

Auschwitz through the Lens of the SS:
Photos of Nazi Leadership at the Camp. URL: <http://www.ushmm.org/information/exhibitions/online-features/collections-highlights/auschwitz-ssalbum>

Bald, Detlef:
Die Weiße Rose. Berlin 2003.

Beevor, Antony:
D-Day. Die Schlacht um die Normandie. München 2010.

Beevor, Antony:
Stalingrad. Berlin 1999.

Benz, Wolfgang:
Der Holocaust. München 2008.

Böhler, Jochen:
Auftakt zum Vernichtungskrieg. Die Wehrmacht in Polen 1939. Frankfurt/Main 2006.

Brakel, Alexander:
Der Holocaust. Judenverfolgung und Völkermord. Berlin 2008.

Browning, Christopher R:
Die Entfesselung der »Endlösung«. Nationalsozialistische Judenpolitik 1939–1942. Berlin 2006.

Das deutsche Reich und der zweite Weltkrieg.
10 Bände. Stuttgart 1979 ff.

Der Dienstkalender Heinrich Himmlers 1941/42.
Hamburg 1999.

Dewitz, Bodo von:
Kiosk: Eine Geschichte der Fotoreportage: 1839–1973. Göttingen 2001.

Dülffer, Jost:
Über-Helden – Das Bild von Iwo Jima in der Repräsentation des Sieges, Eine Studie zur US-amerikanischen Erinnerungskultur seit 1945.
In: Zeithistorische Forschungen/Studies in Contemporary

History, Online-Ausgabe, 3 (2006) H. 2, URL: <http://www.zeithistorische-forschungen.de/16126041-Duelffer-2-2006>

Enzyklopädie des Holocaust:
Die Verfolgung und Ermordung der europäischen Juden. 3 Bände. München, Zürich 1998.

Förster, Jürgen:
Die Wehrmacht im NS-Staat. Eine strukturgeschichtliche Analyse. München 2007.

Förster, Jürgen (Hrsg.):
Stalingrad – Ereignis, Wirkung, Symbol. München 1992.

Friedrich, Jörg:
Der Brand. Deutschland im Bombenkrieg 1940–1945. Berlin, München 2002.

Frieser, Karl-Heinz:
Blitzkrieg-Legende. Der Westfeldzug 1940. München 2005.

Fritze, Lothar (Hrsg.) / Widera, Tomas (Hrsg.):
Alliierter Bombenkrieg. Das Beispiel Dresden. Göttingen 2005.

Gerlach, Christian:
Kalkulierte Morde: Die deutsche Wirtschafts- und Vernichtungspolitik in Weißrussland 1941 bis 1944. Hamburg 1999.

Gutman, Israel (Hrsg.) / Gutterman, Bella (Hrsg.):
Das Auschwitz-Album: Die Geschichte eines Transports. Göttingen 2005.

Hamann, Christoph:
Bilderwelten und Weltbilder: Fotos die Geschichte(n) mach(t)en. Berlin 2002.

Hartmann, Christian / Hürter, Johannes:
Die letzten 100 Tage des Zweiten Weltkriegs. München 2005.

Hartmann, Christian:
Unternehmen Barbarossa: der deutsche Krieg im Osten 1941–1945, München 2011

Hartmann, Christian:
Wehrmacht im Ostkrieg. Front und militärisches Hinterland 1941/42. München 2010.

Heidenreich,Bernd (Hrsg.) / Neitzel, Sönke (Hrsg.):
Der Bombenkrieg und seine Opfer. Wiesbaden 2004

Herz, Rudolf:
Hoffmann & Hitler: Fotografie als Medium des Führer-Mythos. München 1994.

Hiller von Gaertringen, Hans Georg (Hrsg.):
Das Auge des Dritten Reiches: Walter Frentz – Hitlers Kameramann und Fotograf. München 2006.

Hoffmann, Peter:
Stauffenberg und der 20. Juli 1944. München 2007.

Gerlach, Christian:
Kalkulierte Morde: Die deutsche Wirtschafts- und Vernichtungspolitik in Weißrußland 1941 bis 1944. Hamburg 1999.

Hürter, Johannes:
Hitlers Heerführer. Die deutschen Oberbefehlshaber im Krieg gegen die Sowjetunion. München 2006.

Jureit, Ulrike (Hrsg.):
Verbrechen der Wehrmacht: Dimensionen des Vernichtungskrieges 1941–1944. Hamburg 2002.

Kershaw, Alex:
Robert Capa. Berlin 2004.

Kershaw, Ian:
Das Ende. Kampf bis in den Untergang. NS-Deutschland 1944/45. München 2011.

Kershaw, Ian:
Wendepunkte. Schlüsselentscheidungen im Zweiten Weltkrieg 1940/41. München 2010.

Knopp, Guido:
Die Wehrmacht. Eine Bilanz. München 2007

Kunz, Andreas:
Wehrmacht und Niederlage. Die bewaffnete Macht in der Endphase der nationalsozialistischen Herrschaft 1944 bis 1945. München 2007.

Longerich, Peter:
Heinrich Himmler: Biographie. München 2008.

Meinen, Insa:
Wehrmacht und Prostitution während des Zweiten Weltkriegs im besetzten Frankreich. Bremen 2002.

Messerschmidt, Manfred:
Die Wehrmachtjustiz 1933–1945. Paderborn u. a. 2005.

Müller, Rolf-Dieter:
Der Bombenkrieg 1939–1945. Berlin 2004.

Müller, Rolf-Dieter / Ueberschär, Gerd R.:
1945: Das Ende des Krieges. Darmstadt 2005.

Müller, Rolf-Dieter / Volkmann, Hans-Erich (Hrsg.):
Die Wehrmacht. Mythos und Realität. München 1999.

Neitzel, Sönke:
Abgehört. Deutsche Generäle in britischer Kriegsgefangenschaft 1942–1945. Berlin 2011.

Neitzel, Sönke / Welzer, Harald:
Soldaten. Protokolle vom Kämpfen, Töten und Sterben. Berlin 2011.

Overmans, Rüdiger:
Soldaten hinter Stacheldraht. Deutsche Kriegsgefangene des Zweiten Weltkriegs. Berlin 2000.

Overy, Richard:
Russlands Krieg. 1941–1945. Reinbek 2003.

Paul, Gerhard:
Bilder des Krieges – Krieg der Bilder: Die Visualisierung des modernen Krieges. Paderborn 2004.

Paul, Gerhard:
Bilder, die Geschichte schrieben: 1900 bis heute. Göttingen 2011.

Paul, Gerhard (Hrsg.):
Das Jahrhundert der Bilder; Bd. 1: 1900–1949, Göttingen 2009.

Reuth, Ralf Georg:
Erwin Rommel: Das Ende einer Legende. München 2012.

Römer, Felix:
Der Kommissarbefehl. Wehrmacht und NS-Verbrechen an der Ostfront 1941/42. Paderborn u. a. 2008.

Sigmund, Anna Maria:
Die Frauen der Nazis: Die drei Bestseller vollständig aktualisiert in einem Band. München 2005.

Süß, Dietmar:
Tod aus der Luft. Kriegsgesellschaft und Luftkrieg in Deutschland und England. München 2011.

Trimborn, Jürgen:
Riefenstahl: Eine deutsche Karriere. Berlin 2002.

Ueberschär, Gerd R. (Hrsg.):
Hitlers militärische Elite. 2 Bände. Darmstadt 1998.

Ueberschär, Gerd R. (Hrsg.) / Wette Wolfram (Hrsg.):
Der deutsche Überfall auf die Sowjetunion. »Unternehmen Barbarossa« 1941. Frankfurt 2011.

Weinberg, Gerhard L.:
Eine Welt in Waffen: Die globale Geschichte des Zweiten Weltkriegs. Stuttgart 1995.

Welzer, Harald:
Täter. Wie aus ganz normalen Menschen Massenmörder werden. Frankfurt/Main 2007.

BILDNACHWEIS

S. 16 /17 Bundesarchiv, Bild 146-1979-056-18A / Fotograf: Hans Sönnke
S. 22 picture alliance / AP Images / Julien Bryan
S. 26/27 ullstein bild – Roger-Viollet
S. 32/33 Aus: C.L. Sulzberger, The American Picture History of World war II, 1966, S. 89 / Uitgeverij de
NV de Arbeiderspers, Amsterdam
S. 38 picture alliance / Newscom / Heinrich Hoffmann
S. 42/43 Bundesarchiv, Bild 101II-MW-1019-15 / Fotograf: Dietrich
S. 46/47 picture alliance / United Archives / TopFoto
S. 50 Aus: Gavin Hainsworth, Katherine Freund-Hainsworth, A new Westminster Album, Glimpses of the City as it was, 2005, S. 228
S. 54/55 picture alliance / newscom/ DoD
S. 60/61 picture alliance / Everett Collection
S. 64 Gerhard Gronfeld / Deutsches Historisches Museum
S. 68/69 picture-alliance / dpa / UPI
S. 72, 166 Imperial War Museum / Chetwyn
S. 76/77, 104/105 ullstein bild – Süddeutsche Zeitung Photo / Scherl
S. 82, S. 114/115, 172/173, 184/185, 230, 260/261, 280/281, 284/285 picture alliance / akg-images
S. 86/87, 90/91 ullstein bild – Heinrich Hoffmann
S. 94/95, 124/125 Scherl / Süddeutsche Zeitung Photo
S. 98 ullstein bild – Walter Frentz
S. 118 Haus der Geschichte Baden-Württemberg / Eric Borchert
S. 128/129 picture alliance / AP Photo
S. 136/137, 214/215, 246/247 © United States Holocaust Memorial Museum
S. 140/141 ullstein bild – Archiv Gerstenberg
S. 144 Sovfoto / Getty Images
S. 148 Getty Images / UIG
S. 154/155 George (Jürgen) Wittenstein / akg-images
S. 158/159 Bundesarchiv, Bild 101I-217-0465-32A / Fotograf: Klintzsch
S. 162/163, 210 ullstein bild – ullstein bild

S. 178/179 bpk / Foto aus dem „Stroop-Bericht«
S. 190/191 Getty Images / Staff
S. 194 picture alliance / ullstein bild
S. 200/201 Bundesarchiv, Bild 101I-567-1503C-17 / Fotograf: Toni Schneiders
S. 220/221 picture alliance / Judaica-Sammlung Richter
S. 226/227, 362/363 Getty Images / Bettmann
S. 236 akg-images
S. 240/241, 308/309 bpk / Heinrich Hoffman
S. 250/251 Robert Capa © international center of photography / Magnum Photos / Agentur Focus
S. 256 © Eric Lafon
S. 264/265 Getty Images / The Asahi Shimbu
S. 270/271 picture alliance / Keystone
S. 274/275 bpk / Vinzenz Engel
S. 290/291 © SLUB Dresden / Deutsche Fotothek / Walter Hahn
S. 296/297 picture alliance / Photo12/Ann Ronan Picture Library
S. 300/301 SZ Photo / Süddeutsche Zeitung Photo
S. 312/313 Getty Images / John Florea
S. 316 ÖNB Bildarchiv VGA E2/189
S. 320 Gedenkstätte Buchenwald
S. 324 National Archives / 239-PA-70(4)
S. 328 Getty Images / The LIFE Picture Collection / Margaret Bourke-White; © Lee Miller Archives, England 2014. All rights reserved.
S. 332/33 picture alliance / Photo12/ Archives Snark
S. 338/339 Time & Life Pictures / Getty Images / David Scherman
S. 342/343 picture alliance / ZB / Agentur Voller Ernst
S. 348/349 picture alliance / IMAGNO / Votava
S. 354 picture alliance / newscom
S. 358/359 Getty Images / Mondadori
S. 368/369 National Archives
S. 374 picture alliance / AP Photo | Victor Jorgensen
S. 380 Getty Images / Ernst Haas

Impressum
Edel Books
Ein Verlag der Edel Verlagsgruppe GmbH

Neumühlen 17, 22763 Hamburg
www.edelbooks.com

Projektkoordination: Lisa Ebelt
Umschlagfotos: picture alliance / Judaica-Sammlung Richter
Umschlaggestaltung: Groothuis. Gesellschaft der Ideen
und Passionen mbH, Hamburg Berlin | www.groothuis.de
Layout und Satz: Datagrafix GSP GmbH, Berlin | www.datagrafix.com

Lithografie: Frische Grafik
Druck und Bindung: GGP Media GmbH, Pößneck

MIX
Papier aus verantwortungsvollen Quellen
FSC® C014496

Printed in Germany

ISBN 978-3-8419-0822-3